LEGALIDADE & LEGITIMIDADE

CARLOS HENRIQUE DE SOUZA VIEGAS

LEGALIDADE & LEGITIMIDADE

Em torno do sistema jurídico

IDÉIAS & LETRAS

DIRETORES EDITORIAIS:
Carlos Silva
Marcelo C. Araújo

EDITORES:
Avelino Grassi
Roberto Girola

COORDENAÇÃO EDITORIAL:
Denílson Luís dos Santos Moreira

COPIDESQUE E REVISÃO:
Leila Cristina Dinis Fernandes

DIAGRAMAÇÃO:
Simone A. Ramos de Godoy

CAPA:
Reginaldo Barcellos

IDÉIAS & LETRAS

Editora Idéias & Letras
Rua Pe. Claro Monteiro, 342 – Centro
12570-000 Aparecida-SP
Tel. (12) 3104-2000 — Fax (12) 3104-2036
vendas@ideiaseletras.com.br
www.ideiaseletras.com.br

Dados Internacionais de Catalogação na Publicação (CIP)
(Câmara Brasileira do Livro, SP, Brasil)

Viegas, Carlos Henrique de Souza
Legalidade & Legitimidade: em torno do sistema jurídico / Carlos Henrique de Souza Viegas. - Aparecida, SP: Idéias & Letras, 2007.

Bibliografia

ISBN 978-85-98239-67-5

1. Direito - Filosofia 2. Direito – Teoria 3. Kelsen, Hans, 1881-1973
4. Legalidade 5. Legitimidade I. Título.

07-1421 CDU-340.11

Índices para catálogo sistemático:

1. Norma jurídica kelseniana: Teoria do Direito 340.11

"Apesar do título austero, este livro, em meu pensamento, não se destina somente àqueles que abordam ou que cultivam a ciência do Direito; foi escrito para todos os homens sérios que, por gosto ou profissão, refletem sobre os destinos da humanidade, sobre a razão de ser, a formação e a estrutura dos edifícios sociais que a abrigam, sobre a força e a finalidade das Leis a que ela está sujeita. A parte filosófica do Direito não pertence privativamente aos jurisconsultos; é o patrimônio comum dos cidadãos esclarecidos."

Vareilles-Sommières
(Les Principes Fondamentaux du droit, 1889, p. VII)

"Iuri operam daturum prius nosse oportet, unde nomen iuris descendat. Est autem iustitia appellatum: nam, ut eleganter Celsus definit, ius est ars boni et aequi..." (Aqueles que se dedicam ao Direito saibam, em primeiro lugar, donde procede o nome direito (*ius*); vem, pois, de justiça (*iustitia*), posto que, como Celso elegantemente o define, o Direito é a arte do bem e do justo.)

Ulpianus
(*lib. l Institutionum*), D. 1,1,1, pr.

Agradecimentos

A meus pais,
Zilá e Joaquim, por tudo.
Ao Professor Pierangelo Catalano,
pelo exemplo e inspiração permanente.

A meus tios,
Ivone Margarida e João José.

Ao mestre,
Lyad de Almeida,
a saudade inapagável do discípulo.

À Teresa Somma e sua equipe,
pela dedicação e apoio.

Hans Kelsen

DUAS PALAVRAS

A vasta cultura do autor não só torna supérflua qualquer manifestação sobre sua competência, como também explica a escolha do delicado e difícil tema enfrentado.

A colossal produção jurídica de Hans Kelsen, traduzida para inúmeros idiomas, oferece um vasto campo de pesquisa para todos os juristas e também constitui uma ampla matéria para debates e controvérsias. *Indaga-se hoje se Kelsen pode ser considerado um jusnaturalista formal (Hermann Heller), um precursor do "Logischer Naturrecht" (Fritz Sander, seu antigo discípulo e Wilhelm Jöckel) ou um quase positivista para o realismo escandinavo (Alf Ross).*

Compreende-se assim que o Professor Viegas tenha limitado seu estudo à pergunta-chave do pensamento de Kelsen: *Em que consiste pensar juridicamente?* E não a pergunta: *Como pensam os juristas?* Duas noções fundamentais vão ser lembradas e freqüentemente balizarão a condensada digressão filosófica do autor em torno do pensamento jurídico kelseniano: *a Teoria Pura do Direito (TPD) e a Ciência Jurídica em Sentido Estrito (CJE).*

Antes, porém, de tecer as considerações sobre o Direito em Kelsen, o autor discorre, com rara profundidade, acerca de dois temas complexos, mas não menos relevantes sobre os princípios basilares de toda construção filosófica na área jurídica: *o Homem e o Direito (capítulo II) e O homem e a simbologia do Direito (capítulo III).* No segundo capítulo, salientam-se as infinitas possibilidades de se conceber o homem sublinhando-se, contudo, o traço diferenciador espiritual e a capacidade inata do homem de valoração: "seu ser valora tudo, seu meio, seus atos e a si mesmo". É importante salientar a inclinação natural do homem à socialidade: *Quereis saber que é o Direito? Indagai quem é o homem. O homem é focalizado no tempo e no espaço: homo habilis, homo sapiens, homo loquens. O homem como único ser que planeja, fabrica, usa e ainda aperfeiçoa o instrumento, cuja técnica possibilita a extensão de seu ser; homem que domina o fogo, vive em sociedade, comunica-se através da linguagem conceitual. O homo loquens tornando-se ponto de partida do homem como ser social. Ubi homo ibi societas, ubi societas ibi ius. O Direito pressupõe a sociedade.*

No terceiro capítulo, focaliza-se o homem e a simbologia do Direito. O vocábulo *ius* é objeto de um aprofundado e documentado estudo em sua origem e evolução. Interessante e instrutiva é a pesquisa referente à palavra *derectum*, que surge e evolui ao lado de *ius. O símbolo e o Direito, o símbolo grego completo do Direito, o símbolo romano completo do Direito, são temas desenvolvidos com base em farta e seleta bibliografia. O capítulo encerra-se com uma vasta pesquisa sobre a convergência semântica entre ius e directum. O simbolismo romano-germânico do direito é pressuposto para a maior compreensão da dimensão jusfilosófica atual.*

O capítulo V é dedicado ao Direito em Kelsen. Os capítulos anteriores preparam o espírito do leitor para a compreensão das considerações expendidas neste capítulo. O autor procura inicialmente a noção de Direito segundo Kelsen. *O centro de gravidade de Kelsen é a Lógica, Lógica deôntica, ou seja, a concepção Lógica do Direito como um sistema científico de normas (normas puras de um Direito puro). O que vem a ser um Direito puro? Um Direito depurado de toda inflexão não-jurídica, escoimado de tudo que não lhe pareça ser jurídico. Sublinha-se que "o sentido deôntico ínsito à norma kelseniana (fato da norma) está na interpretação e não na realidade, ao passo que as ciências naturais situam-se somente no campo do real".* Depois de realçar e precisar a concepção kelseniana de Direito, o autor desenvolve uma documentada pesquisa que se desdobra em mais de uma dezena de itens, iniciando com a *crítica à TPD de Kelsen, prosseguindo com um minucioso estudo da CJE e concluindo com uma sugestiva análise da norma jurídica kelseniana em perspectiva privatística, tendo em vista o novo Código Civil.*

Na conclusão, o autor enfatiza que fazer Direito é fazer Justiça e repele a prepotência expressa pela concepção de Bismarck: *Macht ist Recht*!

Concluindo: *a presente obra enriquece a bibliografia nacional e amplia consideravelmente os horizontes de todos os juristas e estudantes de Direito; é uma obra única, propedêutica para todas as matérias do curso de Direito e fundamental para todos os juristas.*

Mário Curtis Giordanni
Jurista, Filósofo e Historiador
Titular de Direito Romano
da Universidade Cândido Mendes, Rio de Janeiro.

Sumário

Introdução

"Il volgono ho bisogno de certezze provisorie,
solo agli eletti è proprio il dubitare,
poiché essi vivono de una superiore certezza."
*Antonino Pagliaro**

A complexidade do fenômeno humano abrange vários outros fenômenos, como os naturais, culturais, sociais, políticos e econômicos, que, por interagirem plenamente nas relações humanas, são elementos construtores do sistema jurídico, heterônomo e autopoiético, legitimador do modelo paradigmático (e hermenêutico) do Direito construído e vivido por essa mesma sociedade que o cria.

O modelo paradigmático do Direito moderno foi cientificamente concebido por um homem, que rasgou os horizontes do pensamento jurídico para além das velhas certezas da *Weltanschauung* de seu tempo, a fim de conceber o Direito como ciência autônoma, distinguindo Direito e ciência do Direito.

Quando a mentalidade de uma sociedade se transforma sob o influxo de valores convergentes ou divergentes, de modo a compossibilitar mudança de comportamentos (*ethos*), de atitudes (*habitus*) ou mesmo dos costumes (*mores)* dessa mesma sociedade, transforma-se também seu modelo jurídico.

Na esteira dessa transformação, há de manifestar-se o teórico do Direito, pois, pela (re)leitura reflexiva dos princípios e fundamentos do paradigma jurídico, é que podemos avançar com segurança e proveito.

---

*Pagliaro, Antonino. *Glossologia*, Giuffrè, Milão, 1981, p. 2. (Trad. do autor: "O vulgo necessita de certezas provisórias, somente aos eleitos é próprio o duvidar, pois que esses vivem de uma certeza superior".)

Eis o porquê de bem conhecermos Kelsen, pois a idéia do Direito nunca mais foi a mesma desde a publicação da Teoria Pura do Direito (TPD). Foi ele o engenheiro da arquetípica idéia do ordenamento como categoria científica, escoimado de tudo que se lhe pudesse parecer ilógico, para que, à imitação da ciência da lógica, pudesse o Direito Positivo gozar de projeção (e adoção) universal.

O mérito de se haver estabelecido no mundo um sistema jurídico permanente e bastante em si mesmo deve-se a esse professor austríaco, sabedor da natureza humana e de sua socialidade, conhecedor das misérias humanas. A ele coube dar sentido e valor ao Direito ao torná-lo um sistema livre de subjetivismos, sem embargo da livre apreciação filosófica de seu conteúdo.

Por que Kelsen? Porque se trata do autor da concepção normativa do Direito, cujo pensamento fundou os alicerces inaugurais da epistemologia jurídica moderna. O estudo de seu normativismo é pressuposto para uma crítica consistente e fundamentada ao normativismo em geral e à dogmática contemporânea em particular. O conhecimento de suas idéias-chave, a compreensão do sentido e do alcance de seus conceitos hão de possibilitar ao jurista trânsito seguro pelo mapa do Positivismo jurídico, tanto do ponto de vista diacrônico da evolução, quanto do ponto de vista sincrônico da supremacia da Constituição.

Conhecer o caleidoscópio das idéias de Kelsen é o meio para a obtenção de um mínimo epistemológico dos saberes fundantes da ciência do Direito, bem como de sua produção e interpretação. Vale dizer que as opiniões aqui expressadas são frutos de seguidas e continuadas leituras de suas obras e de seus intérpretes.

Hans Kelsen, a par de haver sido um notável jurista, o que por si só já lhe granjearia a honra dos clássicos, era um homem de qualidades excepcionais, que muito o ajudaram a superar os obstáculos da vida.

Curiosamente, muito embora seja universalmente conhecido, sua única biografia completa (*Hans Kelsen, Werk und Leben* – 1969) foi escrita e publicada por seu estudante e futuro assistente Prof. Rudolf Aladár Metall.

Kelsen nasceu, em Praga, aos 11 de outubro de 1881. Quando contava três anos de idade, sua família, de ascendência judaico-alemã, mudou-se para Viena, onde ele se iniciou nos estudos acadêmicos. Em 1906 foi-lhe concedido um doutorado em Direito pela Universidade de Viena, posto que já na graduação se destacava por sua cultura, muito embora se concentrava em maior parte nos campos humanísticos (filosofia, nomeadamente a greco-latina, literatura, lógica, mas também a matemática e as ciências naturais). Sua paixão para o conhecimento nessas áreas exerceria uma influência muito importante em seu trabalho durante toda a vida.

Convinhável seria ainda registrarmos que, apesar de rotulado de agnóstico, Kelsen converteu-se ao catolicismo em 1905, ocasião em que disseram alguns ser uma atitude oportunista para se integrar socialmente, outros ainda que o fez por convicção.

Sua vida não foi fácil, nomeadamente a acadêmica (nunca o é). Seus detratores faziam o que podiam para prejudicá-lo, mais das vezes se aproveitavam de sua ancestralidade judaica para o atacarem à falta de sólidos argumentos, e tanto o fizeram que forcejaram mais tarde sua emigração, pois o mundo àquela época ainda se impregnava do cientificismo evolucionista do século XIX, em que o clima, o meio e a raça seriam fatores determinantes, e não condicionantes, da sociedade humana.

A efeméride do ano de 1905 marca também a publicação de seu primeiro livro sobre a Teoria do Estado em Dante Alighieri. Já em 1908, participou de um seminário em Heidelberg conduzido por Georg Jellinek, a maior autoridade em Direito Público naquele tempo.

Sua memorável participação naquele seminário em breve lhe renderia frutos. Jellineck o ajudou a conseguir uma cátedra em Direito Público e Filosofia do Estado na Universidade de Viena, assumindo-a em 1911 com seu primeiro trabalho principal, *Der Staatsrechtslehre – Hauptprobleme*, um alentado estudo de 700 páginas sobre a Teoria do Direito Público. Em 1914 passou a editar, por sua conta, um jornal sobre Direito Público em nome da Universidade, que acabou por subvencioná-lo.

Quando da Grande Guerra, Kelsen foi nomeado Conselheiro das Forças Armadas e da Justiça, sinecura brilhantemente exercida, a ponto de se tornar Conselheiro pessoal do Ministro da Guerra.

Em 1918 fora convidado para Professor Adjunto de Direito Público da Universidade de Viena e, em 1919, fora unanimemente aclamado para Catedrático (Titular) daquela cadeira. Os dez anos que se seguiram foram altamente recompensadores, estimulando-o ao ensino e à pesquisa, tanto que muitos de seus estudantes transformaram-se em verdadeiros teóricos do Direito, figuras como Adolf Merkl, Alfred Verdross, Felix Kaufmann, Erich Voegelin, Alf Ross, Charles Eisenmann, Luis Legaz y Lacambra e Franz Weyr. Esses intelectuais notáveis deram continuidade ao movimento cultural consabido como a *Wiener Schule,* a Escola de Viena, cujos próceres foram Sigmund Freud, Ferdinand de Saussure e Kelsen. Sem olvidar os demais, como Otto Bauer, Adler, Joseph Schumpeter e Ludwig von Mises. Politicamente a Escola de Viena consistiu num grupo de resistência às ideologias opressoras do homem, uma vez que se engajavam pela social democracia.

O ano de 1919 não somente fixou o avanço da carreira acadêmica de Kelsen, como também registrou o começo de sua grande contribuição ao mundo moderno, o controle de constitucionalidade das Leis, visto que nos anos de 1920-1921 lhe cumpria a ingente tarefa de esboçar a nova Constituição da Áustria.

Seu anteprojeto, e depois projeto de Constituição, foi adotado em 1920, remanescendo praticamente imutável em seus principais pontos, nomeadamente o inédito Controle de Constitucionalidade Concentrado, a ser exercido por uma Corte Constitucional. Em 1921, Kelsen foi indicado como membro da Corte Constitucional Austríaca, que ajudara a fundar e onde exercera uma influência muito forte sobre suas decisões; entretanto, por motivações políticas, ele fora dela sumariamente demitido em 1930. O fato deveu-se à posição da Corte de declarar a constitucionalidade da novel Lei austríaca que permitia as segundas núpcias para os divorciados, apesar do fato de as autoridades administrativas da Áustria considerarem ineficaz a lei nesse particular. Conduzida por Kelsen, a Corte Constitucional declarou a constitucionalidade da Lei, mas, no fim das contas, o partido social cristão ganhou o caso, e pediram-lhe a cabeça.

Em razão de acrimoniosos ataques políticos, Kelsen decidiu mudar-se para Colônia, na Alemanha, cidade para a qual já havia recebido convite para lecionar, e de fato passou a lecionar uma de suas paixões, o Direito Internacional, inovando com a idéia de uma lei internacional (universal) positiva.

A partir daí, passou a voltar suas vistas para o problema da soberania e da legitimidade do Estado de Direito. Certamente, a experiência em Colônia provou ser altamente benéfica para seus cursos em Genebra, em Praga e nos Estados Unidos. Em 1931 publicou seu famoso libelo, *Wer soll der Hüter der Versassung Sein?* (Quem deve ser o defensor da Constituição?). À célebre resposta a Carl Schmitt, com quem muito discutiu e muito discordava, o tempo, senhor da razão, fez justiça a Kelsen. Porém, quando os nazistas ascenderam ao poder em 1933, a situação na Universidade de Colônia mudou drasticamente. Kelsen muda-se novamente, dessa vez com esposa e duas filhas para Genebra, onde no outono do mesmo ano começa uma nova carreira acadêmica de *Hautes Études,* no afamado *Institut Universitaire Internacional.* Ocasião em que, a despeito de suas dificuldades financeiras e sociais, começou a lecionar em francês. No primeiro exílio genebrino, deparou-se com o trabalho de importantes figuras, como Georges Scelle, William Rappard, Paul Manthoux, Maurice Bourquin, Guglielmo Ferrero, Paul Guggenheim e Hans Wehberg, todavia sempre concentrado na formulação da quimérica Norma Fundamental Universal. Em 1934, publicou um estudo em francês e em alemão sobre a técnica legal do Direito Internacional e seu processo. Também em 1934, seu *Reine Rechtslehre* (*A Teoria Pura do Direito*) veio a lume, obra fadada a transformar radicalmente o Direito. Além disso, ensinou Direito Internacional na Universidade de Praga, mas forçado foi outra vez a fugir, em razão dos sentimentos anti-semitas cada vez mais fortes, inclusive entre os estudantes, tornando sua estada naquela cidade impossível, bem como em quaisquer outras na Europa de então. Presumimos, destarte, haver Kelsen, após suas reiteradas expulsões e mudanças, chegado à conclusão de que sua permanência no velho continente estava inexoravelmente comprometida. Chegamos ao fim do primeiro Kelsen, o austríaco, o clássico, o homem de sólida formação cultural ocidental, que desborda das fronteiras mentais e geográficas do velho mundo para gozar de liberdade no novo.

No começo da Segunda Guerra Mundial, desconfiado de que a Suíça participaria do conflito ao lado dos alemães, somado a seu desgosto com a mentalidade reinante na Europa, Kelsen resolveu partir para os Estados Unidos em

1940. Já contava com sessenta anos de idade, parco conhecimento do inglês e nenhuma perspectiva de emprego; contudo, a vontade de (sobre)viver o faria cruzar o Atlântico.

Lá chegando, nos idos de 1940 a 1942, Kelsen, na condição de professor assistente de pesquisa, iniciou na Faculdade de Direito de Harvard suas *lectures*, elogiadas que foram pelo célebre *Chief Justice* Oliver Wendell Holmes, que as fez publicar. Roscoe Pound o considerou como *o maior jurista do mundo* (palavras dele), convidando-o para ser Professor Visitante na Universidade da Califórnia-Berkeley ao Departamento de Ciência Política. No período entre 1945-1952 já era Professor Catedrático (Titular), ocasião em que se naturalizou americano. Em Berkeley, ele finalmente encontrou um ambiente calmo para conduzir suas atividades intensas e produtivas, focalizadas em sua maior parte no ensino do Direito Internacional e da Norma Jurídica Fundamental (NJF). Os temas de suas *lectures* incluíam as origens das instituições, a Teoria Pura do Direito (TPD), o princípio da igualdade e da soberania das nações e uma comparação entre a Liga das Nações e da novel Carta das Nações Unidas. Publicou também durante esse período sua mais famosa obra depois da Teoria Pura, *A Teoria Geral das Normas e do Estado* (*Teoria Geral das Normas* – TGN). Em 1945, foi nomeado Conselheiro Legal do Comitê dos Crimes de Guerra em Washington, cabendo-lhe a espinhosa tarefa de preparar os aspectos legais e técnicos do julgamento de Nuremberga.

Nesse tempo, devotou-se ele à causa da paz mundial, mormente quanto ao papel das Nações Unidas, encetou diversos estudos para o Conselho de Segurança, examinando o *status* legal e as funções da Organização. Esse trabalho culminou na publicação de "O Direito das Nações Unidas" em 1950. Essa publicação principal, estendendo-se para mais de 900 páginas, foi por diversas vezes reimpressa até 1966, e, em 25 abril de 1952, ele se afastou definitivamente de seu sacerdócio de professor.

Mesmo após sua aposentadoria, continuou revendo suas principais obras. Publicou um trabalho seminal *Os Princípios do Direito Internacional,* um estudo sistemático dos aspectos mais importantes da NJF, inclusive os delitos e as sanções em nível internacional, as esferas da existência, validez e eficácia e da função essencial da Lei internacional, a criação e a aplicação da Lei internacional e da Lei nacional. Continuou ainda a viajar pelos quatro cantos do mundo, ensinando como palestrante em Genebra, em Newport, em Haia (onde deu sua terceira série dos seminários em 1953), em Viena, em Copenhague, em Estocolmo, em Helsinque, em Edimburgo e em Chicago. Recebeu 11 títulos de Doutor *Honoris Causa* (Utrecht, Harvard, Chicago, México, Berkeley, Salamanca, Berlim, Viena, Nova York, Paris e Salzburg) e muitas outras distinções acadêmicas.

Hans Kelsen faleceu em Berkeley, Califórnia, em 19 de abril de 1973, na provecta idade de 92 anos, deixando atrás de si mais de 400 obras e uma revolução na ciência do Direito; suas obras traduziram-se para mais de 24 idiomas e, em 1971, em seu nonagésimo aniversário, o mundo acadêmico celebrou sua vasta obra, reconhecendo-lhe jurista do milênio.

Reinterpretar a Teoria Pura (TPD) para o *aggiornamento* do paradigma hermenêutico pós-moderno e interpretar o sistema normativo pela dimensão integral do homem *de per si et per alterius*, pelo valor fundante da pessoa humana no Direito, são os desafios que colocamos ante o teórico do Direito neste milênio. Valemo-nos das longínquas palavras do Imperador Justiniano que no século VI profetizara: *"Et prius de personis videamus: nam parum est jus nosse, si personae quarum causa constitutum est, ignorentur"* [Cuidemos primeiro das pessoas, pois pouco é conhecer o Direito, se se ignoram as pessoas, por causa de quem foi ele instituído (*Institutas – De Jure Personarum* – I, III, § 8)].

Se alguma contribuição pudermos oferecer, lembramos Sir Isaac Newton que, no prefácio da *Philosophie Naturalis Principia Mathematica* (1713, 2ª Edição, Cambridge), admite: "... Se pude enxergar além dos outros, é porque estava no ombro de gigantes..."

Plínio, o Moço (62-114? a.D.), em suas *Epistulae* dizia: "... Há uma só ambição competente ao homem honesto: é a de praticar feitos dignos de serem escritos ou escrever feitos dignos de serem lidos...", se não alcançamos essa dignidade, conta o benévolo leitor, ao menos, com o trabalho honesto do autor, ao buscar compreender e interpretar o legado da Teoria Pura do Direito à contemporaneidade "se a tanto me ajudar o engenho & arte" ("Os Lusíadas", *fac simile* da edição *princeps* de 1572).

Camilo Castelo Branco concluía que "... a crítica que se inicia por nós é a melhor de todas...", senão a melhor, é, ao menos, a mais cômoda; todavia, esperamos receber críticas e contribuições de tantos quantos quiserem no-las participar, como aquelas narradas por Charles Périer "... há críticas e mesmo censuras que honram mais do que elogios..."

Por fim, vêm-nos à mente as palavras do Lyad, que ao editar seu primeiro livro de poesias *Creio!* (Niterói, 1945) escreveu:

> Disse Tai-T'ung ao lançar sua *História da Escrita Chinesa*:
> "Se eu esperasse a perfeição, este livro não sairia nunca".

Melhores palavras não encontraríamos para esta obra...

I. O Homem e sua socialidade

Solitude is as needful to the imagination
as society is wholesome for the character.
*James R. Lowell**

Ex Oriente lux, ex Occidente lex.
Provérbio latino

Primeiro aspecto da vida social do homem que salta aos olhos por ser pressuposto necessário para todas as relações sociais é sua capacidade de linguagem, de entender-se e fazer-se entendido pelos outros. Desde seu núcleo de relações próximas (família?) até as mais remotas (clã/tribo?), a arqueologia lingüística tenta reconstruir essa passagem da capacidade inata de linguagem do homem para sua capacidade cultural de língua, a nos desvelar uma ordem lingüística cíclica, o mitograma (místico), representação do metafísico; o pictograma, representação da natureza (*physis*); o ideograma, representação simbólica de conceitos (característica filosófica dos povos asiáticos); e o fonograma, articulação fonêmica das palavras,[1] substrato do sistema de língua.

Na realidade, nos campos da ciência em que procuramos a realidade pessoal e social dos avoengos imemoriais do homem, em que pesem os avanços tecnológicos alcançados pela telemática na datação, reconstrução antropogenética dos fósseis, reconstituição dos artefatos e moradias de antigas comunidades antropóides, a possibilitar o conhecimento do *folk-lore* (*ways*) e do

---

* Lowell, James R. In *Among my books*. Dryden.

[1] Mounin, Georges. *Histoire de Linguistique – Des origines au XX Siècle*, Quadrige/PUF, Paris, 4º Edition corrigée, 1985, p. 37-101.

way-of-life dos povos ágrafos da pré-história (lembramos a existência dos povos ágrafos em nosso tempo e que, contudo, se constituem em comunidades jurídicas, como as tribos na África e na Oceania; aliás, o vocábulo pré-história é discutível, posto que o homem, ainda que hominídeo, é um ser histórico, tenha ele consciência disso ou não, o termo dá-se por sua conveniência didática), daí a determinação do homem como ser cultural, capaz de linguagem e sociabilidade, numa escala em que o *homo erectus*, a partir do menos desconhecido *homo sapiens,* caçador e coletor, a conviver espácio e temporalmente com o *homo neanderthalensis*, essencialmente tribal e menos cultural do que ele, mesclaram-se em certo ponto da prístina noite pré-histórica, dando-nos a conhecer registros do *homo sapiens* mesmo a partir de 200.000 anos a.C.

Estamos a vislumbrar o homem *enquanto* homem, capaz de observar e sentir(-se) no mundo, de interpretá-lo, dar sua origem segundo suas impressões, assim como o *ápeiron* de Anaximandro, ou os quatro elementos de Empédocles, os *spérmata ou* sementes de Anaxágoras, os átomos de Demócrito, as *rationes seminales* de Santo Agostinho, a teoria do mundo em expansão de Laplace, Lemaitre, Eddington, a teoria de Einstein, a teoria do caos de Heisenberg, a cosmológica (séria) de Carl Sagan, a menos séria de Erik Von Däniken etc.

A criação (aparecimento?!) do homem constitui a derradeira e última etapa de uma longuíssima cadeia de três bilhões de anos. O homem não é um animal como os outros. Os outros animais instalam-se em zonas geográficas e climáticas bem determinadas. Nelas encontram o que chamamos de seu nicho ecológico, ao passo que o homem, do contrário, em tudo deixa a marca de sua humanidade, tudo invade e permeia de seu ser, pode viver nas neves polares ou na floresta equatorial, no deserto e na montanha, em todo lado imprime seu cunho, muito mais do que qualquer animal. Nada lhe resiste: os seres e as coisas regem-se por suas (dele) leis – que são leis de criação ou, na maioria das vezes, de destruição.

A inteligência do homem conferiu-lhe lugar à parte no mundo vivo. Com ela, adquiriu ele um poder formidável. Formidável não apenas em relação a todos os outros animais, mas até com respeito a si mesmo. O homem é o único produto da evolução, que é capaz de dominar a evolução: favorece as espécies animais que lhe interessam e elimina as outras. Mais, atua em sua hereditariedade, orientando-a, condicionando-a ou até determinando-a, que o digam os avanços da biogenética e da clonagem, ainda de efeitos imprevistos e imprevisíveis.

Para alguns cientistas e filósofos, o aparecimento do homem é um acontecimento cósmico, é a expressão mais elevada e acabada da vida. Teilhard de Chardin sustenta que o ser humano é o acabamento natural do trabalho das forças vivas:

> Les marches de la vie – escreve – se sont toujours dirigées vers la réalisation du système nerveux le plus riche et le plus différencié.

Para esse filósofo da pré-história, o homem – resultado último da evolução – seria a razão de ser desta longa história do ser vivo. A vida teria por fim último "fabricar" o homem, no extremo de sua longa cadeia. Outros, porém, negam ser o homem o derradeiro elo dessa cadeia.

A maior parte dos especialistas admite que a evolução do homem não é exatamente igual à dos outros seres vivos. Nossa evolução biológica foi acompanhada de uma evolução cultural, social e, dizemos nós, integral.

A evolução nas espécies inferiores é, hoje, praticamente admitida por todos os cientistas. Nas espécies superiores, mormente no homem, está longe de se revelar apoditicamente demonstrada. À luz da Teologia, nada repugna que o homem provenha de um animal em sua derradeira fase evolutiva. Mas, exige-se a intervenção direta de Deus quanto à infusão da alma humana: esta só pode ser criada por Deus, nem os animais nem os pais podem transmiti-la aos descendentes, nem tampouco criá-la, conquanto certos biogeneticistas acreditem haver superado o Criador nesse campo, ao usá-lo descriteriosamente e de forma pseudocientífica.

Os paleontólogos, de uma maneira geral, situam a evolução do homem, em cerca de 40 milhões de anos, numa categoria de primatas, chamados símios, e que possivelmente dentre eles é que se deve procurar o antepassado comum do homem e dos atuais primatas. Os paleontologistas crêem haver encontrado esse antepassado comum nos restos fósseis de um pequeno ser de cerca de 20 quilos – o *Ramapiteco* –, ainda que essa opinião esteja longe de ser algum consenso entre os *scholars* estudiosos do assunto.

O Ramapiteco, como a maior parte dos primatas, vivia na floresta. Sua espécie proliferou em milhões de exemplares nos três continentes, durante 10 milhões de anos. Mas só alguns deles tiveram a audácia decisiva de aprender a viver na savana, que substituíra a floresta primitiva, conquistando assim um meio novo, um novo contexto propício para o futuro aparecimento do homem.

O Ramapiteco possuía características que nos fazem crer ser ele um bom modelo de antepassado longínquo. Possuía, por exemplo, dentadura variada e devia, de vez em quando, apoiar-se nas patas traseiras; parecia fazer uso do polegar e não sabemos se era dotado de visão binocular, que lhe dava dimensão de distância e volume.

Muitos dos traços que formam o homem foram adquiridos por uma série de transformações insensíveis que, de geração em geração, marcaram nossos antepassados (quadrúpedes?) e, depois, os hominóides, que imediatamente nos precederam.

Três desses traços são essenciais: a dentadura, a locomoção e o cérebro diferentes. A primeira transformação essencial foi a posição de pé ou, antes, a marcha bípede permanente. Ignora-se quando se terá dado essa revolução capital, como, aliás, se esclareça de antemão, ignora-se praticamente tudo nesse campo. Mas dado ao exercício especulativo da comprovação empírica dos fenômenos, foram precisos, talvez, milhões de anos para que os primatas se erguessem, cada vez com mais freqüência, em suas pernas traseiras.

Essa posição vertical teve por conseqüência essencial o desenvolvimento do cérebro. O estar de pé o tornou inteligente.

Fruto primeiro dessa inteligência foi a invenção de instrumentos cortantes. Nascido da inteligência do homem, o instrumento o tornou ainda mais inteligente. A mão criou os instrumentos, e o cérebro os concebeu. Houve interdependência e interajuda em seu aperfeiçoamento, em um incessante *feedback* cultural entre o hominídeo de então e seus instrumentos, cada vez mais capazes de influir e transformar a natureza (inclusive a humana!).

A fabricação de instrumentos, com a posição de pé e a libertação das mãos (que em princípio formavam com os pés as quatro patas), foi a condição orgânica essencial que o conduziu a ser homem, na acepção integral da palavra: desenvolveu-lhe o cérebro, tornou-o inteligente, desenvolveu-lhe a sociabilidade, tornou-o ser em comunidade e mais tarde um ser em sociedade.

Estabelecer a relação entre a realidade da pedra lascada, do seixo com ponta cortante e a possibilidade de fabricar outro semelhante e sucessivamente melhor, é nosso diferencial maior em relação aos animais. Eis o homem, ser capaz de pensamento; nunca os animais disso foram capazes, de viver e produzir de maneira sistemática. Ainda que, eventualmente, possam fabricar instrumentos rudimentares, eles estão sempre diretamente ligados a uma *ação* instintiva e imediata.

A partir da descoberta de instrumentos de pedra cortantes, o homem não precisou mais de mandíbulas, nem de dentes tão fortes: já possui instrumentos com os quais pode cortar, apanhar, picar, moer e até matar.

O que, portanto, distingue fundamentalmente o homem e o animal é o *pensamento.* O pior arquiteto se distingue da melhor das abelhas: ele edifica sua estrutura na imaginação, antes de construir; o pior engenheiro se distingue das melhores formigas para a construção de canais de túneis. Do mesmo modo para o instrumento. Por rudimentar que pareça, sua construção supõe um pensamento refletido. Para fabricar um instrumento, o homem precisa antever já, em sua imaginação, o que vai conseguir. Fabricar um instrumento significa ter na cabeça a imagem desse instrumento, seu *conceito. Os* animais são incapazes desse poder de *abstração!* Abelhas e formigas agem como sempre agiram há milhões de anos por serem *naturais*; o homem muda (evolui) por ser eminentemente *cultural.*

O animal tem poucas impressões e é incapaz de projetar-se para o futuro. Vive intensamente o momento presente. O homem, ao construir o instrumento, deve lembrar-se de atos semelhantes no passado e sentir-se estimulado a produzir outros iguais de utilidade para o futuro. O mais "inteligente" dos macacos pode ter a idéia de utilizar, de fabricar um instrumento, mas *unicamente em função do instinto e no momento em que dele carece.*

Outra diferença notável entre o homem e o animal consiste na *atividade sexual.* Dada a obediência cega ao instinto e a passividade das fêmeas, estas ficavam à mercê dos machos mais fortes, que condenavam o celibato contrariando os fracos, os mais novos e os mais velhos. No homem, a receptividade permanente da mulher permitiu que se instalasse entre eles a monogamia e seu corolário: *a família.* Graças a esta vida de família, o homem já não precisa, como o macho animal, ficar sempre a guardar a fêmea – sua presa sexual –, mas fica livre para as tarefas da caça e da vida social.

Mais do que o *instrumento,* foi o *fogo* o que mais diferenciou o homem do animal. O homem foi o único, dentre todas as espécies animais, que logrou libertar-se do *medo do fogo.* Não contente com descobrir o *fogo, o* homem encontrou meio de *conservá-lo:* alguns elementos da tribo estavam encarregados de velar pela manutenção do produto ignífero. As primeiras Vestais têm, pelo menos, 500.000 anos! O *fogo* tornou-se elementos de socialização capital. O lar tornou-se lugar privilegiado de reunião, de encontro, de conversa e de aprendizagem; do calor do fogo formou-se o calor do lar, a lembrar os antigos romanos dos *lares et manes* que se reuniam em torno do *lararium.*

Desde o momento em que os homens de há dois milhões de anos se lançaram no caminho da cultura, fabricando instrumentos de pedra, prepararam o advento de nosso antepassado direto, o *homo sapiens.* Este tomou sua forma definitiva há cerca de 40.000 anos, quando adquiriu corpo e cérebro que não diferiam totalmente dos nossos. Mas o homem ainda não se encontrava ali em seu estado de plena evolução. Mais de milhões de anos lhe restavam para percorrer. Durante eles, viveu duas aventuras capitais: uma devia aumentar a unidade da espécie humana; a outra devia diversificá-la. A unidade do homem seria consolidada por uma invenção capital: o *fogo.* A diversidade nasceria da sede de aventuras e de horizontes novos, que havia de lançar o homem à conquista de si mesmo e do mundo.

Os homens que viveram essas aventuras chamam-se *Pitecantropus.* São designados pelo termo *homo erectus.* De fato, caminhavam bem de pé, *erguidos* em suas pernas. Mediam cerca de 1,60 m; tinham o nariz largo, a fronte ainda pouco saliente, as órbitas encimadas por espessas sobrancelhas. O queixo era ainda pouco esboçado e avantajado. Sua poderosa mandíbula era feita para mastigar fosse o que fosse: folhas, raízes e carne crua.

Entre esses Pitecantropos há de salientar o *homem de Java,* cujos vestígios datam cerca de 500.000 anos e seu primeiro esqueleto fóssil foi descoberto em 1874. Tinha um crânio de 900 cm^3 contra 1.300 cm^3 do nosso. A fronte era achatada; o pescoço era espesso e curto. A mandíbula estava ligada a músculos potentes para a mastigação. Media cerca de 1,60 m.

Outro ancestral próximo do homem de Java, *o homem de Pequim (homo sinensis)*, foi descoberto entre 1927 e 1929, em diversas expedições, numa das quais participou o P. Teilhard de Chardin. O homem de Pequim media cerca de 1,56 m. Tinha a fronte mais proeminente. Já possui nessa fase um esboço de queixo. O cérebro era ligeiramente mais volumoso. Encontraram-se vestígios de lareira, sinal de que os Pitecantropos possuíam o fogo. Devem ter sido eles seu inventor. Pergunta-se se o homem de Pequim terá sido o primeiro antropófago, sua vida "social" ainda continua envolta em mistério.

Até agora, podemos apenas constatar o fato de que o *homo habilis* descobriu o *instrumento* e seu consectário, *o homo sapiens* inventou o *fogo,* dando início a sua longa escalada histórico-social.

O *homem de Neanderthal* viveu durante 40.000 anos, entre 80.000 e 40.000 antes de nós. Não se conhece sua procedência. Só se sabe que fazia parte de um tipo que devia normalmente evoluir para o homem de hoje. Operou-se, porém, uma regressão lenta há 100.000 anos; as diferenças do Neanderthal acentuaram-se, a ponto de se tornar um ser à parte, incapaz de evoluir mais e acabando por se extinguir, há cerca de 35.000 anos, certamente por cruzamento com o *homo sapiens sapiens*, a ponto de conjugar-se na formação do homem moderno, conforme entendimento mais recente sobre o episódio.

Quem seria, pois, nosso antepassado mais direto, entende-se que seja o *homem de Cro-Magnon,* o chamado "abominável homem das neves", surgido há cerca de 35.000 anos, possivelmente resultante dessa "fusão" com o *homo neanderthalensis*; surgiu quando os gelos avançavam de novo sobre a Europa, trazendo os animais habituados ao frio. É nosso antepassado direto, perfeitamente semelhante a nós, em seu corpo e em seu cérebro, e verdadeiramente *Homo sapiens sapiens.*

Remonta ao *homo habilis o* primeiro a merecer o título de *homem.* Segue-se-lhe, na linha da ancestralidade, o *homo sapiens.* (Por isso se designa mais recentemente o *homem de Cro-Magnon* pela denominação de *sapiens sapiens,* devido a sua excelência sobre os demais.)

O homem *sapiens sapiens* ou *homo sapiens* por excelência é designado pelos pré-historiadores com diversos nomes: o homem de Combe-Chapelle em Périgord, o de Grimaldi, perto de Menton; mas o mais célebre é o *homem de Cro-Magnon.* Tem o nariz fino, o queixo bem delineado, as maçãs de rosto salientes. O cérebro é relativamente volumoso: 1.590 cm^3. Seus primeiros restos foram descobertos em 1868 no lugar de Cro-Magnon, na região de Périgord, na França; encontraram-se cinco esqueletos na construção de uma linha de trem pela região.

Os homens de Cro-Magnon e, depois dele, seus descendentes tomaram rapidamente posse de toda a Europa e espalharam-se pela África e pelo Oriente Médio. Cumpre-nos lembrar que há 30.000 anos o mundo era muito mais frio do que hoje; para além do círculo ártico, o gelo cobria, inclusive, boa parte da Europa, só nos recentes 9.000 anos é que se deu um aquecimento que originou um clima relativamente comparável ao nosso na atualidade.

O homem de Cro-Magnon, ou *homo sapiens,* por excelência, nosso mais direto antepassado, vivia já em cavernas, praticava a caça com toda a espécie de armas, muito mais que seus predecessores, e era capaz de expressar-se em língua com os seus.

Para além do traço técnico distintivo do *homo habilis*, capaz de ferramentas e mais tarde de criar e conservar o fogo, o traço distintivo do homem que o faz ser realmente homem em relação aos demais seres da natureza, posto que toda grandeza é comparativa, é o fato de ser *homo loquens*. Nasce, então, a irresistível e necessária questão a que nos devemos perguntar: Quando e como é que o homem começou a falar – diz Coumot – é perguntar quando e como é que o homem começou a ser homem. O homem não é o único ser vivo capaz de comunicar-se, como também não é o único que possui mãos preensíveis. Seu cérebro não é o mais volumoso, nem em valor absoluto, nem relativamente a seu peso, e, contudo, o homem é o único ser vivo que possui *linguagem*;

não somente linguagem, como também é *linguagem articulada*, na qual as mãos estão inteiramente livres de toda a função de locomoção. É o único que possui um cérebro, em que apareceu o que chamamos *consciência*, mistério até hoje não resolvido pela ciência.

Que é a *consciência*? Define-se muitas vezes como a faculdade que o homem possui de conhecer sua própria realidade, de conhecer-se a si mesmo, o *nosce te ipsum* do oráculo délfico, consciência é a faculdade inata ao homem de reconhecer-se enquanto tal e em relação ao mundo exterior. Ser consciente é ter consciência de existir como ser diferente do que existe fora de si. Ter consciência de que se *pensa é* a manifestação mais evidente e mais completa do ato de *pensar*, o qual é próprio e único do homem.

A consciência está ligada ao que se chama em biologia a "plasticidade" do cérebro. Esta propriedade que lhe permite adaptar-se a condições de vida diferentes e adquirir noções novas; e essa plasticidade cerebral tanto mais se prova quanto a ciência procura compreender o cérebro dinamicamente como órgão capaz de constante mudança, cujos neurônios e células estão *in fieri*, adaptando-se, evoluindo ou assumindo funções de outras áreas do cérebro, cujo mapeamento não comporta zonas estanques, nem células perenes, nem danos permanentes; nesse passo, a neurologia, impulsionada pela genética, dá largos passos na compreensão do *pensamento*; já se vai longe o tempo do neurofisiologismo do final do século XIX e início do XX, em que os médicos acreditavam conhecer seu funcionamento, mas se quedavam intrigados quando comparavam o cérebro de um alienado mental e o de uma pessoa normal e verificavam que ambos eram exatamente iguais.

Nosso cérebro é o mesmo que o dos Cro-Magnon, que viviam há 300.000 anos, e o mesmo do *homo floresisensis* (hominídeo da Ilha das Flores, em Sumatra), recentemente descoberto. Porém, nossa existência é infinitamente mais complicada e nosso cérebro está perfeitamente adaptado a ela. Graças a sua plasticidade, o cérebro humano pode aprender, recordar-se. Sem ela, não passaríamos de robôs que agiriam segundo um programa bem definido, fixado uma vez para sempre. A plasticidade de nosso cérebro é, pois, com a consciência – e ligada provavelmente a ela –, característica própria do homem, a que nos diferencia mais profundamente dos *animais*.

Essa plasticidade permite à criança ou ao filho do homem vir a ser diferente do que teria sido se não tivesse tido de utilizar senão os caracteres transmitidos pelos pais. Não é verdade que filhos de pais muito inteligentes, de grandes músicos ou hábeis artistas, dêem necessariamente provas de idênticas qualidades. Como é falso que outras crianças, nascidas de pais que não tinham essas particularidades, não possam tornar-se muito inteligentes, bons músicos ou artistas célebres.

O cérebro do homem é o resultado de lenta evolução que, desde há 200 milhões de anos, pelo menos, fez surgir elementos que vão tornar possível essa consciência e essa plasticidade. Os seres que precederam o homem foram perdendo ou diminuindo gânglios nervosos, situados ao longo de seu corpo, e que lhes asseguravam reflexos automáticos – os *instintos* – em proveito de um "gânglio" (órgão) mais essencial: o *cérebro.* Este foi complicando-se, tornando-se cada vez mais complexo, como complexo é o homem.

Diz-se que o cérebro humano consta de duas partes: uma, o *cérebro antigo,* reptiliano, a parte situada no hipotálamo, recordação dos antepassados que nos precederam; outra, um *cérebro novo,* o *córtex,* que se encontra por baixo do outro. Esse cérebro novo, aparecido com os mamíferos, vai modificar-se no decurso da evolução que conduz ao homem um duplo sentido: aumenta e torna-se mais complexo. Há uma particularidade anatômica que diferencia o homem. Se é verdade que ele não tem o cérebro mais volumoso, nem de modo absoluto, nem quanto a seu peso, parece certo ser ele o detentor, entre os animais de cérebro volumoso, do cérebro mais complexo, pelas circunvoluções e, sobretudo, pelo número elevado de células (cerca de 10 bilhões) e de conexões entre os neurônios (sinapses) e as células do córtex ainda de difícil domínio pela ciência.

No chimpanzé não existe a testa. A calota craniana está diretamente ligada à face por espessa almofada que encima as órbitas. A "correção" da abóbada craniana corresponde, nesse ponto, ao desenvolvimento no homem da parte anterior do cérebro: o lobo frontal, em que alguns vêem se não a sede da inteligência, pelo menos a da consciência, do pensamento abstrato, da *vontade.* É a parte mais ativa do cérebro humano, como mostram os registros da atividade elétrica e da circulação sanguínea do cérebro.

É isso que nos distingue dos primatas, dos macacos. O chimpanzé e o gorila são as formas terminais de uma linha à qual nós não pertencemos. Contudo, o homem está geneticamente mais próximo do chimpanzé do que estão, por exemplo, duas espécies diferentes de moscas, de lagartos ou de roedores que os não-especialistas não distinguiriam a olho nu. O homem e o chimpanzé teriam em comum 99% de seu material genético. É o que alguns biólogos designam por "chipomorfismo".

Mas o homem possui, em relação ao animal, uma característica que o diferencia fundamentalmente: perdeu a maior parte de seus instintos para adquirir em compensação um elemento que não existe no animal: o *livre-arbítrio.* O homem possui o que nenhum outro animal possui: o dom formidável da *liberdade* e da *responsabilidade.* O conhecimento do bem e do mal. O livre-arbítrio e o sentido da moral.

O que o homem quer, e sempre quis, é ser verdadeiramente livre, sempre mais livre; é a história progressiva para a liberdade de Hegel, mas ele não compreendeu ainda a verdadeira liberdade (esta escravidão voluntária ao bem) que lhe é imposta pela obediência ao equilíbrio individual e social de seu organismo. Os progressos científicos e técnicos podem ser fatores de libertação da expansão do valor absoluto participado do homem, mas somente com referência a essa expansão da natureza humana para o bem, senão, em vez da libertação, ocorre a alienação, a prová-la os incontáveis revezes que a dignidade do ser humano sofreu ao longo da história.

Sendo o homem um ser de natureza social, nascido por mutação, no seio de sociedades de primatas hominídeos, teve inicialmente a própria liberdade circunscrita pelos usos e costumes sociais da sociedade primitiva; a personalidade do homem não havia ainda plenamente emergido da consciência coletiva, o que dificultava a plena realização de suas aptidões para a liberdade.

O progresso da evolução biológica e social do homem está, em última análise, baseado na ascensão cultural (por conseguinte, sobre um *processus* de aperfeiçoamento social), que se traduziu paradoxalmente pela emergência da *consciência* da pessoa individual, o que pareceu, a não poucos historiadores de orientação dialética materialista, um recuo na socialização. Essa interpretação é, porém, falaciosa, é apenas uma ilusão, pois que esse progresso pessoal não tem realidade senão quando expresso pelo progresso social, uma vez que todos se realizem pessoalmente.

Há de se constatar que a ilusão sociologizante levou ao preconceito de se opor o individual ao social, neste *processus* histórico de libertação dos tempos primevos (nesta fase de "adolescência" de uma humanidade que não tinha ainda atingido a "maturidade", mas que, como todo adolescente, tem o poder de destruir-se e de destruir tudo).

O apelo (ou instinto) de coletividade para fazer frente às cruéis vicissitudes espaço-temporais dos tempos imemoriais do homem fez com que sublimássemos nossas realizações pessoais enquanto seres amorosos, nos quais a socialização é constitutiva de nossa própria natureza. Não sentimos mais em nós a necessidade dos outros, a necessidade de amar e de sermos amados; esquecemo-nos de que nosso psiquismo é baseado no emprego de uma língua e assim cremos possível crescer no egoísmo, que tomamos como uma afirmação de nossa pessoa, quando é precisamente a negação dela, num aparente paradoxo em que a recusa aos constrangimentos sociais e morais impostos pela coletividade sejam interpretados como a afirmação do direito de ser à própria e livre realização. Falamos aparente porque essa afirmação pessoal só se perfaz à medida que a pessoa justamente se põe a serviço dessa coletividade, no ser-para-os-outros descobre-se o ser-para-si-mesmo.

O bem, isto é, o progresso no querer melhor, não é simplesmente a utilização correta, hierarquizada e normal das possibilidades do cérebro humano com relação ao cérebro do animal, a fim de comportar-se como adulto plenamente responsável. É querer-se no sentido da história. Não ser escravo de inumana socialização, que tende a apagar o indivíduo diante da sociedade, mas trabalhar para que os homens possam ser cada vez melhores, vale dizer, que saibam refletir e escolher com toda a própria vontade um bem melhor; humanizar-se pessoalmente para serem humanizadores; tomar em mão o próprio destino. Isso quer dizer realizar a própria salvação juntamente com a de toda a humanidade dentro de uma verdadeira Moral, que é a dinâmica positiva de realização do ser humano como pessoa humana integral, segura de seu valor absoluto participado.

Outro dom que o homem possui e que só metaforicamente se pode outorgar aos animais é a *linguagem*. A aquisição da linguagem parece estar ligada ao desenvolvimento do pensamento abstrato e este, por sua vez, intimamente associado à consciência. É um novo instrumento que vai desempenhar papel determinante na extensão e na aceleração da evolução do homem.

Até aos dois anos, a criança resolve seus problemas de relações com o meio ambiente de maneira muito *semelhante* ao símio: por uma série de tentativas e de erros corrigidos. Mas depois dos dois anos, quando começa a falar, resolve esses mesmos problemas mentalmente, sem tatear. Sem precisar tomar os objetos, fazer tentativas, já não pensa esparsamente, raciocina logicamente, saindo de "sua" lógica para a lógica social de seu meio e, por último, para o domínio da lógica universal ínsita ao homem, a *lógica inscrita no coração dos homens*, como diz São Paulo, ou o jusnaturalismo, dizemos nós.

E é claro que há pensamentos sem linguagem. O gesto, o grito, a mímica podem ter sido para os homens da pré-história meios de se exprimirem, chegado atenuadamente até nós. Ainda que rigorosamente podemos dizer que pensar é falar em voz baixa, e falar é pensar em voz alta.

Quando terá começado o homem a falar? Impossível sabê-lo, como já vimos. Os hominídeos de dois milhões de anos atrás não possuíam, provavelmente, verdadeira linguagem. Apenas existia neles um balbuciar, uma linguagem tartamuda, comparável à da criança que ainda não fala.

O controvertido lingüista, *doublé* de político, Noam Chomsky, demonstrou que todas as línguas humanas atuais têm algo de comum. Uma *"estrutura profunda"*, fundamentalmente idêntica, que parece impressa no patrimônio hereditário do homem. Somos geneticamente caracterizados por nossa faculdade de falar uma linguagem articulada, como outras espécies animais são geneticamente caracterizadas por sua aptidão a construir um ninho ou a formar um enxame.

A *linguagem é, pois, propriedade biológica fundamental do espírito humano! Falamos porque somos homens.* Esta estrutura não se aplica somente à linguagem articulada. Os surdos-mudos de nascença, que não sabem exprimir-se senão por gestos, possuem-na igualmente. É como se a lógica da expressão, a possibilidade de abstração, a predisposição para comunicar estivessem incluídas nessa "estrutura profunda", cuja origem se perde na noite dos tempos.

Existem menos vestígios da história da linguagem que das demais conquistas do homem. Parece lógico pensar que a linguagem se desenvolveu à medida que se organizavam as atividades coletivas do homem; e aqueles que mais facilmente se faziam compreender, mais garantida tinham sua sobrevivência e descendência numerosa. A linguagem articulada deve ter começado a aparecer no início do último milhão de anos. Foi aperfeiçoando-se à medida que o homem foi aprendendo a utilizar melhor a vantagem essencial proporcionada pela linguagem.

O animal não pode evocar, sob a forma de gritos e guinchos, senão o que sente e no momento em que sente. O medo, a satisfação, o prazer ou a cólera traduzem-se por sons que apenas contêm a evidência desse estado imediato. A expressão ou comunicação do animal, mesmo sendo como a mais sutil, caso das abelhas que dançam para indicar onde se encontra o alimento em relação ao sol, nunca evoluiu progressivamente, ao contrário da do homem.

A linguagem humana permite evocar acontecimentos que se dão em momentos diferentes daquele em que se fala. Multiplica as possibilidades de abstração, de ideação, de pensamento consciente. Autoriza a referência ao passado, a evocação do futuro, o reenvio ao que está afastado no espaço como no tempo. Torna-se elemento essencial para a aprendizagem, para a difusão das idéias e para a transmissão da herança cultural.

O animal pode mostrar a seus filhotes como devem comportar-se perante um acontecimento de que são testemunhas. Por seu pavor ou por sua pressa em se esconder, pode inculcar o medo do homem e de sua espingarda, mas nenhum animal pode comunicar a imagem abstrata de um homem ou de uma espingarda, apenas uma pequenina parcela do "adestramento" dos ascendentes pode passar contingentemente aos descendentes, na falta da linguagem.

Admiram-se as pessoas diante dos chimpanzés que chegam a comunicar por meio de elementos de plástico colorido formas diversas, ou premindo as teclas ou molas de uma máquina, mas não fazem mais do que aprender o que se lhes mostra. São dirigidos (ou manipulados). Nada inventam. O homem, pelo contrário, inventou tudo: o plástico, a máquina e a linguagem. É ele o verdadeiro autodidata.

Nascida no espírito dos homens que possuíam já a faculdade de abstração, a linguagem favoreceu a reflexão abstrata, as deduções lógicas ou irracionais, a imaginação que desempenhou papel tão importante na evolução cultural da humanidade.

Segundo Saussure, a língua não se confunde com a linguagem. Esta é multiforme e heteróclita; estende-se a domínios mais vastos do que a língua em si, mas a língua, segundo ainda o mesmo Saussure, ocupa "o primeiro lugar dentre os fatos da linguagem". Na espécie humana, a língua é a "norma para todas as outras manifestações da linguagem". A *Gramática Histórica* de Ismael Lima Coutinho[2] fornece as seguintes definições:

> "Linguagem é o conjunto de sinais de que a humanidade intencionalmente se serve para comunicar suas idéias e pensamentos"; ao passo que "língua é a linguagem particularmente usada por um povo".

O problema da origem científica da linguagem tem preocupado sempre o espírito humano. Um faraó do Egito, de nome Psamético (séc. VII a.C.), entregou a um pastor de cabras duas crianças, com a recomendação de nunca pronunciar diante delas uma palavra. Queria ele ouvir da boca das crianças quais as palavras que elas pronunciariam por si e deduzir daí a linguagem que falariam. Psamético estava convencido de que o egípcio era a língua primitiva. Passados alguns anos, as crianças foram chamadas à presença do faraó, porque já pronunciavam algumas palavras. A primeira, segundo o pastor, era a palavra *békos*. Feita uma investigação entre os lingüistas do tempo para identificar a palavra, apurou-se que "békos" significava "pão" no frígico. Daí concluiu o faraó que o frígico era a língua mais antiga (Heródoto, *Histórias,* 11,2).

James IV, rei da Escócia (1473-1513), mandou também isolar duas crianças e aguardou que elas começassem a falar, para ver que língua usariam. Segundo as crônicas da época, as crianças começaram a falar muito bem o hebraico (*sic*). Naquela época, havia o preconceito de que o hebraico era uma língua primitiva.

---

[2] Editora Nacional, Rio de Janeiro, 1968, n. 25 e 29.

A observação do despertar da linguagem entre as crianças não parece válido, porquanto as crianças imitam a linguagem dos adultos e não ao contrário.

Ultimamente, lingüistas americanos têm estudado a linguagem dos povos, outrora chamados primitivos. Ora, ninguém nos garante que os primeiros homens que utilizaram a fala se encontravam num estado de civilização e de desenvolvimento fisiológico desses mesmos povos, *soi-disant* primitivos do mundo moderno!

Os elementos escritos são, ainda hoje, elementos fulcrais para desvendar a origem da linguagem. A escrita mais antiga que se conhece é a dos Sumérios, que remonta a uns 4.000 anos a.C. Tal lapso de tempo, porém, não parece suficiente para perscrutar a história da linguagem. Além disso, muitos séculos devem ter decorrido desde que o homem começou a falar até começar a escrever.

Tão intrincada e complexa apresentou-se sempre a questão da origem científica da linguagem, que a *Société de Linguistique* de Paris, fundada em 1866, promulgou logo em seus estatutos a interdição de qualquer comunicação acerca da origem da linguagem.

Mário Pei[3] conclui que

> se há alguma coisa em que todos os lingüistas estão de acordo é no problema de que a origem da linguagem humana é ainda insolúvel.

Visto que a linguagem humana se distingue da linguagem animal fundamentalmente pelo *pensamento* que traduz, há de enriquecê-la, locupletando-a de *idéias*. Nos animais, o instinto é uma forma de inteligência, porém objetiva e montada pela natureza. Mas no homem há a razão – faculdade de abstrair –, o raciocínio, o conceito.

Um assunto antropológico da maior relevância, a questão da sociabilidade humana, possui interessantíssimos registros na antropologia e na sociologia do homem. Destacamos aqui o *sui generis*, fenômeno das crianças-lobos, para verificar até que ponto a sociedade e o meio ambiente podem influir na

---

[3] PEI, M. *The Story of Language,* London, 2ª ed., 1968, p. 21.

formação da linguagem. Têm dado muito que falar os casos teratológicos dos "homens-selvagens" e das crianças-lobo. Um caso tornou-se particularmente célebre na França e divulgou-se pelo mundo inteiro com o filme "L'Enfant Sauvage". Foi o de uma criança de doze anos, apanhada em 1779 pelos caçadores num bosque, onde vivia completamente nua, sustentando-se de frutas e de raízes e correndo como galgo ou trepando como macaco aos ramos mais esguios e finos das árvores. Não falava e sofria quando a colocavam debaixo de telhas, tão habituada estava a viver e a dormir ao sereno. Segundo as indicações dos camponeses da região, havia pelo menos sete anos que a criança vivia nesse estilo.

Levaram-na para Paris e foi internada com os surdos-mudos. Lá o Dr. Itard, médico, estudou-a longamente e tentou reeducá-la pacientemente. No filme, o mais impressionante é observar a paciência do médico e da governanta na reeducação tão penosa como lenta do garoto e a destreza deste em imitar os hábitos das feras e em assimilar paulatinamente as noções elementares de costumes e linguagem humanos que seus preceptores se esforçavam por transmitir-lhe.

A criança não conseguiu aprender senão alguns monossílabos, e sua inteligência ficou sempre abaixo do normal; e, fato curioso, sempre que apanhava uma janela aberta, o garoto escapava para a floresta, onde continuava a correr e a uivar como os chacais, a trepar como os macacos e a dilacerar galináceos como qualquer raposa.

Uma revista publicada em 1940 enumerava uns trinta e dois casos de crianças-selvagens: dezenove dessas crianças-selvagens viviam entre animais ferozes. Quatro desses casos tratavam-se de ursos (três na Lituânia e um na Índia); havia um caso de leopardos; os casos restantes (dois na Europa e doze na Índia) referiam-se a lobos. Em todos os casos de que se possuem dados pormenorizados, as crianças apresentam características sensivelmente idênticas. Embora em idade de andar e de falar (geralmente entre três e dez anos), não pronunciam uma palavra nem sabem andar de pé; comem como os animais e recusam toda a comida cozida; vivem nuas; indiferentes às pessoas que delas se aproximam; manifestam por vezes cólera, mas não são capazes de rir nem chorar. As tentativas feitas para reeducá-las não têm logrado resultados apreciáveis: essas crianças ficam sempre com atraso mental; é como se os primeiros anos de vida entre as feras lhes tivessem sido marcados com selo indelével.

Entre os casos recentes e melhor estudados, conta-se o da "criança–leopardo", dos Montes Cachar (Índia). Transmitiu-o Stuart Baker, em 1920. Um leopardo, fêmea, que os caçadores haviam matado dois filhotes no covil, rondava em torno de uma aldeia próxima. Apoderou-se de uma criança de pouca idade, deixada pela mãe ali perto, e fugiu com ela. Todas as tentativas para encontrar a criança foram baldadas. Três anos mais tarde, quando a criança fora já dada por desaparecida e morta, mataram o leopardo em questão. Em seu covil, foram encontrados dois leopardos ainda pequenos e juntamente com eles a criança desaparecida. Era um guri, nessa altura já de cinco anos. Retomado pelos pais, movia-se agilmente como os animais, sobre as quatro patas, quase tão depressa como um homem em sua posição normal. As palmas das mãos e os joelhos apresentavam grandes calosidades. Coberta de cicatrizes (assim como no caso do menino-lobo ou *Mogli* do filme "L'Enfant Sauvage"), a criança mordia os que se abeiravam dela e arremessava-se sobre os galináceos, que encontrava a seu alcance, devorando-os com extraordinária rapidez. Pouco a pouco foi aprendendo a andar de pé e a sustentar-se de cereais, embora continuasse a andar normalmente de "quatro". Como cegara quase completamente, devido a cataratas, era pelo faro que conhecia os alimentos e as pessoas que dela se aproximavam.

Mais significativo é ainda o caso das "crianças-lobo" de Midnapore. Em 1920, um pastor anglicano da Índia, de nome Singh, encontrou uma aldeia alarmada com a pretensa aparição de espíritos que rondavam à noite pelos bosques. Foi ao lugar indicado e viu surgir, ao cair da noite, três velhos lobos, seguidos de dois lobinhos novos e de duas figuras estranhas, de forma humana, mas que caminhavam à maneira de quadrúpedes. Oito dias depois, organizou-se uma batida às feras. Duas conseguiram escapar; uma foi morta. No fundo do covil, foram encontrados dois lobinhos e duas meninas, uma de sete a oito anos e outra de uns dois anos apenas. Conduzidas a um orfanato, ali foram batizadas; a mais nova morreu um ano depois; a outra viveu até 1929.

Singh escreveu um diário pormenorizado dos nove anos que ela passou no orfanato. Na altura em que fora apanhada, suas reações eram exatamente análogas às dos lobos, no meio dos quais vivera. Caminhava a "quatro patas". Quando ia devagar, apoiava-se sobre as mãos e os joelhos; quando queria ir depressa, servia-se das mãos e das plantas dos pés: corria dessa forma tão depressa como um homem. Fugia da luz forte, mas se sentia perfeitamente à vontade na escuridão. Só circulava normalmente durante a noite. Durante o dia, ou dormia num canto ou se quedava encolhida no chão, com o rosto virado para a parede. Sujava-se constantemente e rasgava o vestuário que lhe queriam vestir. Debatia-se quando queriam levá-la. Bebia com a língua à maneira dos cães. Recusava alimentação vegetal, mas se atirava sobre a carne crua, que devorava sem sequer se servir das mãos, rilhando até os ossos. Não falava, mas uivava durante a noite, à maneira dos lobos. Dormia deitada junto da outra "criança-lobo". Quando esta morreu, passou dois dias sem comer nem beber. Dez dias depois da morte da companheira, ainda farejava os lugares por onde ela passara.

Apesar dos pacientes esforços de Singh, sua humanização foi lenta e deficiente. Entrara para o orfanato em 1923 e só dois anos depois é que começou a ter-se de pé. Em 1926, conseguiu já andar de pé, sozinha, mas quando queria andar depressa, punha-se automaticamente de quatro.

Quanto à linguagem, nos primeiros anos de educação, não conseguiu aprender mais do que seis palavras, embora compreendesse certas perguntas. Após sete anos, já com quinze anos de idade, seu vocabulário não ultrapassava quarenta e cinco palavras. Só nos últimos três anos de sua vida (morreu com dezessete anos), é que os hábitos humanos entraram a predominar sobre os primitivos instintos da vida animal. Afez-se a dormir de noite, a buscar a companhia das demais pessoas e a comer com as mãos. Mas ficou sempre atrasada mental: aos dezessete anos, seu comportamento equivalia ao de uma criança normal de quatro anos.

Onde a romântica concepção do homem *sumamente bom* em estado de natureza?! Os casos narrados são por si eloqüentes, se por um lado está o homem submetido ao império das leis da natureza, que sua razão, seu λογος, a pouco e pouco desvenda, a ponto de empiricamente dominar os fenômenos que lhe são circunexistenciais; por outro, é um ser espiritual, capaz de autodeterminar-se, de livre-arbítrio, e, portanto, responsável por si, por seu próximo, por sua sociedade, pelo mundo, por seu destino. O genuíno pensamento de Rousseau, como narrativa histórica, é um dos mais lamentáveis equívocos em que, não raras vezes, têm laborado alguns expositores menos avisados!

Não há como negar a participação ativa do homem, não somente na formação da comunidade e da sociedade, mas também e principalmente em seus ulteriores desenvolvimentos, nas múltiplas formas históricas assumidas pela concretização da realidade social, considerando-se o fato social eminentemente humano, portanto, eminentemente cultural, e via de conseqüência, jurídico.

O *bon sauvage* de Rousseau carrega certa dose de ingenuidade; sua tese de que o homem nasce naturalmente bom, mas é corrompido pela sociedade, é ontologicamente improcedente. O homem é o que é e socialmente é o que a sociedade também o é; a sociedade é o homem, um homem não é corrompido, nem uma sociedade; eles se corrompem pelo livre-arbítrio.

Ainda que certos condicionantes do eterno díptico entre *o inato* (e a genética tem feito amplos avanços neste campo) e o *adquirido*, em seus aspectos psíquicos, culturais, econômico-sociais etc., possam lhe influir, a liberdade de decisão é ínsita à alma humana, respeitada, inclusive pelo próprio criador que lhe "soprou" a existência. O homem pode-se animalizar profundamente, sem o convívio indispensável da sociedade humana, que pode realizá-lo integralmente como pessoa; ou se pode animalizar, justamente por integrar-se a essa mesma sociedade humana, *v. g.* a organização social preconizada pelo partido nacional socialista de Hitler, pelo partido comunista de Stalin etc., a ponto de os dois disputarem, felizmente para nós agora no campo ultraterreno e ladeados por outros tantos algozes da humanidade, o triste recorde de assassínios na casa dos milhões de seres humanos.

Traço distintivo maior do homem, a par da velha e revelha definição como "animal racional", tão ao gosto do preceptor de Alexandre, o Grande, ou da humorística de Platão do ser bípede e implume, ou a ambígua de Hegel: "aquilo porque o homem é homem", ou a de Ernst Cassirer como "animal simbólico", que vem ao encontro de nossa afirmação de que o traço simbólico maior da capacidade cultural do homem, dotado naturalmente de aparelho fonador preexistente e condicionante de linguagem, e num estádio mais evoluído do traço distintivo do *homo loquens*.

O homem *loquens*, portanto, é precondição para a alteridade e, conseqüentemente, para a vida em sociedade. Esta natureza biológica e espiritual reflete-se em sua mentalidade, condicionando sua vocação natural e construindo sua destinação por seu livre-arbítrio.[4]

Tudo se há de conjugar em vista de um fim que elegeu, e que por ele pautará sua vida. Os meios, os acessórios, os acidentes contam na medida em que colaboram ou não para seu fim desejado. O que vale é esta certeza de que tem vida e a de que pode construir seu destino, o *homo suum cuisque fortunae faber est* de Terêncio.

Nosso *approach* com o conceito integral do homem vêm a propósito da demonstração do homem como *organon*, cuja mundividência é informada e formada por sua capacidade anímica de sentir o mundo, como os medievais já o sentiam: *nihil est in intellectu quod prius non fuerit in sensu*. Essa percepção anímica é sentida e retro-sentida por sua capacidade de alterar o mundo, num *feedback* incessante entre o homem e a natureza, ou em linguagem neoaristotélica, a *dynamis* da natureza vem a resultar deste sinérgico conjunto de forças da *energéia* do vitalismo humano (Bergsoniano) e do *érgon* (o modelo, o dado *in natura,* sem o componente humano), a se confundirem de tal forma que não se pode conceber o homem fora da (sua) natureza e vice-versa, e isso tanto é verdade quanto proporcionalmente avança o homem tecnologicamente nessa interação.

A cultura humanística da perspectiva plena do homem como valor fundante participado é, a nosso juízo, a única que prepara o homem para ser integralmente, holisticamente, o que ele é, ou o que ele pode vir a ser.

---

[4] Cf. Santo Agostinho. *De Libero Arbitrio*, "O Livre-Arbítrio", tradução do original latino e notas por António Soares Pinheiro, professor de Filosofia, Ed. Faculdade de Filosofia, Braga. Pedro Hispano, *Lições sobre a Alma*. S. Boaventura, *Itinerário da Mente para Deus*, Fac. de Filosofia, 3ª Edição, 1986, Braga. Tertuliano, S. Agostinho, S. Anselmo, S. Tomás, *Opúsculos Selectos de Filosofia Medieval*, Fac. de Filosofia, 1984, Braga.

O *homo loquens* é o ponto de partida do homem como ser social, do ser-com-os-outros nas primitivas comunidades (*Gemeinschaften*) urbanas, nichos culturais em que o homem inicia sua longuíssima trajetória no ser-para-os-outros em sociedade (*Gesellschaft*). Referimo-nos aqui insistentemente ao homem, em razão da erronia da atribuição de linguagem aos animais que, desde os cães de Pavlov, da teoria do reflexo condicionado, entende-se a "comunicação" entre os animais como os sons por eles emitidos em determinadas circunstâncias, sem a articulação indispensável de um aparelho fonador, em que a barafunda sonora decorre de um complexo de reações bio-físico-químicas impostas pelo instinto para a realização vital de seu acasalamento, defesa do território ou da cria. Serve o instinto de apelação gregária para fins temporários de migração, *v. g.* o grou e a andorinha, reprodução ou caça, ou fins coletivos definitivos, como uma colméia ou um formigueiro.

Da indispensável condição do *homo loquens,* tecnicamente expresso pelo polegar do *homo faber*, o *homo juridicus et oeconomicus* seguiu sua marcha histórica: do jusnaturalismo das origens aos direitos públicos subjetivos de primeira geração, dos direitos políticos da segunda (sécs. XVII e XVIII), dos direitos sociais da terceira (sécs. XIX e XX), até sua quarta geração, dos hodiernos direitos da era digital e da ecologia, já a caminho de uma quinta, a do biodireito, cuja infinita capacidade de transfiguração da sociedade pela biogenética será capaz de mudar tudo o que conhecemos até este momento, como a clonagem, a reprodução assistida, a fertilização *in vitro* etc. A configuração da nova sociedade humana no decorrer deste milênio, ainda incipiente, está a depender, a par e a passo com a revolução tecnológica, da revolução da ética e da moral do homem para o valor fundante absoluto de Deus no valor participado do homem. A futura sociedade poderá ser a redenção do homem, a gozar de plena saúde e conforto, com todas as doenças graves e anomalias extirpadas, realizando-o integralmente, ou sua própria descaracterização, numa imagem digna de um quadro de Hyeronimus Bosch, ou de um George Orwell, da revolução dos bichos, em que, ao fim e ao cabo, já não se sabia nem quem era homem, nem quem era porco.

II. O Homem e o Direito

Il existe une loi générale qui a été faite ou du moins adoptée,
non pas seulement par la majorité de tel ou tel peuple,
mais par la majorité de tous les hommes.
Cette loi, c´est la justice.
La justice forme la borne du droits de chaque peuple...
*Alexis de Tocqueville**

Dentre as infinitas possibilidades de se conceber o homem, parte-se originalmente de sua concepção natural de "animal racional", cujo *lógos* o distingue dos demais animais. Porém, como seu traço diferenciador, para além do cultural, é o espiritual, seja por inata capacidade de valoração, seja por antropológica capacidade de transcendência, seu ser há de tudo valorar, seu meio, seus atos e a si mesmo, em contínua roda valorativa, valorar sempre por valores-meios, ou "franciscanos", seja a valoração para completar-se, plenificar-se, manifestados esses por suas características, assim delineadas por Machado Paupério[1] na bipolaridade, na exigibilidade, na referibilidade, na preferibilidade, na incomensurabilidade, na graduação hierárquica, na realizabilidade e na inexauribilidade.

Numa visão bipolar, o valor sempre se encontra oposto a seu antivalor: o bem ao mal, a verdade, ao erro etc.

Pela exigibilidade, o valor assume um papel imperativo, próprio do domínio do dever ser (*sollen)*.

Pela referibilidade, o valor vale sempre para alguém, não há valor sem alguém que o valorize (multipolaridade axiológica).

---

* Tocqueville, Alexis. In *De La Démocratie en Amérique*.

[1] Machado Paupério, Artur. *Introdução Axiológica ao Direito*, Editora Forense, Rio de Janeiro, 1977.

Pela preferibilidade, o valor assume sempre um papel de prelazia para o sujeito. Existe uma evidência preferencial intuitiva que substitui, com vantagem, qualquer *dedução lógica*. Por isso, o ensino constante da sabedoria do povo faz preferir os bens duráveis aos bens passageiros e cambiantes. Enquanto aqueles são valores superiores e eternos, estes são, por essência, valores mais baixos.

Pela incomensurabilidade, o valor escapa à mensuração, a não ser em seus espécimes concretos. Como puras qualidades, os valores são infensos à medida.

Pela graduação hierárquica, o valor distribui-se por uma escala gradativa, havendo valores superiores e inferiores. Esta distinção, como a estabelecida entre valores positivos e negativos, vincula-se à essência dos próprios valores e aplica-se a qualquer valor.

Pela realizabilidade, o valor tende a se realizar, sendo esse mesmo seu destino: encarnar-se no fato e, através deste, na história.

Pela inexauribilidade, o valor, embora realizado, jamais se esgota com a realização. A caridade, por exemplo, uma vez praticada, nem por isso se acaba, continuando a servir de diretriz para outras ações.

Apresentamos ainda outras categorias para o valor: a objetividade, a dependência, a heterogeneidade, a irrealidade, a intemporalidade, a inespacialidade e a difusibilidade.

Pela objetividade, o valor impõe-se a nossa vontade como algo transcendente e externo. Pelo fato de os valores não serem coisas, não deixam eles de serem objetivos.

Pela dependência, para os que se filiam à tese tomista, o valor apresenta-se não independente ontologicamente, embora não subordinado a qualquer circunstância. Nessa perspectiva, os valores são atributos do ser e exprimem-se sempre como predicados dele.

Pela heterogeneidade, os valores são irredutíveis, uns em relação aos outros.

Pela irrealidade, o valor, em sua pura essência, não se apresenta corpóreo, embora só possa existir encarnado, o valor só é valor no homem.

Pela intemporalidade, o valor, abstratamente considerado, não se subordina ao tempo.

Pela inespacialidade, o valor, como ser não corpóreo, não ocupa lugar no espaço, embora, digamos nós, o homem ocupe espacialmente seu lugar, mais uma vez repetimos, o valor só é valor no homem.

E pela difusibilidade, o valor comunica-se, atraindo outros valores. A justiça, por exemplo, leva-nos muitas vezes a praticar a caridade.

Na historiografia da concepção do homem, a concepção naturalista, de inspiração aristotélica, do *zoon politikon*. Por óbvias razões, sempre foi o ponto de partida comum dos filósofos do Direito desde sempre. A partir do humanismo, principalmente nos séculos XVII e XVIII, à concepção naturalista sucedia-se a concepção historicista do homem, como sujeito-agente de sua história particular e socialmente da história universal (Hegel, Nietsche, Heidegger e Sartre).

Não fragmentado, mas participado, valor absoluto participado, horizontalmente com o próximo, já que o homem se define e se realiza em sociedade; participado verticalmente quando, esgotada sua contingente finitude, busca a permanência no valor absoluto definitivo (eterno) de Deus. O novo sistema jurídico universal há de ter em conta a interpretação teocêntrica do homem como ser teomorfo, em que o valor absoluto horizontal e vertical perfaz o homem integral, interpretação esta que se expressa na concepção culturalista do Direito, tendo no homem seu valor fundante, sede do Direito, seu agente e seu objeto, fenômeno necessariamente natural e essencialmente cultural ao mesmo tempo, o homem eticamente ser livre, ontologicamente um ser autotélico, um ser que subsiste em si mesmo, mas que se plenifica no ser-para-o-outro, em sua alteridade; o homem como valor pleno, não relativo, mas participado (presente) no Eterno.

A par da concepção ultraterrena do homem, o fato assente é que o direito é um fenômeno humano, do homem em sociedade. Recorremos novamente ao filósofo Estagirita, para quem a agremiação humana é uma imposição da natureza, de tal sorte irresistível, que dela somente se apartaria um ente degredado, um bruto, ou que a ela fosse superior, um deus.

O dado empírico da inclinação natural do homem à sociabilidade – hipótese recorrente nos antigos escritores de que o homem, ser social por natureza, premido pela necessidade, teria entrado em relações com seus semelhantes, acabando por constituir grupos, isto é, transitando de uma primitiva fase de vida individual para uma fase mais adiantada de vida social – não tem o suporte científico e a certeza necessária para se afirmá-la. Aliás, nesta seara, o que campeia mesmo é a especulação, a hipótese, de modo que apenas abordaremos algumas idéias que nos pareçam relevantes, posto que se trata de um campo que pertence, eminentemente, a outras ciências sociais, cabendo-nos aqui uma visão panóptica.

Certamente, há uma tendência de nosso espírito para interpretar a realidade exterior como uma conseqüência da realidade interior. Essa tendência tem sua origem no fato de, sob ponto de vista psicológico, o *Eu (self)* ser o ponto de partida para todo o conhecimento, parecendo-nos, por isso, constituir o centro de toda a realidade conhecida. É na consciência de que a realidade se transforma no conhecimento, e basta isso para que a visão subjetiva do mundo nos coloque sempre no centro dele e para que toda a realidade exterior seja um *posterius* em relação ao Eu, como uma circunferência traçada com referência a um centro que é precisamente o da consciência individual.

Quando transplantada para o campo sociológico, essa perspectiva do real induz naturalmente a ver no homem isolado o centro e o ponto de partida para a organização da vida social. Daí o pensamento de que a vida em sociedade teria surgido posteriormente à vida individual, constituindo o resultado de uma reflexão ou da experiência do homem. Não há qualquer realidade nessa interpretação. Se, intelectualmente, podemos conceber uma fase pré-social da existência, ou admitir artificialmente uma vida solitária (como na história de Robinson Crusoé, do romancista Daniel Defoe, antes da famosa personagem dar-se conta da presença do Sexta-Feira), vemos que no plano natural essa vida é impossível. Vida humana é vida de relação. A própria sobrevivência física está condicionada pela integração na sociedade primária e primeira da família. Os traços que permitem identificar como homem e distingui-lo dos antropóides dos primeiros seres humanos são os vestígios de conduta racional e inteligente. As primeiras manifestações da inteligência e razão humana são, precisamente, as que denunciam a vida de relação do homem enquanto ser social. Por isso mesmo, para o arqueólogo, o homem surge como homem quando os vestígios o apresentam integrado numa comunidade.

A vida social é um atributo da vida do homem, uma implicação de sua qualidade de ser racional. A partir daí, resulta não ser aceitável a idéia de uma anterioridade da existência individual em relação a uma existência social e, mais que isso, resulta a ilegitimidade da contraposição que, entre essas duas formas de existência, é uso estabelecer.

Se, porém, situarmos a referida contraposição num plano não sociológico, mas unicamente psicológico, veremos que ele já corresponde a uma realidade. Existência individual e existência social não são estádios sucessivos de uma hipotética evolução temporal, mas correspondem a duas dimensões anímicas fundamentais, a dois aspectos distintos do espírito humano: o homem é um ser social, mas é também e simultaneamente um ser moral. Ser moral significa ser judicante, valorante, que necessariamente interpreta a realidade em termos de bem e de mal, de conformidade ou desconformidade com as matrizes que se identificam com o *dever*. A atitude normativa, a posição judicante são uma das múltiplas manifestações da consciência, são um modo conatural do existir. Tão inadmissível é a idéia do ser humano desligado da vida social, como a do ser privado da vida moral.

Por isso mesmo, enunciamos a conhecida construção de que o homem é um animal social, implicando a existência em sociedade de normas de conduta, pelas quais o direito é conhecido, e de noções que existem na consciência, independentemente de o direito as declarar ou não, mas que o direito as declara *porque* elas já existem na consciência. Ao se transformarem em normas jurídicas, esses valores se desindividualizaram, convertendo-se em instrumentos sociais, e essa transformação foi imposta pela existência em sociedade. Podemos, portanto, dizer que o direito surge na confluência do moral e do social, e é incompleta e enganadora qualquer interpretação que o procure reconduzir a apenas uma dessas naturezas, qualquer que ela seja.

As formas primitivas da sociabilidade foram, provavelmente, inspiradas pelo instinto e pela necessidade, sem obedecerem a qualquer regra ou disciplina, mas a própria experiência social foi lentamente se fazendo surgir. O poder e a organização deste, inicialmente embrionária e rudimentar, foram assumindo depois formas progressivamente mais complexas. Assim, a sociabilidade espontânea transforma-se, mercê da própria evolução social dos grupos, em sociabilidade organizada. As relações entre os membros, a forma de resolver os conflitos de interesses, a disciplina que deve presidir à família, ao trabalho, à defesa comum, vão fixando-se através da tradição do próprio grupo. Nas sociedades primitivas, essa tradição é acompanhada por uma sacralização ou justificação dos deveres por via religiosa.

Na concepção dos organicistas sociais positivos, *Spencer, Bluntschli, Fouillé* ou mesmo *Comte*, o fato gerador da sociabilidade ou os elementos que condicionam sua composição variariam de acordo com os sistemas e segundo os diferentes expositores, fatores de natureza diversa, físicos, fisiológicos, econômicos, psicológicos, (bio)psicológicos etc., desdobrando-se em longa enumeração, incluindo a raça, o meio físico, o geográfico, a simbiose ou solidariedade orgânica, a sociabilidade ou psiquismo social, a adaptação, o interesse da espécie e o gregarismo, a evolução econômica, o número, a densidade, a mobilidade da população, a consciência da espécie, o contrato, a imitação e a sinergia.

Curiosa imagem, muito em voga entre os *darwinistas sociais* do séc. XIX, era a de que não se deviam confundir fatores e causas. Na "variação da coluna barométrica, fator é o estado líquido do mercúrio, causa é a diferença de altitude ou a pressão atmosférica". Na biologia a doença é o fator, a menor resistência do órgão; a causa, a infecção; ao passo que, nos fenômenos sociais, se encontram como fatores a raça, o meio e o clima; e como causas, a necessidade de adaptação e a de transmissão. No meio cósmico, no biológico e no social, a adaptação é representada pelo equilíbrio, ou seja, com relação ao Direito, pela harmonia social, através de regras de conduta, conforme a classificação *Comteana*: regras de conduta, que são políticas ou religiosas, morais ou jurídicas, unidas, por intermédio da moral, também com as normas religiosas.

Causas mediatas, acidentais, fatores indiretos, meros elementos concorrentes, nenhum desses por si só seria capaz de explicar, nenhum indica o que sobreleva, de modo geral, constante e invariável, nas causas e na formação de todas as sociedades humanas. Nisso reside, precisamente, o problema capital, superiormente resolvido por Aristóteles que, no íntimo do processo psicológico, foi buscar naqueles impulsos, tendências e necessidades do homem, a chave da questão, a razão fundamental da sociabilidade. Essas causas, e facilmente poderia ser a lista acrescida, não representam senão um conjunto de condicionamentos biofísicos a que o homem está sujeito, e aí estão incluídos os fatores redutíveis, simples conseqüências, próximas ou remotas, de uma originária e indisfarçável inclinação à sociabilidade, bastando a renúncia ao unilateralismo material dos fatos exteriores, em que a sociedade é encarada através de fatores materiais, para remontar a um princípio interior, em que se nos depare o motivo da concretização da sociabilidade.

Os que acentuavam o valor desses fatores elementares, que são as forças materiais, demonstrando complicados processos de luta pela vida e de seleção, encareciam os dados materiais da sociedade, tais como a coexistência dos indivíduos em determinado território, a utilização dos meios de vida externos, insistindo nas necessidades da vida sensível, laborando em manifesto equívoco, ao restringir arbitrariamente o homem a mero produto de condições biofísicas na formação e no desenvolvimento das sociedades. Esses elementos, sem dúvida necessários ao desenvolvimento da vida social, da mesma sorte que o corpo é necessário a nossa vida intelectual e espiritual, de modo algum poderiam fornecer a verdadeira razão da sociabilidade, que propriamente só adquire sua significação particular ultrapassando-se a materialidade dos fatos.

Muito embora reconhecessem nas sociedades humanas o pleno desenvolvimento da vida social, iam buscar-lhe os rudimentos no estudo das agremiações animais. Identificavam a sociedade humana com o coletivo animal, já estavam bafejados de "darwinismo" nesse contexto. Até um filósofo da época, *Espinas*, encontrou racionalidade na vida animal, destacando-se desses absurdos Augusto *Comte*, em que, pela concepção hierárquica das ciências, inadmitia, pelo menos, que o conhecimento da vida social humana pudesse ser obtido por via dedutiva. Uma vez estabelecida a teoria biológica do homem, o inferior não explicaria o superior, nem seria lógico ou natural que o menos contivesse em si a razão de ser do mais, o que deflui da própria referida classificação hierárquica das ciências, fundada no princípio da complexidade crescente ou na generalidade decrescente dos fenômenos. Era o que se entendia pelas obras de *Comte*, que sem dúvida marcaram o século XIX, inclusive pela idéia dos três estados (religioso, metafísico, positivo).

Émile Dürkheim, no final do séc. XIX, esposou interessante tese sobre esse primeiro estágio de incipiente socialidade, mera superposição atomística de indivíduos, com pronunciada predominância do social sobre o individual, anuladas as personalidades, absorvidas e perfeitamente identificadas as consciências individuais com a consciência coletiva, dominando as normas repressivas, conseqüência da uniformidade de crenças e de ritos, com suas sanções caracteristicamente expiatórias. Depois, à medida que se afirma a personalidade individual, destacando-se do primitivo amorfismo a solidariedade orgânica, consciente dos vínculos sociais, a especialização de funções, a divisão do trabalho, a formação dos grupos, acarretando uma transformação correspondente na estrutura jurídica, cujas regras de caráter reparatório ou restitutivo, abandonando a preocupação de punir, procuram não somente restabelecer a normalidade violada, mas fomentar completa e perfeita solidariedade.

Gemeinschaft e Gesellschaft representam a oposição entre o instintivo e o arbitrário ou voluntário, entre o natural e o artificial ou factício, entre o espontâneo e o deliberado ou refletido. Este parece ser o traço fundamental que discrimina os conceitos de comunidade e de sociedade. É a maneira corrente de definir os dois termos, confrontando-se-lhes com outros dados constitutivos: o elemento da limitação territorial, isto é, área geográfica de partes contíguas; o elemento da centralização de interesses de toda sorte, a saber, concentração de negócios e de interesses; o elemento, por fim, da unidade funcional, quer dizer, cooperação, senso de unidade, importando convergência de atividades e organização etc. Enquanto para *Gaston Richard* e *Georges Gürvitch,* a contraposição entre *Gemeinschaft* e *Gesellschaft* é uma contingência de discussão de filosofia social e política alemã, predominante em fins do século XIX, em que a doutrina, geralmente, opunha entre si os dois conceitos de Estado e de sociedade.

Decorreria daí a evolução da sociedade espontânea ou natural (?) *Gemeinschaft*, para a sociedade que se organiza politicamente, a *Gesellschaft*? É preciso ter em mente que o termo Estado, além deste sentido lato de sociedade politicamente organizada (ou no seio da qual se estabeleceu diferenciação entre governantes e governados), tem um sentido restrito, que é o de órgão ou conjunto dos órgãos que detêm a autoridade e a exercem sobre o grupo; neste segundo sentido, os termos Estado e Poder usam-se indiferentemente.

O velho Clóvis Bevilácqua,[2] apesar de coevo dos organicistas sociais, já pensava para além deles. Trazemos aqui uma célebre aula proferida na Escola de Altos Estudos, no Rio de Janeiro, em 1913, em que o autor de *Lições de Direito Comparado* assim resume o movimento e a tendência do direito para o "breve" século XX, *passim:*

> O direito é um fenômeno extremamente complexo. Todos os fenômenos sociais o são; mas o direito é, entre todos, o mais complexo, porque os resume e reflete. Além de complexo, o direito apresenta uma infinita variedade de formas.
>
> Por exemplo: o direito civil é, por assim dizer, uma coisa infinita, capaz de consumir a vida de um homem. Quando pensamos, depois de acurado estudo, que temos chegado ao termo, vemos que o horizonte ainda se dilata, e há matéria que ainda não perlustramos; mas, se o direito, objetivamente considerado, sendo tão vasto e tão complexo, o espírito de síntese consegue reduzi-lo a certas idéias, fundamentais, para poder dominá-lo.
>
> Considerando as fontes do direito, podemos distribuí-las em três classes: a lei, o costume e a consciência jurídica, manifestando-se por outras formas diversas, conforme os momentos e as circunstâncias. A lei é, sem dúvida, como o costume, manifestação da consciência jurídica, mas é uma forma de manifestação clara (o que é uma vantagem), precisa (o que é uma vantagem ainda maior), porém rígida (o que é um defeito).
>
> O costume é mais obscuro; em compensação, é maior sua flexibilidade. Mas nem a lei, nem o costume exaurem o direito.
>
> A lei contém em si muito de arbítrio; e, obra humana, assim como a arte e a ciência, a lei é imperfeita, porque, por mais que se esforce o legislador, ele não consegue reduzir a frase legislativa às necessidades do momento e porque ela é morosa em se transformar. Assim, passado algum tempo após sua promulgação, a lei já está atrasada em relação à vida social. Ainda é imperfeita a lei porque seus dispositivos não têm as ondulações que as

[2] BEVILÁCQUA, C. *Estudos Jurídicos (História, Philosophia e Crítica)*, Livraria Francisco Alves, Rio de Janeiro, 1916.

necessidades da vida coletiva exigem. Os casos ocorrentes não se reproduzem exatamente e, no entanto, a lei mantém sempre o mesmo dispositivo; a coincidência, em todos os seus pontos, entre a lei e o fato é sempre difícil, mas daí não devemos concluir, como conclui Jean Cruet (*A vida do direito e da inutilidade das leis*), erradamente que a lei é inútil.

Não, a lei é indispensável.

O que devemos inferir dessa observação é que, a par da lei e do costume, há outros modos pelos quais se manifesta a consciência jurídica, e esses modos se reduzem às idéias fundamentais do direito.

É por essas idéias que a consciência jurídica se faz sentir de modo mais puro e mais direto. Elas são o direito vivo e real, porque, se o direito é um fenômeno da sociedade, um fenômeno coletivo, ele se reflete na consciência do indivíduo, assim como as nuvens se refletem num lago. Para conhecermos o direito, em uma dada época, é indispensável que penetremos profundamente na sociedade, que estudemos todo o seu movimento econômico, toda a sua vida religiosa, todas as suas manifestações artísticas; porque é do conjunto da cultura dessa época que resultam as idéias fundamentais a que me refiro.

Bergson pouco nos instrui sobre filosofia do direito, ainda que seja, como observa Kohler, o mais notável dos filósofos que a raça judaica produziu depois de Spinosa, sua filosofia ainda se nos apresenta sob um aspecto fragmentado; não é um conjunto, um todo que abranja o Universo, não é uma concepção completa do mundo.

Em todo o caso, há um pensamento na doutrina bergsoniana que não pôde passar desaproveitado para o filósofo jurista: é sua doutrina da intuição; realmente, há no direito uma parte intuitiva, todos nós nos referimos ao critério jurídico, ao senso jurídico, pois esse critério jurídico e esse senso jurídico são formas da intuição do direito, e é sob esse aspecto que ela difere essencialmente da ciência.

A ciência vai procurar a verdade por uma elaboração lenta e, por assim dizer, externa. A filosofia procura penetrar nos fenômenos, mergulhando na consciência; como os fenômenos se refletem na consciência é que a filosofia os deve apresentar, e se transportarmos esse pensamento ao direito, reconheceremos que sua aplicação não será estéril.

E assim volvemos ao que eu afirmava em princípio, isto é, que a expressão mais pura, mais direta do direito, está precisamente na consciência jurídica, que é, há um tempo, coletiva e individual. Coletiva, porque está em toda a sociedade: há certo modo de compreender e de sentir, que é comum a todos, em um dado momento, em uma dada sociedade. E individual, porque todo o indivíduo, educando-se no mesmo meio, tem certo número de idéias que são de todos ou, pelo menos, da parte culta da sociedade. E se não se estabelecesse esta antinomia entre a consciência jurídica, a lei, os costumes e as outras formas possíveis do direito, este não se modificaria. Perpetuamente se manteria o mesmo. A lei se marmorizaria.

Nada ensinei. Pude, apenas, provocar reminiscências e sugerir associações de pensamentos. Para que mais?

Mais próximo de nós, o *filósofo dos papas,* Jacques Maritain, no célebre *O Homem e o Estado*, obra maior em que consubstancia suas concepções político-sociais, oferece-nos em traços largos um claro panorama da questão. A comunidade é obra da natureza, produto do instinto e da hereditariedade, em circunstâncias dadas, em determinado quadro histórico, ligando-se estreitamente à ordem biológica. A sociedade é fruto da razão e da vontade, ou força moral, decorrendo das aptidões espirituais do homem. Na comunidade, procedem as relações de situações, de meios históricos, predominando a mentalidade coletiva inconsciente sobre a consciência individual, apresentando-se o indivíduo como produto do grupo social. Na sociedade, promanam as relações de iniciativas humanas, de ideologias, de determinações voluntárias, guardando à consciência pessoal a prioridade sobre o agregado: é o homem que informa e orienta o grupo, sendo-lhe capaz, e nisto vimos exaustivamente se repetindo, de moldá-la, de reinterpretá-la sempre; a sociedade é plástica e seu artífice é o homem.

Jacques Maritain busca compreender o objeto próprio das comunidades e sociedades humanas, e em função desse objeto, como os homens se agrupam e se organizam, a comunidade se assenta, assentando a base da sociedade.

A vida social será, nesse contexto e sob certo aspecto, um constrangimento ou uma pressão exercida sobre o indivíduo, na comunidade. Esse constrangimento acarreta comportamentos submetidos a condicionantes da natureza capazes de influir no homem nesse estado, ao passo que, na sociedade, o constrangimento deriva da ordenação, da regulamentação racional em vista de um fim comum (há uma teleologia social dos valores concebidos pelo homem nesse estado), apoiando-se no consentimento ou no reconhecimento, pois a lei há de ser cumprida consciente e livremente pelo homem. Em conseqüência, a comunidade é naturalmente acéfala, embora possuindo elites ou centros de influência, não autoridades dirigentes. Pode fornecer um "padrão" coletivo à vida privada do grupo, mas carece de um princípio de ordem pública.

Assim, a comunidade será de costumes e não de leis em sentido estrito, autêntico, de normas de Direito Positivo, pois lhe falece, irremediavelmente, uma ordem jurídica formal a lhe servir de parâmetro positivo para sua hermenêutica.

A nação seria o tipo mais completo e o mais complexo das comunidades engendradas pela vida, sustenta Maritain em seu inolvidável livro, mas é apenas uma comunidade, não uma sociedade, não é exclusivamente alguma coisa biológica, como a raça.

É algo ético-social. É "comunidade de homens, que tomam consciência de si mesmos, assim como os compôs a história, ligados ao tesouro de seu passado e amando-se como são ou imaginam ser", possuindo um "berço de vida, de trabalho, de sofrimento e de sonhos", e uma "língua e uma vocação histórica, que nada mais é senão a particularização histórica e contingente da vocação do homem a se desenvolver e a manifestar suas múltiplas potencialidades". Contudo, não ultrapassa o limiar da ordem política, não é um corpo político, uma sociedade política, embora possa nela se transformar.

O certo é que a idéia de sociedade política releva-se de outra ordem, de categoria superior; tomando forma, o corpo político se distinguirá da comunidade nacional, e no campo do direito ensejará o aparecimento de um modelo paradigmático mais complexo de normas, consoante o grau de complexidade que essa sociedade galga em seu devenir.

Demonstrar essa sociabilidade inata ao homem, que o fez capaz de comunidade, e dar largos passos na direção de uma sociedade, com toda a carga histórico-sociológica exsurgida do fato social para o fato jurídico, não é tarefa fácil de fazer, muito embora seja fácil senti-la. Supomos que o observador, ao exarar seus pontos de vista sobre sua sociedade, está inserido numa visão global dessa mesma sociedade em que ele próprio se dispõe a estudar. Um bom observador da sociedade deve saber distinguir o "normal" (o vulgar, o habitual, o trivial) do excepcional e, igualmente, o esotérico do exotérico; deve saber separar o manifesto do latente, o princípio de sua aplicação, a tradição da inovação; saber, enfim, identificar correlações entre os vários semantemas multi e interdisciplinares, porque o ordenamento jurídico que se lhe constituir decorrerá, direta ou indiretamente, do fato social que lhe será suporte, fundamento e legitimidade da legalidade do sistema.

Portanto, ainda do ponto de vista antropológico-social, toda e qualquer sociedade é estruturada por um sistema de regulações multiformes; poderá ser que, pelo evolver social para uma sociedade "ideal", como é prefigurada em certas escatologias ou em certas utopias, não tenha necessidade desses modelos que possuem um aspecto normativo imperioso para a coesão e a funcionalidade do sistema social e, por via de conseqüência, do ordenamento jurídico. No momento, porém, nenhuma sociedade conhecida se lhes escapa, mesmo havendo muitas culturas que se moldam segundo conceitos inominados (que nem são denotados pelo vocabulário, nem são definidos no plano do pensamento consciente, mas que nem por isso estão menos presentes ou são menos atuantes).

As regulações sociais tomam esquematicamente quatro formas. As três primeiras são a regra jurídica (o direito propriamente dito e o costume formalizado); a "lei", ou norma moral, ideal herdado do grupo, interiorizado, mas também reinterpretado e integralizado pelo indivíduo; e as normas formuladas pela religião, no sentido amplo e antropológico do termo e no sentido estrito de religião revelada. O quarto imperativo é o do *ethos*, o dos costumes; é o único que não tem sanções formalizadas: modelo, em princípio, facultativo mas que, contudo, é de todos o mais exigente e o mais bem obedecido; a pressão social é, com efeito, tão forte que ninguém pode subtrair-se ao *ethos* forjado pelas convenções e conveniências, cujo respeito condiciona a inserção do indivíduo no grupo e, integralizando-o como ser natural, cultural, histórico e absoluto participado, cria seu Direito! *Ubi homo, ibi societas, ubi societas ibi jus*.

Nesse sentido é que o Direito se constitui como uma Ciência Social, pois o fato jurídico está de tal forma integrado ao fato social que é muito difícil se delimitar os contornos dessa zona grísea e se afirmar seguramente onde começa um e acaba o outro, à semelhança, no direito penal, de se saber onde acaba a culpa consciente e começa o dolo eventual do agente. Só a realidade do fato em si pode contribuir para essa dilucidação, tendo-se em vista a complexidade causal dos fatos que perfazem o fato social, por si só plúrimo e causamente heterônomo, pela variedade de aspectos dos fatos que formam o fato social. É ele um fato histórico da memória de cada povo e de todos os povos. É fato geográfico em razão das paisagens naturais e culturais do globo terrestre; é fato econômico, regido pelas leis de mercado e pela *lex mercatoria*; é fato político, pela maneira peculiar de cada povo organizar-se politicamente e entender e exercer a cidadania; é fato religioso, pelo poder carismático, em sentido Weberiano, que as religiões lhe informam; é fato moral, na medida em que o foro íntimo do homem se dê a conhecer; é fato jurídico, tomado aqui em sentido positivo de coerção à conduta externa do homem pelo Estado de direito, quando em desconformidade com seu ordenamento jurídico.

Sendo o fato social um complexo de causas e concausas que lhe informam, podemos então verificá-lo sob o prisma da causa ou do fato que lhe assegurou a existência, *v. g.* o episódio que, ao mesmo tempo, foi histórico, político e jurídico e aparece na antecipação da maioridade de D. Pedro II, que tinha apenas 15 anos de idade ao assumir o poder imperial; ou o fato jurídico, geográfico e religioso: o Tratado de Tordesilhas que, sob o mando do Papa espanhol Alexandre VI, dividiu o mundo (em 1494) entre Portugal e Espanha.

O fato social é, pois, todo acontecimento voluntário ou involuntário que, no passado ou no presente, analisa a vida humana sob vários aspectos, como o histórico, o geográfico, o econômico, o político, o religioso, o moral, o jurídico. Um fato histórico, político, jurídico e religioso, por exemplo, ocorreu quando Henrique VIII da Inglaterra quis que o Papa Clemente VII lhe concedesse o divórcio. Como não o conseguiu, rompeu com a Igreja Católica, fundando o Anglicanismo, do qual é o cabeça, e concedendo a si próprio o divórcio pretendido, a despeito do santo testemunho de John Fischer e do inexcedível humanista Thomas Morus, exemplo de mártir que, apesar de gozar da confiança do Rei, jamais "vendeu a sua alma".

III. O Homem e a simbologia do Direito

... Et virgo caede madentes,
ultima coelestum,
terras Astrea reliquit...
*Ovídio**

A expressão "Direito" corresponde historicamente ao termo latino *jus*, de *jussum* (*jubere*, ordenar) e *justus* (*justitia*, justiça).

De fato, o que denominamos Direito, os romanos chamavam *jus: jus romanum, jus civile, jus publicum, jus gentium.*

Edmond Picard, apoiado em Littré, esclarece que o termo latino *jus* advém provavelmente do védico *yós*, e quer dizer salvação, proteção, e vamos encontrá-lo no *jubere*, que se traduz por ordenar, comandar.[1]

Del Vecchio, depois de acentuar que, etimologicamente, conforme opinião ainda muito difundida, as expressões *jus, justum, justitia* derivariam da raiz sânscrita *ju (yu)*, que significa ligar, acrescenta que, em época mais recente, esposaram os filólogos outra opinião, firmados na autoridade de Khun, segundo a qual *jus* (antigamente *jous*) estaria relacionada com o védico *yós* e com o avético *yaos*, vocábulos de explicação não definida, mas certamente de caráter religioso.[2]

---

* OVÍDIO. *Metamorfoses.* V. I, p. 149-150. (Trad. do autor: "De todas as deusas, a última a deixar a terra ensangüentada foi Astrea", representação da deusa da justiça.)

[1] PICARD, Edmond. *O Direito Puro*, Editorial Ibero-Americano, 1972, p. 27.

[2] DEL VECCHIO. *A Justiça*, Edição Saraiva, 1960, p. 3.

A palavra *jus* encontra-se no radical de numerosas expressões usuais, como justo, justiça, justificante, justificado, justificação, jurista, jurisconsulto, juiz, jurisdição, júri, julgamento, jurisprudência.

Mas, assinala Picard, não obstante o vocábulo intervir nessas designações parciais, "já não existe na denominação do total, do conjunto em que foi substituído pelo termo Direito".[3] Esse fenômeno lingüístico ocorreu em todos os idiomas modernos, daí termos: *diritto*, no italiano; *drech*, no provençal; *derecho*, no espanhol; *droit*, no francês; *direito*, no português; *right*, no inglês, e *recht*, no alemão.

Etimologicamente, pois, foi o vocábulo *directum* que se firmou, traduzindo o que não é curvatura nem inflexão, o que não pende para lado nenhum, o que é levantado, aprumado, ereto, íntegro, justo, reto, correto, certo, precipuamente no sentido moral (no mesmo sentido/significado do significante *regula*, que nos deu *régua*-padrão de medida do que é reto no mundo físico e *regra*-comando a medir o que é reto no mundo moral).

Na observação de Edmond Picard, a palavra *jus* foi substituída por *direito*, no decorrer da Idade Média,

> em épocas difíceis de precisar para os diversos povos, e apesar da influência dominante do Direito romano, a consideração Característica-Coação dá lugar ao do elemento moral, mais nobre, com certeza, mas muito menos especial.[4]

Esse desvio é estranho e valeria a pena de ser investigado cientificamente, quer em suas causas, quer nas ocasiões e datas de seu surgimento, parecendo que o mesmo corresponde às preocupações místicas da época medieval, a um protesto instintivo das almas contra os abusos da força, a um apelo ao que deve ser o cerne de toda a legislação: o senso de moralidade, a justiça, o coração.[5]

Jus (*jussum, jubere,* ordenar; e de *jubere*, jurar) e *directum* (de *dirigere*, direito), ambos os termos nos levam, através de sua etimologia, à afirmação de que a norma jurídica somente deve traduzir-se pelo que ordena com retidão para o que é justo, não podendo, a contrário senso, o que não ordena

---

[3] Picard, Edmond. *O Direito Puro*, Editorial Ibero-Americano, 1972, p. 27.

[4] Id., ibid., p. 27-28.

[5] Id., ibid., p. 28.

com retidão para o que é justo ser considerado como norma jurídica legítima, mas simples ato de força, de prepotência, de quem exerce o Poder.

O civilista português Cunha Gonçalves, todavia, assim não entende, assegurando não lhe parecer revelar a etimologia do vocábulo Direito a expressão do que é justo, "a uma parte porque a noção do *justo* nada tem de originária ou primitiva e há direito inspirado no mero critério da utilidade ou da necessidade, que não atende a sua justiça; e de outro lado, durante milhares de anos, em todos os países em que predominou a cultura latina e as obras jurídicas eram escritas em latim, até o século XX, o direito foi sempre designado pelo clássico vocábulo *ius*, e não pelo suposto *directum*, e o germânico *recht* não contém a sílaba inicial *di*". Afirma:

> Há no mundo povos que têm seu direito, designado pelo respectivo vocábulo, o qual evidentemente não proveio daquela etimologia puramente européia.[6]

1. O vocábulo *jus*: sua origem e evolução

> O destino das palavras é tão incerto quanto o destino dos homens.
>
> *Anônimo*

O vocábulo que traduz a idéia de direito carrega uma multissecular polissemia; daí que, como bem diz Herbert. L. Hart, seu significado sempre confundiu moral/direito-objetivo e subjetivo/justiça.[7] A palavra *ius* – muito antiga na língua latina, ainda que não seja a primitiva ou pelo menos não tenha sido essa sua primeira forma,[8] e muito embora tenha havido, a par de outra palavra

---

[6] Cunha Gonçalves, Luiz. *Tratado de Direito Civil,* Max Limonad, 1975, v. I, Tomo I, p. 18.

[7] Hart, Herbert L. A. *O Conceito de Direito*, Calouste Gulbenkian, 1989, p. 224-250.

[8] Id., ibid., p. 224-250. "A antigüidade da palavra *ius* (porquanto remonta ao patrimônio védico indo-europeu) deduz-se de sua própria etimologia, mas esta constitui um problema, cuja solução é muito discutida por lingüistas e juristas. Como geralmente acontece com as questões difíceis, ainda hoje não se definiu bem seu significado básico; e a noção nominal e a noção genética de *ius* são de um interesse *vivo*, porque mostram *ao vivo* o primeiro conceito de direito, como observa L. Lachance, *Le Concept de Droit selon Aristote et Saint. Thomas,* Ottawa-Montreal, 1948: 'Le nom ius, c'est l'empirisme juridique sous la forme la plus simple. Le nom, d'est de

com o mesmo significado de *ius* – nas línguas românicas o *jus* se traduz por direito, no antigo português[9] e ainda hoje nos vários dialetos falados na Penín-

---

l'observation directe crystalisée. Le nom c'est de l'expérience accumulée. La parole de l'homme étant l'interprète de sa pensée et l'extériorisation de l'impression qu'il reçoit des choses il s'ensuit que le nom donné aux objects par toute une lignée de générations est littéralement gorgé de signification. Il atteste une manière continue de les concevoir. Et ainsi, on peut comprendre qu'il soit en quelque sorte le seuil de la science.

En effet, quiconque n'a pas la chose sous la main, et partant, ne peut la faire voir, n'a qu'en prononcer le nom, et à l'instant elle surgi devant la pensée de ses auditeurs. C'est donc que le nom contient dejà, à l'état obscur et confus, l'idée qu'on se propose de rendre claire et distincte. En conséquence, il n'est pas superflu de le presser et de lui faire rendre son contenu'.

Vico (escola estóica), seguido por Biondo Biondi, *Scritti giuridici,* Milano, 1965, 3 e 4, relaciona *ius* com Zeus e Júpiter. Consoante essa opinião, haveria até certa relação genética ou de procedência entre Zeus, Júpiter e *ius*. (A forma sanscrítica *jaus*, que corresponde à latina *yous*, equivale ao védico *jos*. Este vocábulo anda sempre associado ao termo *çam*, 'qui marque l'idée de bénédiction. *Çam jos* ou *çam ca jos ca* est une formule qu'on emploie pour appeler sur quelqu'un le pouvoir et la protection des dieux', Michel Bréal, *Sur l'Origine des Mots désignant le Droit et la Loi en Latin*; Ceci, *Le Etimologie dei Giureconsulti Roman,* Roma, 1966, edição anastática de Turim, 1892, p. 162. Os três vocábulos (Zeus, Júpiter e *ius*) fundar-se-iam numa raiz comum, mas os defensores dessa opinião não indicam qual seja, influência ainda da velha e revelha idéia (séc. XIX) de um idioma comum indo-europeu, da mesma forma que aqui no Brasil hoje se busca um (sic) direito indígena comum a brasilidade de nossa concepção de justiça (sic, ibidem)!

Ζεύς, que nos falares beócico, lacônico e ródico aparece na forma Δεύς (fazendo lembrar o termo latino *deus*, em sua forma arcaica *deiuos*), *Iupiter* ou *Iovis*. Iupiter < *Iou - + pater* (o gerador de *ius*) ou *Iovis* (nominativo arcaico), seria o procriador de *youes* (forma arcaica de *ius*), pois *Iupiter-Iovis* era, para os romanos, o deus supremo que detinha o poder e a quem estava atribuída a missão de ordenar todas as coisas. Essa opinião, embora com um ou outro aspecto defensável, em seu conjunto não está certa. Ζεύς não gera, nem sequer remotamente, o *ius*; quando muito (e isto apenas segundo alguns autores). βασιλεύς, Iupiter-Iovis produz imediatamente *youes*, e só mediatamente *ius*, por ser pai da deusa *Iustitia,* e esta, sim, gerar o *ius*.

Todavia, é possível, muito embora não provável, que esses vocábulos etimologicamente se fundissem e se reencontrassem todos numa raiz comum, que seria talvez a raiz indo-européia *dyew-, dyw-, dyow-, dh-, dhr-.*"

[9] Historicamente, e até há bem pouco tempo, nossa grafia era "dereito" e não "direito". A moderna grafia *direito* é devida, sobretudo, a uma retificação puramente ortográfica, por causa do *e* mudo se identificar na pronúncia com *i*. Cf. Antenor Nascentes, *Dicionário Etimológico da Língua Portuguesa,* Rio de Janeiro, 1952, p. 250; e Corominas, *Diccionario Crítico Etimológico de la Lengua Castellan II*, Madrid, 1954, p. 126 e 127.

sula Ibérica, *v. g.* mirandês,[10] galego, navarro e aragonês; *derept*, em romeno; *direito*, no atual português, e, por vezes, também no moderno galego; *derecho*, em castelhano;[11] *diritto*, em italiano; *droit*,[12] em francês; *dret*, em catalão e no dialeto do Vale de Arán; *drech,* em toda a língua de Oc, sobretudo em provençal; *dreit*, no antigo aragonês e em limusino; *dreto*, no dialeto ribagorzano; *dritto* em italiano antigo e no moderno italiano dialetal e corrente; *drecho*, em espanhol antigo, e ainda hoje em forma popular e em forma corrente na zona aragonesa; *dreito*,[13] e no Brasil em algumas regiões do nordeste e norte.

A palavra *dereito* (*direito, derecho,* assim como as outras palavras das várias línguas românicas) traduz *ius*, mas não vem de *ius*; procede do termo *directum*, ou melhor, *derectum*; e *ius* e *derectum* são notoriamente palavras bem diferentes, de origens diversas e distintas, e sendo *dereito* tradução de *ius*, provenha não de *ius*, mas de *derectum* numa bizarra convergência semântica ou de conteúdo, de duvidosa historicidade.

A questão está no *porquê* de haver surgido, ao lado de "ius" e igualmente a significar Direito, a palavra "derectum", *e não outra, bem como quando* terá

---

[10] Leite de Vasconcelos, J. *Estudos de Philologia Mirandesa,* Lisboa, 1906, p. 182.

[11] Em castelhano, o grupo latino *ct*, a partir do séc. XVIII, dá *ch*. Cf. Menéndez Pidal, R. *Orígenes del Español,* Madrid, 1929, p. 290, que apresenta a seguinte evolução: *derectum (directum) > derejtos > drechos > derechos.*

[12] Grandgent, C. H. *Introducción al Latín Vulgar*, trad. esp. de F. de B. Moll, Madrid, 1963, p. 152, § 229. Em algumas palavras do latim vulgar, a vogal da sílaba inicial, seguida de *r*, perdeu-se: de *derectum* (ou *directum*) fez-se geralmente *drectum*. Depois, mas ainda na mesma época: 1) deve ter-se perdido o *m* final (Menéndez Pidal, R. *Manual de Gramática Histórica Española,* Madrid, 1929, p. 137), tendo-se tornado o vocábulo *dreitu* (hipótese de nosso mestre Sílvio Elia); 2) ao mesmo tempo, o *u* final: a) converteu-se em *o* em castelhano, português, galego etc. (ainda Menéndez Pidal, R. *Orígenes del Español. Estado Linguístico de la Península Ibérica hasta el Siglo XI,* Madrid, 1950, p. 280-281); e b) desapareceu em catalão, provençal, antigo aragonês, francês etc., resultando então as várias formas: *dereito, derecho, dreito, drecho, dret, drech, dreit, droit* etc.

[13] Em Portugal, na região do Porto, verifica-se a forma *dreitica* (direitinha), junto ao mirandês *dereito.* Leite de Vasconcelos, J. *Estudos de Philologia Mirandesa,* Lisboa, 1906, p. 33 e 182. Aliás, em viagem pelo sertão baiano, pudemos constatar, não raro, o emprego de *dereito* em vez de *direito.*

surgido "derectum" a par de "ius". E ainda *de onde* nasceu e como evoluiu "derectum" significando direito ou "Direito" em vez de *jus* nas línguas neolatinas.

Diversas e divergentes são as opiniões sobre a origem do "direito" em nosso idioma. Para uns, a palavra *directum*, a significar Direito (e esses nem sequer apresentam a hipótese de ser *derectum* e não *directum*, que originou as já referidas palavras das línguas românicas), é de origem indo-européia; para outros, recebeu mais diretamente influência céltica.[14]

Para o *Thesaurus Linguae Latinae*,[15] *directum*, como substantivo, significando "Direito", é de origem grega; contudo, não se cita qualquer texto abonador dessa afirmação. Ora, sem fontes primárias escritas, não se pode afinar uma origem helênica de *directum*.

A nosso ver o *Thesaurus Linguae Latinae* baseou-se numa passagem de Theophilus, *Inst. Iustin.*, 2, 23, 2, em que aparece a palavra διρέχτως que, nas Inst. do *Corpus Iuris Civilis*, corresponde a *recto iure iure*, pois a respeito de outro assunto relacionado com a origem do significado jurídico de *directum* invoca esse texto.[16] Entretanto, confunde-se o Tesouro do Latim nesse caso, o *directo*, aí, não está significando "Direito", mas sim, *de pronto, de imediato*.

A origem de *directum* é certamente judaico-cristã, ou simplesmente cristã (Cesarini Sforza), e foi introduzida pelo Direito Romano como substantivo, pois, de início, seria em forma adjetivada – por volta do século IV de nossa era,[17] *directum* significaria um "direito informado de princípios cristãos" – de moral, de piedade, de caridade etc. *Ius* continuaria a significar um "direito rígido, intransigente", ou na forte expressão de Álvaro D'Ors: "um direito pagão".[18]

---

[14] ZIMMERMANN. *Etymologisches Wörterbuch der lateinischen Sprache,* Berlin, 1919, p. 142-150.

[15] *Thes. Ling. Lat.* V 1, 254.

[16] *Thes. Ling. Lat.* V 1, 255.

[17] "El substantivo *directum,* por su parte, debió aparecer en la época postclásica, como sus derivados, románicos permiten inducir", GARCÍA-GALLO. *Op. cit.*, p. 8.

[18] D'ORS, Álvaro. *Una Introducción al Estudio del Derecho*, Madrid, 1963, p. 11. A opinião do ilustre romanista, considerando *ius* "direito pagão", ganha novo argumento com a interpretação da origem semântica de *ius*; e no sentido de *derectum* (*directum*) ser particularmente um "direito cristão", contraposição entre *jus* e *faz*.

2. A simbologia do Direito

Não se faz o Direito, ele se faz.
Esta breve fórmula contém toda a história do Direito.
Gustave Le Bon

A moderna lingüística[19] é unânime em constatar que os símbolos são anteriores às palavras[20] e que, diante da complexidade da natureza humana, não basta *uma* palavra, mas são precisas *várias* para interpretá-la, isto é, para que possamos aproximar em linguagem verbal o que sentimos e o que pensamos.

Símbolo é tudo aquilo que pode expressar o pensamento humano, é uma imagem que busca traduzir sua natureza, seu sentir, é o *homo loquens*, o ser-para-com-os-outros, a todos toca, mas fala a cada um, segundo sua capacidade.

O símbolo é a idéia *viva*, dinâmica, corporizada. O símbolo é o "sinal" de caráter universal; depois, em cada língua, são as palavras a exprimir por meio do significante seu significado.[21]

---

[19] Neste particular, remetemos o caro leitor ao Capítulo I, "O homem e sua socialidade", no qual dissecamos o simbolismo da capacidade de linguagem do *homo loquens*; e ainda Betti, Emílio. *Die Hermeneutik als algemeine Methodik der Geisteswissensichaften,* Tübingen, 1962. Tillich, Paul. *Symbol und Wirklichkeit,* Göttingen, 1962 passim. Malet, André. *Mythos et Logos,* Paris, 1962, p. 177-182. Gadamer, Hans-Georg. *Wahrheit und Methode,* Tübingen, 1975, p. 360-465 e 477-512. Jacob, André. *Temps et Langage,* Paris, 1967. Habermas, Jürgen. *Fragmentos filosófico-teológicos de la expresíon sensible a la expresíon simbolica*, Madrid, 1999, p. 40; *Sprachpragmatik und Philosophie,* Berlin, 1986, p. 183-204. E as lições auridas no curso de lingüística do Professor Eugenio Coseriu, na Federal Fluminense em 1990-1991; e de nosso Mestre Professor Evanildo Cavalcante Bechara, dentre vários outros autores que estudamos diretamente ou por meio de pesquisas na rede.

[20] O símbolo é anterior à palavra, sobretudo à palavra escrita. O alfabeto, em seu conjunto, e as letras, singularmente, estão carregados de simbolismo e de potência mágica. Seppilli, A. *Poesia e Magia,* Turim, 1972. Guarducci, M. *Il Fenomeno Ocidental del Simbolo Alfabetico e i suoi Sviluppi nel Mondo Cristiano d'Occidente*, Roma, 1964, p. 467.

[21] "La parole phonique conserve longtemps le caractère tout matérial de la langue symbolique, à côté de laquelle on l'aperçoit grandir et se développer paralèllement

O Direito, desde o início, sempre teve seus símbolos, fictícios ou reais, sempre por ele criados e para ele dirigidos, e foram nesses dois milênios capazes de informar toda a mentalidade jurídica ocidental, *forma mentis juris*.

O Direito, por espelhar a natureza humana, é um símbolo complexo. O primeiro elemento do símbolo do Direito, colocado em sua parte central, é uma balança de dois pratos, no mesmo nível, e o fiel ao meio (se existe), perfeitamente a prumo.

Um interessante estudo sobre a simbologia da balança no Direito,[22] a "balança de dois pratos com o fiel ao meio", demonstra que a mesma é tão antiga como o próprio homem, pois o *Urmensch* serviu de "balança" para aquilatar as coisas materiais e imateriais (e ainda hoje assim procede, mesmo para as coisas materiais, quando não tem à mão uma balança): seus braços e mãos são os dois pratos; a cabeça, a oscilar para um lado ou para o outro conforme o maior peso (material ou imaterial) contido numa das mãos, é o fiel.

Nessa metáfora do *Urmensch-Abwägen* tem origem o pensar pesando as razões, o confronto do pró e do contra, a *epikeirma*, a *argumentatio*, a *raison historique*. É dessa metáfora tão fecunda da "balança-homem" que derivam para *todas as línguas*, de todos os povos, as formas que correspondem a nossos *ponderar, deliberar, pesar* (as razões), *examinar, mostrar, demonstrar, provar, pensar, sopesar etc.*

A *balança-instrumento* remonta à primitiva antigüidade; é pelo menos tão antiga como a troca de objetos entre os homens.

pour la remplacer enfin. Des images et des comparaisons, destinées à représenter le rapport naturel des idées avec les choses exprimées, constituent la langue symbolique. La langue parlée ne fait qu'imiter ce procédé. Toutes les inspirations de l'esprit s'y traduisent naturellement dans une langue métaphorique", Radakowic, M. *Zur Wiedergeburt symbolischen Denkens im Recht,* 1986, p. 495-505. Pagliaro, A. *Il Segno Vivente. Saggi sulla Lingua e altri Simboli*, Napoli, 1962. Scarpeli, U. *Il Problema della Definizione e il Concetto di Diritto,* Milano, 1965 p. 56-78.

[22] Döhmann, Karl. "Demonstration und Argumentation sprachlich betrachtet", in *Mélanges Perelman,* Paris, 1974, e o interessante estudo do professor Giordani, no *História de Roma,* Vozes, 2003.

A balança de dois pratos, e com ou sem fiel ao meio, parece ser de origem egípcia; pelo menos, os egípcios usaram-na há 4.000 ou 5.000 anos. Passou depois para os gregos e daí para os romanos.

O emprego simbólico da balança é antiqüíssimo. Já no velho Egito, Osíris usava a balança de dois pratos para pesar as almas; e nos livros do Antigo Testamento, ela, com freqüência, é apresentada como instrumento que pesa as ações dos homens.[23]

Os gregos, talvez desde o séc. XII a.C., usaram a balança de dois pratos para pesar, além de outras coisas, também as ações humanas (simbolicamente, claro). Surgiram depois vários modelos de balança, mas sempre com dois pratos. Em seguida, apareceram diversos tipos de balança, porém já sem os dois pratos. Bem mais tarde, talvez no séc. I a.C., os romanos *criaram* (?) – há quem diga que é de origem chinesa – um novo tipo de balança, a conhecidíssima "balança romana" (*statera*). Porém, não desapareceu, mesmo entre os romanos, a balança de dois pratos (*lances*), a *bilanx* (*bilancia*). E notemos bem: a *bilanx* com fiel ao meio era usada para pesar vários objetos, *mas sobretudo para coisas de precisão*, e ainda hoje é assim; por isso, é utilizada nos laboratórios, nas farmácias, nas ourivesarias etc.; é a mais perfeita, certamente porque imita a *rerum natura* sc. *hominis*, o "Urmensch-Abwägen"; é a *única utilizada para pesar* (simbolicamente, como é evidente) coisas imateriais (as ações humanas). A *statera* usava-se para coisas de pouco valor; era uma balança mais simples e para uso mais rápido; por isso, é chamada *momentânea* por Santo Isidoro de Sevilha. A palavra *libra*, assim como *trutina*, são nomes genéricos para designar "balança", quer a *bilanx* (*bilancia*), quer a *statera*.[24]

2.1. A concepção grega do vocábulo Direito

Mas a balança de dois pratos, de início, não constituía *todo* o símbolo do Direito. Era, como dissemos, *um* elemento, o *primeiro*. Havia mais outro.

---

[23] Vigouroux, *Dictionnaire scientifique de la Bible,* Paris, 1939.

[24] Mazaheri, A. "L'Origine Chinoise de la Balance 'Romaine'", in *Annales, p. Économies Societés, Civilisations* 15, 1960, p. 833-850.

O *símbolo grego do Direito*.

Numa época muito remota (sécs. XII-X a.C.), era constituído por Zeus (*Zeus*)[25] – *encarnação suprema* da justiça, deus que tudo vê –, segurando a balança.

Posteriormente, mas ainda no tempo de Homero, Zeus é substituído, no símbolo, pela deusa Temis (*Thémis*)[26] – figura austera, digna e triste, segurando a balança, com os dois pratos ao mesmo nível, portanto, *iguais*[27] – a *prescrever*, a *impor* aos homens o que Zeus lhe inspirasse, que, em última análise, era o que Zeus via como *igual* e, por conseguinte, como *ordenado, justo*.

Finalmente, já no tempo de Hesíodo, surge então o símbolo que gozou de maior popularidade: a deusa Dike (*Díkê*), filha de Zeus e de Thémis, encarnando, mas, sobretudo, *administrando* a justiça, tendo na mão direita uma espada e na esquerda uma balança de dois pratos, porém sem fiel ao meio, e estando de pé e de olhos bem abertos. Era mediante essa balança que ela declarava (ora por inspiração, ora por ordem de Zeus), ou melhor, *dizia* – pois "dizer", em termos jurídicos,[28] é "declarar com *solenidade*" – *ser justo, haver direito*, quando estivessem iguais (*íson*) os dois pratos da balança. Daí que, para os gregos, numa linguagem vulgar ou corrente, o *justo* (o Direito) é o que é visto como igual (*ísos*).[29]

2.2. A concepção romana do vocábulo Direito

Os romanos, desde a época mais primitiva, por influência dos gregos, também criaram um símbolo completo do Direito.

---

[25] Fantini, *Theós y Daimon em Helmantica,* 1981, p. 348. Steuding, Hermann. *Mitología Griega y Romana*, trad. esp. 1987, Barcelona, s. a., p. 27-32.

[26] Cf. Sinclair, T. A. *Histoire de la Pensée Politique Grecque,* Paris, 1963, p. 23. Ruipérez, *Historia de Thémis en Homero em Emerita*, 1990, p. 99-123.

[27] Daí os dois pratos da balança no mesmo nível, muito embora a balança grega da época não possuísse fiel ao meio, exprime a idéia de eqüidade.

[28] D'Ors, A. *Las Declaraciones Jurídicas en Derecho Romano,* 1964.

[29] Cf. Werner, Jaeger. *La Teología de los Primeros Filósofos Griegos*, Buenos Aires, 1952.

Iupiter (*Iovis*) é a personificação máxima da justiça – corresponde ao Zeus grego[30] –, o ordenador máximo do cosmos, a impor aos homens o Direito, também mediante o uso da balança de dois pratos, mas tendo o fiel (*examen*) ao meio.

Depois, teria surgido Dione, correspondendo mais ou menos à Thémis grega, mas sem a influência da deusa de Atenas.

Mais tarde, já na República, igualmente à semelhança da *Díkê* grega, aparece a deusa romana *Iustitia*,[31] a simbolizar, a encarnar, mas sobretudo a administrar a justiça, mediante o emprego da balança (de dois pratos e com o fiel bem ao meio), que ela segura com as duas mãos, de pé e de olhos vendados. E então haveria direito (*ius*), quando a "*Iustitia*" o dissesse; e o dizia (isto é, afirmava-o com solenidade), quando o fiel (*examen*) estivesse a prumo,[32] reto (*rectum*), perfeitamente reto (*de-* + *rectum*).

O "uso jurídico" da balança entre os romanos vem da época mais primitiva e permanece sempre em todos os negócios jurídicos denominados *per aes et libram* (negócios efetuados, real ou simbolicamente, "através do cobre e da *balança*").

---

[30] Sobre Iupiter (prefere a grafia Iuppiter), diz Steuding, Hermann. *Mitología Griega y Romana*, tradução espanhola de 1987, Barcelona, S. A., p. 126: assim como na Grécia, Zeus, Júpiter, é o mais poderoso e o deus que domina todos os outros. Tem o raio como arma; em tempos muito primitivos, é invocado, em certos cultos, diretamente como Fulgur, o (deus-)raio.

Distinto do Júpiter (bom), há o Júpiter mau; este, inicialmente, é também designado por *Vejovis* ou *Vediovis* e, mais tarde, *Iovis*. Quando o Júpiter-bom reconciliou-se (ou dominou?) com o Júpiter-mau, passou então a existir a denominação *Iuppiter-Iovis*.

[31] À semelhança do que se passa na Grécia com Díkê, também a deusa *Iustitia* era filha de Júpiter e de Dione. Virgílio chama à deusa *Iustitia* "Virgo". Horácio diz que é companheira de *Pudor* e de *Fides*, e irmã de *Veritas*. Ovídio, umas vezes, chama-lhe *Iustitia*, outras vezes, *Astraea*; há quem lhe dê outros nomes. A designação mais freqüente e mais popular é de *Iustitia*; é a "Díkê" dos romanos.

[32] Cícero afirma que o rei devia manter a balança *igual* entre grandes e pequenos, sendo assim "o intérprete do direito". *De Rep.* V 2.

2.3. Diferenças entre as concepções greco-romanas do Direito

Notemos, desde já, umas "pequenas diferenças" entre a deusa grega Díkê e a deusa romana *Iustitia*, que têm necessariamente uma significação e seu alcance, pois, como já dissemos, no símbolo nada está a mais ou é inútil; pelo contrário, no símbolo tudo é eloqüente.

Na imagem da deusa grega da justiça de olhos abertos, os dois sentidos mais "intelectuais" são a vista e o ouvido. A vista para indicar ou simbolizar as abstrações, o especulativo, o *saber-puro*, a *sapientia*, a σοφία; e, por isso, já os antigos pensadores gregos nos aparecem representados a olharem para as alturas. O ouvido indica não as especulações, mas o valorativo, as coisas práticas; o saber-agir, a *prudentia*, a φρόνησις; o apelo, o chamamento, o imperativo, o ordenar etc.

Portanto, *Díkê*, estando de *olhos abertos*, revela-nos a concepção que os gregos tinham a respeito do Direito: uma concepção mais especulativa, mais abstrata, mais de generalizações.

Ao passo que os romanos, pela concepção da deusa da justiça de *olhos vendados*, mostram-nos que sua concepção – genial, admirável, acertada – a respeito do Direito era mais de um saber-agir, de uma *prudentia*; um equilíbrio entre a abstração e o concreto. Por isso, os juristas romanos clássicos não elaboravam teorias *gerais*, mas construções jurídicas *apropriadas* (montavam o "andaime" da construção jurídica conforme o "prédio" do caso prático; e assim eram perenemente fecundos, permanentemente justos). Para os romanos, muito importante era o ouvir e, portanto, a oralidade. Por essa razão, o processo foi todo ou quase todo oral. O mais difundido negócio jurídico (a *stipulatio*) era oral. Só muito mais tarde foi para a forma escrita, porque os homens começaram a faltar à palavra, e isto devido principalmente ao fato de que eles já não acreditavam nos deuses; *mas nunca se dispensou a oralidade*. Muitas vezes, o documento escrito (o *cautum*), para ser válido, tinha de *ser lido*, antes de ultimado (subscrito). Talvez o fato de que não raros atos civis, *v. g.* testamento público e especiais do Código Civil de 2002, tenham o instrumento notarial lavrado, que, *antes de ser assinado*, *deve ser lido* em voz alta, na presença de todos os intervenientes, mesmo depois de lido em silêncio.

Outro aspecto curioso se dá quanto à espada. A deusa grega tinha numa das mãos a balança e na outra a espada, pois que aos gregos interessava conhecer o Direito e igualmente o julgar ou executar conforme o Direito; por isso, era necessária a espada. Aos romanos interessava, sobretudo, o saber quando há Direito, o *ius-dicere*. Para essa atividade é que se precisava do jurista, e numa atitude bem firme ("segurando com as duas mãos"); e, para isso, não era necessária a espada. A atividade do executor, do *ius-dicare*, era considerada pelos romanos menos importante e para desempenhá-la não era preciso um jurista. O *iudex* era um particular; o homem reto, e geralmente não versado em Direito, eis a razão pela qual a deusa romana da justiça não embainhar espada e segurar a balança com as duas mãos.

3. Tradução dos símbolos do Direito em palavras

On ne retient presque rien sans le secours des mots, et les mots ne suffisent presque jamais pour rendre précisément ce que l'on sent.

*Diderot**

A primeira palavra grega a exprimir certa idéia de Direito seria – pensam alguns – βασιλεύς (basileus), significando "o que era ordenado por Ζεύς (Zeus)"; mas hoje essa opinião considera-se bastante arbitrária, porque a etimologia de βασιλεύς é absolutamente desconhecida.[33]

Talvez a primeira palavra grega, e provavelmente do séc. IX a.C., a significar Direito é θέμιστες (Thémis), sob a inspiração de Ζεύς (Zeus). Portanto, θέμιστες atribui-se, como efeito (geneticamente, digamos), remotamente a Ζεύς (Zeus), proximamente a Θέμις (Thémis), pois esta deusa tinha mais o caráter de oráculo, e por isso era uma encarnação *secundária*[34] da Justiça.

---

* *Pensées détachées sur la peinture, la sculpture et la poésie. Chap. Du Gôut.* Tradução do autor: "Não se retém quase nada sem o auxílio das palavras, e as palavras quase nunca bastam para transmitir precisamente o que se sente".

[33] CHANTRAINE, *Pierre. Dictionnaire Étymologique de la Langue Grecque, Histoire des Mots* I, Paris, 1968, p. 167. "*ll est vain de chercher une étymologie à* βασιλεύς."

[34] WOLF, Erik. *Griechisches Rechtsdenken*, Berlim, Hilde Verlag, p.142, 1988.

Sobre o sentido de θέμιστες, com a significação de Direito (ordenamento, imposição, exigência coativa), há vários textos. Citemos alguns de Homero,[35] pois são os mais expressivos.[36]

θέμιστες como algo declarado (sentenciado, proferido ou pronunciado), para ser acatado (como se proviesse de θέμις), porque tem sua origem última numa inspiração ou ordem de Ζεύς.

Homero, no passo da *Ilíada II*, 204-206, refere-se à atitude de Ulisses, que, perante um soldado amotinado e aos gritos, e depois de tê-lo convencido de que nem todos podem ser reis, lhes diz: "haja só um rei e este seja a quem o filho de Crono, o dos impenetráveis conselhos, deu cetro e *direito* (ordens, leis) para que reinasse sobre nós".

Já neste outro passo, Homero[37] nos diz que:

> No final de um esplêndido banquete, o velho Nestor, cuja opinião era sempre reputada a melhor, dirigindo-se ao poderoso Atrida, felicita-o por reinar sobre muitos homens: "pois Zeus deu-te o cetro e as leis (poder de ordenar), para que olhes por teus súditos".

Na Odisséia (XVI, 403-404), o poeta narra a intervenção de Anfínomo, filho do rei Niso Aretíada e que era o mais grato a Penépole, ao discordar do assassínio de Telêmaco, pois considera ato horrível levantar a mão contra a linhagem dos reis e, portanto, antes de agir, devia-se consultar a vontade das divindades: porque, "se, por vontade e *imposição* (decreto, ordem, *direito*) de Zeus, ele (Telêmaco) devesse morrer, eu próprio o mataria e vos incitaria a todos".

Para os gregos, existe a crença na origem divina de toda e qualquer manifestação de autoridade, inclusive para organizar e manter a ordem social.

---

35 Convém ressaltar que Homero é citado várias vezes no *Digesto* (quer por alusão, quer expressamente) e nas *Institutas*, tanto de Gaio como de Justiniano; exemplo da influência da cultura grega na formação intelectual dos juristas romanos.

36 Graneris, Giuseppe. *La Filosofia del Diritto nella sua Storia e nei suoi Problemi* (Roma, Paris, New York, 1981) p. 14-17. Gioffredi, Carlo. "Su i Concetti di ΘΕΜΙΣ e ΔΊΚΗ", em *Omero.* Hirzel, Rudolf. *Themis, Dike und Verwandtes*, p. 18-53.

37 *Ilíada* IX, p. 98-99.

Proferir Qemistes é apanágio ou privilégio do Basileu (rei), mas que procede de Zeus. Esse privilégio ou apanágio, de vez em quando, manifesta-se para *resolver* (ordenando) os problemas mais diversos. A manifestação externa desse poder é simbolizada pelo cetro.

Devido a essas circunstâncias, compreende-se facilmente que, num sentido, não já próprio e original de *pronunciado* (declarado, dito ou sentenciado), mas derivado.

Ainda em Homero,[38] naquele passo em que Agamémnon propõe uma reparação ao agravado Aquiles: há de oferecer-lhe sete cidades, cujos habitantes

> o hão de honrar com ofertas, como a uma divindade, e pagarão valiosos tributos, as contribuições estabelecidas por seu *direito* (ordens *impostas*, normas *coativas)*, dadas por seu cetro, como se Aquiles fosse uma Qemix.

Depois, ao lado de *Qemistes*, surgiu como segunda palavra grega a significar Direito *dicaion,* algo não imposto, mas simplesmente *declarado*[39] pela deusa Dicin.

Aqui, já estamos perante um conceito tipicamente jurídico. Isso se mostra claro através de Homero,[40] em cujo passo se refere à morte de Sarpédon (que tinha sido gravemente ferido por Pátroclo), dizendo que "Sarpérson, rei dos Lícios, governava seu povo com vigor e *direito-dicesi* (*com justiça, com atitudes justas, com decisões justas*).

O verbo *dicesi* significa "estabelecer a justiça; dar a sentença".

Dicaion é algo complexo; sempre relacionado com um juízo, um processo e um julgamento. *Dicaion*, em última análise, seria, pois, "*quod* dice *dicit*", como Qemistes, "*quod* Qemis *iubet"*. Isto pode deduzir-se não só de Homero, mas também de Hesíodo.

A extraordinária capacidade especulativa da classe culta grega, depois de Qemistes, fez de Dice (Díkê), como aparece em Demóstenes e em Platão,

---

[38] *Ilíada* IX, p. 155-156.

[39] *Declarado* ou proferido, como inicialmente também em Θεμιστες.

[40] *Ilíada* XVI, p. 541-542.

e mais tarde em documentos jurídicos, *v. g.* no famoso *Gnomon do Idiólogo* egípcio,[41] o termo fundamental para exprimir a idéia de justiça e de *dicaion*, para significar a realidade jurídica, o Direito.

A significação e o alcance das palavras *Qemistes* e *dicaion*, por um lado, eram acessíveis só às *classes cultas*; por outro lado, traduziam, em expressão verbal, *só uma parte do símbolo* – a figura e ação de Zeus, Qemiz ou Díkê.

Era necessário – impunha-se! – também uma outra palavra que fosse acessível às classes populares, pois o Direito tem de ser compreendido por todos, porque tem de ser vivido por todos[42] (o Direito é algo que fatalmente existe em toda e qualquer sociedade, tanto na maior – uma nação – como na menor – matrimônio). Essa palavra é *ison* (relação de simetria, de igualdade, ao menos formal).

Atendamos, porém, desde já: sendo uma palavra de caráter popular, só deve encontrar-se ou, sobretudo, encontra-se nas fontes populares ou em fon-

---

[41] *Gnomon:* (só a quem preside = *proedro*) é lícito levar o sinal distintivo da justiça. Cf. Riccobono, Salvatore. *Il Gnomon dell'Idios Logos,* Palermo, 1950, p. 61. Aliás, nosso Mestre Prof. Mário Curtis Giordanni esclarece-nos que "idiólogo" (Ιδιοζ λογος) era um funcionário importante da época ptolomaica que tratava de assuntos fiscais extraordinários, terras não cultivadas, questões de herança e estatuto pessoal, templos, sacerdotes etc., ao passo que "Gnomon" (γνομων) significa esquadria, indicador, aqui podendo ser traduzido como "prontuário". Cf. Giordanni, Mário Curtis. *Iniciação ao Direito Romano*, Rio de janeiro, Lumen Juris, 2005, nota 155 ao capítulo IV.

[42] Com uma fina observação, nota de Pergoseli, *Il Diritto nella Letteratura*, 1927, p. 62 e 63:

"Tutti nella vita comune facciamo di continuo, per lo più senza accorgercene e senza ricorrere ad alcun tribunale. L'attività sociale è tutta intrecciata 'di giurisprudenza privata' ... e questo avviene da un canto perchè l'elemento giuridico è insito nei rapporti inter-umani, e dall'altro perchè la vita sociale diverrebbe intollerabile se tutti i cittadini pretendessero di far valere i propri diritti ricorrendo alla autorità guidiziaria.

Poichè tale è la vita pratica, la letteratura nei suoi vari generi e specialmente in quello narrativo ed in quello drammatico, traendo dalla vita stessa la trama del suo contenuto, non può non comprendere in sè un complesso e vario materiale giuridico: e così è di fatto. Ció quindi... pochi (litterati) siano stati quelli che hanno apprezzato l'importanza di questo interessante materiale". Depois, citando Vacca, R. *Il Diritto Sperimentale*, Turim, 1923, p. 245-246, observa que "il letterato può tener conto di una quantità di osservazioni psichologiche, le quali sfuggono al giurista ed al filosofo".

tes que descrevam cenas e orientações de caráter popular. Portanto, pelo menos de início, não a encontraremos nas fontes jurídicas, mas nas fontes extrajurídicas (literárias, religiosas etc.).

Embora, a significar Direito, provavelmente seja palavra contemporânea de *dicaion*, de certeza que é anterior a Aristóteles. Este, no livro V da *Ética a Nicômaco*, 1129 a 1134, sintetiza o que, desde há muito, era corrente em sua época, precisando as noções:

> To men dixaion ara to ison.
> To do adixon to anison.[43]

Por conseguinte, desde remota antigüidade (se não desde o início, pelo menos desde o séc. V a.C.), na Grécia há duas palavras para expressar a idéia de Direito, interpretando verbalmente o símbolo a segurar a balança com os dois pratos no mesmo nível, sem fiel a meio:

– *dicaion (díkaion)*, de caráter mais erudito, a significar *o que diz* (profere ou sentencia) Dice (Díkê);

– *ison (íson)*, de caráter mais popular, a significar os dois pratos da balança, iguais *(isos)*, nem um mais alto, nem outro mais baixo.[44]

4. Tradução latina do símbolo romano do Direito

La justice est la vérité en action.
*J. Joubert**

Se o símbolo romano do Direito foi nitidamente de inspiração grega, também naturalmente o deviam ser as palavras que o traduzem verbalmente, e isto

[43] Tradução do autor: "O Direito é a mesma coisa que o igual. O injusto corresponde ao desigual". Gauthier, R.-A., O.P., e Jolif, -Jean Yves, O.P. *L'Étique a Nicomaque. Introduction, Traduction et Commentaire* II, Paris, 1959, p. 335.

[44] Sobre a correspondência dos vocábulos nos vários escritores gregos, cf. Hirzel, Rudolf. *Themis, Dike und Verwandtes*, p. 229-231, e também nossas apostilas de aulas de Direito Romano, tanto as da UFF (Universidade Federal Fluminense) quanto as da Cândido Mendes, Centro, Rio de Janeiro.

* *Pensées, titre XV, 25.* Tradução do autor: "A justiça é a verdade em ação".

quanto ao número e quanto ao modo de formá-las, pois o que se diz a respeito da religião e da civilização gregas tem, muitas vezes, cabimento na religião e na civilização romanas.[45]

A primeira palavra grega para significar "Direito" foi *Qemistes*, "*quod* Qemis *iubet*" (sob a inspiração ou ordem de Qemis).

A *primeira palavra latina* a significar "Direito" foi *youes* ("*quod* Iovis", forma arcaica de "*Iupiter iubet*"). Sim, "*iubet*", isto é, impera, ordena, *impõe*, visto o ordenamento jurídico romano primitivo ser formado por um sistema de comandos ao qual corresponde um sistema de obediência. As relações que se desenvolvem nessa comunidade primitiva não são relações de direito – de um equilíbrio de interesses opostos –, mas relações de poder.

A palavra *youes* – que pode ter assumido, ao longo dos séculos, outras variantes – teria existido desde o início da vida jurídica de Roma até ao período republicano, espaço de tempo em que o símbolo romano do Direito era constituído por Júpiter *impondo* a ordem cósmica mediante a balança (mas sem atender ao equilíbrio dos pratos), impondo a ordem, mesmo aos homens, *tanquam Fulminator, Fulgurator aut Tonitrualis*. A forma *youes* deduz de duas inscrições: uma, talvez do séc. VI a.C., a do *lapis niger*, o famoso cipo do *Forum* romano, em que se lê *yovestod*[46] (*iusto*); outra, a do vaso de Duenos, em que figura *yovesat* (*yovesatdeiuos*). Também é de lembrar uma outra inscrição, a do séc. II (123-122 a.C.), em que se encontra a forma *ious* (Direito).

A segunda palavra grega para exprimir a idéia de Direito é *dicaion*, seria, pois, "*quod* diké *dicit*".

A *segunda palavra latina* é *ius* ("*quod* Iustitia *dicit*"). Data pelo menos do séc. V a.C., pois a Lei das XII Tábuas já a emprega com bastante freqüência, e até em mais que uma acepção, como "*Si in ius vocat, ito*" (*Tábuas* I, 1); "*Prout lingua nuncupassit ita ius esto*" (*Tábuas* I, 9).

---

[45] De Francisci, *Pietro. Primordia Civitatis,* Roma, 1962, p. 219ss.

[46] Biondo Biondi, *Scritti Giuridici*, I, Milano, 1965.

O fragmento de Ulpiano contido em D. 1,1,1pr.:

> ... unde nomen iuris descendat;
>
> est autem a Iustitia appellatum.

Desde que se dê o sentido normal às palavras – ... *unde nomen iuris descendat; est autem a Iustitia appellatum* –, verificamos que estamos perante a explicação da origem ôntica do *ius*, e então compreendemos perfeitamente o comentário da Glossa de Acúrsio ao fragmento D. 1,1,1pr.:

> Ius est autem a iustitia, sicut a matre sua.
> Ergo fuit primus iustitia, quam ius.

Youes não deverá ser considerada uma forma arcaica de *ius*, mas um precedente histórico diferente – "*youes est quod iubet Iovis*" e "*ius est quod dicit Iustitia*".

Youes e *ius* teriam coexistido durante algum tempo, provavelmente desde parte da era arcaica até ao período republicano. A explicação deve residir no modo de apresentar o símbolo (romano) do Direito. O símbolo, além da balança de dois pratos e com o fiel ao meio, teria *ou* Júpiter *ou* a Justiça, terminando, por volta do séc. III a.C., por ficar só a Justiça; daí o ter acabado, por essa altura, a forma *youes* (e suas semelhantes ou corruptelas).

Youes e *ius* devem entroncar na raiz indo-européia *yeus*, que é talvez o termo mais antigo que conhecemos para significar Direito.[47]

É no proto indo-europeu que se há de descobrir a raiz semítica da idéia de Direito. Não poucos indo-europeístas acreditam que as duas palavras mais antigas que evocam o "Direito" são *yeus* e *rek-to*. *Yeus* originou *youes* (*yous, ious*), *ius*; *Rek-To, Recht, Right, Reht, Rettz, rectum*, num processo de assimilação é que teria surgido *de-rectum*, e tardiamente *dereito*, *diritto, derecho, droit*, *direito*, *drecht* e demais variações.[48]

---

[47] Devoto, Giacomo. *Origini Indeuropee,* Florença, 1962, p. 325 e 476.

[48] Os não poucos citados fazem a palavra *droit* derivar do latim *rectum* (do tema *de-rectum*).

Da *Vulgata* veterotestamentária de São Jerônimo, podemos encontrar em três textos o vocábulo *rectum*, cujo sentido corresponde ao mesmo termo hebraico original ישר (acertar) (*yashar*). Muito bem, *yashar* vem a significar "recto" (não, "muito recto"); "igual"; traduz a idéia de Direito, não apenas no sentido vertical (*rectitudo*), como no sentido horizontal (*aequitas*),[49] daí que o vocábulo latino *rectum* está com o significado de "reto", e com o sentido de justo, Direito (preceito, lei), possivelmente é a palavra mais antiga, de uso comum, a significar "Direito".[50]

No Pentateuco temos no livro do Êxodo 15,26, da primeira redação hebraica fixada entre os sécs. XV a XIII a.C.: "*... et quod* rectum *est coram eo*", assim como no Livro de Josué 9,25, consoante a *Vulgata*: "*... quod tibi bonum et rectum videtur,* e no livro dos Reis 10,30, do séc. IX a.C., do original hebraico traduzido pela *Vulgata*: "*... egisti quod* rectum *erat*".

Derectum – de onde provém *Dereito*, *Derecho*, *Diritto*, *Direito* etc., e não de *directum*[51] – é uma palavra muito antiga na linguagem latina corrente.[52]

---

[49] Ver a propósito, para além dos trabalhos de nosso Mestre Sebastião Cruz, que invocamos para a realização desse capítulo, o *Lexicon in Veteris Testamenti Libros* de L. Köhler – W. Baum – Gartner (Leiden, 1958, p. 414ss. e *A Hebrew and Englixh Lexicon of the Old Testament* de F. Brown – S. R. Driver – C. A. Briggs, Oxford Press, 1980, p. 456ss.

[50] Textos diretamente consultados pelo Prof. Sebastião Cruz. Assevera que a exegese sobre o original hebraico cotejado com a Versão dos Setenta e com a *Vulgata* deu à palavra *rectum* o alcance que aqui apontamos, conforme o Livro do Êxodo 15,26, bem como A. Colunga – M. García Cordeiro, *Bíblia Comentada. Texto de la Nacar-Colunga I Pentateuco,* Madrid, 1962, p. 469, e *La Sainte Bible de l'Ecole de Jérusalem,* Paris, 1981, p. 77 e ss.; para Josué, 9,25, ver a *La Sainte Bible de Jérusalem*, p. e nota 230, e L. Pirot – A. Clamer, *La Sainte Bible*, Tomo III, Paris, 1949, p. 64; e para o livro dos 2 Reis 10,30, p. 734ss.

[51] Corominas, Joan. *Diccionario Crítico Etimológico de la Lengua Castellana* II, Madrid, 1994.

[52] Ernout & Meillet. *Dictionnaire Étymologique de la Langue Latine, Histoire des Mots,* Paris, 1989, reimpressão, p. 600.

Quando, mais tarde, surgiu a forma *directum* (confundindo-se[53] ou significando também *derectum*), então *directum* foi considerada forma erudita, e *derectum* forma vulgar ou popular.[54]

Derectum é uma palavra composta de *de-* e *rectum*. A partícula *de-* indica certo movimento de cima para baixo, que sugere a idéia de "totalidade", "perfeição", e, neste caso de *de-rectum* como em vários outros, exprime *intensidade*, muito.[55] Portanto, *de-rectum* literalmente significa muito *rectum*, totalmente *rectum*. *Rectum* diz-se de algo não oblíquo, não torto, que não admite uma inclinação,[56] nem a um lado, nem a outro, principalmente no sentido vertical.

---

[53] *Derectum* e *directum*, originariamente, são palavras distintas. *Derectum* provém, como analisaremos no texto, de *de-* + *rectum* e significa totalmente reto, nem inclinado à esquerda nem inclinado à direita; opõe-se a torto. *Directum*, termo posterior a *derectum* (*Thes. Ling. Lat.* V, p. 1233), provém de *dirigere* e significa *direto* (*via direta,* o caminho mais curto), *imediato* (*dominium directum*), opondo-se sobretudo a indireto ou mediato. Em época que não se pode bem precisar, estabeleceu-se certa confusão entre *derectum* e *directum*. No tempo de Cícero, usavam-se as duas palavras indiferentemente. Depois, aumentou a confusão ou se deu a absorção, e *directum* foi considerada forma erudita, *derectum*, forma vulgar ou popular. Apenas para assinalar, em nossas aulas de Direito Romano proferidas na Cândido Mendes, Centro, Rio de Janeiro, demonstramos, dentre outros, a adoção por Cícero de Ηιποτεκας (hipoteca), em vez do usual direito real de garantia latino *pignus obligatum* para bens imóveis e *pignus datum* (penhor) para móveis, com as clássicas restrições.

[54] *Theasures Linguae Latinae* V 1233.

[55] Ainda hoje, mesmo em português, em vários casos, o prefixo *de-* traduz a idéia de "intensidade", por exemplo, *delamber-se* (lamber-se muito, lamber-se totalmente). Cf., por todos, Bechara, Evanildo Cavalcante. *Moderna Gramática Portuguesa*, Editora Lucerna Ltda. Simplesmente, os casos entre nós não são abundantes, porque em geral a partícula *de-* com a significação de "intensidade" já se encontra na palavra latina de onde provém a nossa; mas o vocábulo português assim formado continua a exprimir essa idéia de "perfeição", "intensidade", "muito". Por exemplo, *determinar* (estabelecer muito bem os términos, as estremas ou as balizas dos campos); *definir* (traçar muito bem os fins ou os limites de terras); daí é que surgiu, depois da Retórica, no Direito, aquele tipo de literatura de todos bem conhecido, as *Definitiones*.

[56] O exemplo clássico nos vem de Sêneca, *Epist.* LXXI, 20: "haec (sc. virtus) *recta* est; *flexuram non recipit*".

Tendo diante de nós a balança de dois pratos e com o fiel ao meio, *derectum* consistirá em o *fiel da balança estar precisamente ao meio – Examen* (o fiel) *de-rectum*.

Nisso consiste visivelmente o Direito.

Ambas as palavras são utilizadas para traduzir, em linguagem popular ou mais acessível a todos, a idéia de Direito; uma na Grécia, *isos*, outra em Roma, *derectum*. Mas a idéia de Direito, traduzida por ισος e a traduzida por *derectum*, não é rigorosamente a mesma. Há uma pequena diferença que provém da própria diferença do símbolo no que diz respeito à balança.

Direito-ισος significa que há Direito quando se verificar a *igualdade*, os dois pratos da balança estarem iguais, no mesmo nível (recordemos, mais uma vez, que a balança do símbolo grego do Direito não tinha fiel ao meio), e por isso o Direito – *isos* – foi e é rigorosamente traduzido para o latim por *aequitas*.

Direito-derectum significa que há direito quando se verificar o *equilíbrio* (o fiel rigorosamente a prumo) entre os interesses das partes contrapostas que estiverem em jogo (os *dois* pratos no mesmo nível). O *Direito-derectum* poderia traduzir-se por *rectitudo*.

Há sensível diferença na concepção grega e romana:

Para os *gregos*, o Direito se reduz a um problema de igualdade,[57] em que todos e cada um se encontram numa situação, já que para eles o que mais contava era o sentido de democracia, que, no campo jurídico, procuraram viver de um modo empírico, sem técnica.[58] Enquanto na Arte e na

---

[57] Segundo observa Werner Jaeger, a idéia de igualdade encontra-se mesmo no primitivo sentido de Díkê. "En el origen, díké tenía una accepción más amplia: la significación de igualdad. Esto aspecto de la igualdad en la palabra díké es mantenido en el pensamiento griego a través de los tiempos. Para los tiempos antigos de Grecia, la exigencia de un derecho igual constituió el fin más alto", JAEGER, Werner. *Paideia, op. cit.*, p. 107.

[58] "Lo característico de la democracia griega (en el aspecto jurídico) no es que el Estado se halle bajo el dominio de la ley, sino de la masa", JAEGER, Werner. *Paideia, op. cit.*, p. 108.

Filosofia tinham *peritos*, no Direito eram empíricos. Nunca elaboraram a figura do *iurisconsultus*.[59] A própria constituição e a disposição do Tribunal grego Ágora nos falam da "concepção democrática" que tinham do Direito: muitos a julgar e todos no mesmo plano (a permanente idéia dos dois pratos da balança no mesmo nível), já que todos tinham logos. Por isso, na Ágora, em rigor, não há advogados, mas retóricos, que, por todas as formas, sobretudo emotivas e sentimentais, procuram obter ou captar o voto favorável dos membros do Tribunal.

Para os romanos o Direito é mais que uma questão de igualdade. É um delicado problema de supremo equilíbrio entre interesses opostos, igualmente pesados. Os romanos superaram essa "democracia jurídica dos gregos". Puseram o técnico a pesar, a medir, a examinar (*examen*), pois examinar já pressupõe uma técnica. Sendo técnicos do Direito, criaram a figura do *iurisconsultus*, um *examinator iuris*, a quem competia *ius-dicere*. A própria constituição e a disposição do Tribunal romano (sobretudo a fase *in iure* do processo, de longe a mais importante) falam-nos da "concepção aristocrática" que tinham do Direito: não muitos, mas só um, a *ius-dicere*, sentado num trono bem alto. Era o fiel da balança...

Nos dois símbolos, há uma parte que é idêntica: *os dois pratos da balança, iguais*. Este pormenor mostra-nos: a bilateralidade do Direito e sua igualdade nos interesses contrapostos. Se houvesse um *ius-dice*, sem atender às duas partes (sejam elas indivíduos ou entidades de qualquer espécie – os dois pratos), estaríamos não perante o Direito, mas perante o despotismo, que é fundamentalmente um ato unilateral. Se houve um *ius-dicere*, atendendo às duas partes, mas de uma forma desigual (um prato mais abaixo e o outro mais acima), haveria um *ius*, mas não um *ius aequum*; um *ius iniquum*.

---

59 PRINGSHEIM, F. *Beryt und Bologna em Symbolae Friburgenses in Hon. O. Lenel*, Leipzig, 1931.

5. Convergência semântica entre *ius* e *derectum*

> La parole n´est pas le 'signe' de la pensée, si l´on entend par lá un phénomène qui annonce un autre comme la fumée annonce le feu. La parole et la pensée n´admettraient cette relation extérieure que si elles étaient l´une et l´autre thématiquement données; en réalité elles sont enveloppées l´une dans l´autre, le sens est pris dans la parole et la parole est l`existence extérieure du sens.
>
> *Merleau-Ponty**

Perante o significado "natural" (assim lhe chamemos) de *de-rectum*, temos forçosamente de concluir que entre *ius* e *derectum* há uma convergência semântica ou de conteúdo. As duas palavras, como no grego *díkaion* e *íson*, exprimem a mesma realidade – o Direito –, atingindo-a por meio de expressões verbais de partes significativas do símbolo (a deusa *Iustitia*, segurando com as duas mãos a balança de dois pratos com o fiel exatamente ao meio, *examen de-rectum*).

Diz-se de *ius* como forma apocopada de "Iustitia" – "ius est quod iudex dicit", "quia index dicit" –; e a deusa *Iustitia*, outrora, ou hoje o *iudex*, diz que há Direito quando o fiel da "balança jurídica" está aprumadíssimo (*examen de-rectum*), e, portanto, os dois pratos iguais (*bilances aequales*); "derectum", porque o fiel da balança, totalmente aprumado; o *examen* está *de-rectum*, quando os dois pratos estão precisamente iguais, isto é, exatamente no mesmo nível. Em nosso entender, talvez deva encontrar-se aqui a razão última daquela aporia jurídica entre *ius* e *actio*, o *ius*, sob certo aspecto, pressupõe a *actio*; a *actio*, sob outro aspecto, pressupõe o *ius*.[60]

---

* *Phénomenologie de la perception*, 1945, Gallimard, p. 211. Tradução do autor: "A palavra não é 'signo' do pensamento, se compreendermos por isso um fenômeno que anuncia outro, como a fumaça anuncia o fogo. A palavra e o pensamento só admitiriam essa relação exterior se uma e outro fossem dados tematicamente; na realidade, estão envolvidos uma no outro, o sentido está preso na palavra e a palavra é a existência exterior do sentido".

[60] D'Ors, Álvaro. *Derecho Romano*: "Se tiene derecho porque el pretor dará acción". E em *Elementos de Derecho Privado Romano*: "Obligatio y actio, referidas a um debitum civil (oportere), son, para el derecho clásico, términos correlativos".

Quando terá surgido *derectum*, no mundo jurídico romano, ao lado de *ius* ("youes" ou "ious"), como na Grécia apareceu "íson" a par de "thémites" e de "díkaion"?

Derectum, já a significar "Direito", deve ter existido talvez desde o princípio da vida jurídica em Roma:[61] primeiro, ao lado de *youes*; depois, a par de *youes* e de *ius* (séc. V-III a.C.); desde o séc. III a.C., ao lado de *ius*, mas também é provável que, no início, o vocábulo de caráter popular a exprimir a idéia de retidão, justo, direito, tenha sido não *de-rectum*, mas simplesmente *rectum* (e então, a par de *youes*). Só quando mais tarde a palavra *rectum* se vulgarizou ou se corrompeu – as palavras, geralmente, gastam-se com o uso e prostituem-se com o abuso –, terá surgido a forma *de-rectum* para traduzir a mesma idéia de "direiteza", justo, Direito.[62]

A outra razão seria o fato de as duas palavras mais antigas e simultâneas a significar "Direito" serem as indo-européias *yeus* e *rek-to*.[63] "Yeus" originou *youes* (*yous, ious*), *ius*; "rek-to", *recht, right, reht, rettz, rectum*. Depois, é que teria surgido *de-rectum*, de onde proveio mais tarde *dereito*, *diritto, derecho, droit*, *direito* etc.

---

[61] Notemos o que desde há muito ensina o autorizado Bréal, Michel. *Sur l'Origine des Mots désignant le Droit et la Loi en Latin,* p. 603 e 604: "La plupart de les plus anciens termes de droit usités chez les Romains remontent à une époque beaucoup plus reculée qu'on ne le suppose généralement.

Quand un terme désignant une idée de droit ou de morale se retrouve non-seulement à Rome, mais chez les peuples italiotes et chez les Grecs, on doit supposer que l'idée qu'il représente était déjà acquise avant la fondation de Rome et qu'elle appartient à toute la race helléno-italique. Quand, de plus, le même terme existe chez les autres nations européennes, il a dû précéder la séparation des différents rameaux de la race... On peut donc dire, sans crainte de se tromper, que quand une notion se trouve marquée du même nom dans les Védas et dans la Loi des XII Tables, elle n'a pas été transporté de l'Inde en Italie, ni de Italie dans l'Inde, mais qu'elle appartient, de toute antiquité, à la race qui, grâce à des circonstances mal connues de nous, et à une époque impossible à déterminer exactement, s'est répandue d'une part en Europe, de l'autre en Asie".

[62] Segundo o Prof. Bechara, a substituição de uma palavra por outra, para significar Direito, quando uma se corrompe, é um fenômeno semântico comum.

[63] Cf. Devoto, G. *Origini Indeuropee*, p. 325 e 326.

É interessante observar que certos povos, como os anglo-saxões, formaram diretamente (de um modo imediato ou mediato) da palavra "rekto" (ou já *rectum*) sua palavra a significar Direito: *raihts*, em gótico; *riht*, em anglo-saxão; *rëht*, no antigo saxão, em franco e no alto alemão antigo e medieval; *rettr*, em escandinavo; *rhaith*, em címbrio; *rect e reacht,* no irlandês antigo e moderno; e dessas formas derivam *recht* (em alemão), *right* (em inglês), *ret* (nas línguas escandinavas em geral). Os povos latinos formaram sua palavra (*dereito, diritto, derecho, droit, direito* etc.) de *de-rectum*.

Dir-se-ia que, para os anglo-saxões, basta dizer-lhes *rek-to* (*rectum*, reto, o fiel da balança), para entender o Direito; para os latinos, é preciso dizer-lhes *de-rectum* (muito reto, o mesmo fiel) para entender o mesmo Direito? Ou haverá maior precisão no Direito dos povos latinos que no Direito dos povos anglo-saxões?

Derectum, portanto, se não é o vocábulo primitivo de caráter popular a significar "Direito", é sem dúvida muito antigo; talvez dos séculos V-III a.C.

Derectum era forma acessível a todos, mesmo às classes menos cultas, pois é mais fácil criar, formar um conceito ou idéia pela imaginação do que pela especulação; e o Direito precisava ser captado e entendido por todos, e não somente pelas classes cultas.

A partir do séc. IV de nossa era, a palavra *derectum* (ou já, então, também *directum*) está em especial evidência ao lado de *ius*, provavelmente devido, de início, a certas atitudes dos juízes.

Como é sabido, desde o Baixo Império, o termo *ius* (*ius novum*) principia a ter um significado muito específico – a constituição imperial ou o conjunto das constituições imperiais –, e estas passam a ser consideradas a única fonte de Direito. Ora, quando as constituições imperiais eram justas, denominavam-se sobretudo "ius directum (ou *derectum*)" (direito justo) ou "iura directa (ou *derecta*)" (normas justas); quando injustas, "ius iniustum" ou "iura iniusta".[64]

Podem ter sido os pretores – que se recusavam a aplicar as constituições imperiais, quando injustas, mesmo que essa atitude lhes acarretasse conseqüências

[64] Às vezes, também se denominavam respectivamente "ius aequum" ("iura aequa") e "ius iniquum" ("iura iniqua"). A confusão entre Justiça e Direito (ou legalidade e legitimidade) é mais antiga do que se pensa! Basta lembrar que, na evolução

gravíssimas, como perda do cargo, desterro e até pena de morte – que introduziram como termo erudito (e para isso foram à linguagem popular) *derectum* (*directum*) para significar "Direito", a contrapor a *ius* (*novum*), constituições imperiais.

Derectum (directum) tem certo fundo religioso, devido principalmente (e proximamente) à deificação da Justiça.

Com a filosofia estóica, *derectum* (*directum*) recebeu certo conteúdo moral.[65]

O Cristianismo, sobretudo depois do séc. IV, informou-se de novos valores morais e conceito de *derectum* (*directum*). O Cristianismo considerou a palavra *derectum* (*directum*) "mais cristianizável" do que a palavra *ius*, certamente pelas semelhanças com as expressões escriturísticas – "*parate* viam Domini, *rectas* facite semitas eius" (Mt 3,5) etc. –, e ainda certamente porque *derectum* era ex-

---

de seu conceito, *ius novum* (a constituição imperial, diríamos hoje, a Lei) não só se identificou com o *Ius* (com o próprio Direito), mas até com a *Iustitia* (com a Justiça). Então – e ainda hoje padecemos dessa imprecisão terminológica –, desde que a lei (a Constituição Imperial) se confundiu ou se identificou com *iustitia*, a Justiça começou a ser designada pela palavra *Ratio* (Razão). Daí os significados de:

– "reddere *rationem*": prestar ou restituir o que é *justo*, o que é de Direito (MARTEN, Rainer. *Der Logos der Dialektik*, Berlim, 1965, p. 35);

– "ter *Ratio*, mas não haver *iustitia*": ser de Justiça (ter Razão), mas não haver lei;

– "que se faça *iustitia*": que se cumpra a lei;

– "chamar alguém à *iustitia*": chamar alguém ao tribunal, para que se cumpra a lei;

– "chamar alguém à *Ratio* (à Razão)": chamar alguém à Justiça, isto é, dizer-lhe que determinada coisa é *justa*, embora não seja legal, ou vice-versa, que determinada coisa é injusta, posto que seja legal etc.

E quando mais tarde a própria palavra *Ratio* também se vulgarizou ou se corrompeu – já o dissemos, as palavras, por vezes, gastam-se com o uso e prostituem-se com o abuso –, então para indicar a idéia (exata) de Direito, Justiça, usa-se a expressão *recta ratio*. (Dir-se-ia que a palavra que deve traduzir a idéia de Direito tem de se conservar "pura", exata, precisa.) É com esse alcance de *Direito* (norma ou lei, em si mesma, *justa*) que deve ser interpretada a expressão "boa razão" (tradução, talvez, mais de "recta ratio" do que de "bona ratio"), a qual se tornou célebre por causa da Lei portuguesa de 18 de agosto de 1769, também em vigor no Brasil, a lei pombalina da boa razão!

[65] Sobre a influência estóica no mundo romano: CASTRO CORREIA. *O Estoicismo no Direito Romano*, São Paulo, 1950. SPANNEUT, M. *Le Stoicisme des Pères de l'Église*, Paris, 1957, p. 52-53 e 74-77. VALENTE, M. *L'Étique Stoicienne chez Cicéron,* Paris, 1956, *passim*, máxime p. 240ss. BIONDO BIONDI, *Il Diritto Romano Cristiano* I, Milano, 1952, p. 107-112; II, p. 44-48.

pressão jurídica *popular* e a evangelização destinava-se sobremaneira ao povo. Mais: a palavra *derectum* era bem conhecida na linguagem eclesiástica; Santo Agostinho e São Jerônimo empregavam-na com freqüência.

O domínio da palavra *derectum* (*directum*) sobre o termo *ius* deve-se à luta do Cristianismo contra o paganismo (nessa época, já bastante decadente); sintoma dessa luta é a atitude de Justiniano, em 529, mandando encerrar a escola neoplatônica de Atenas. Depois disso, por toda a parte do Império Cristão, verifica-se uma vontade decisiva de transformar as instituições pagãs: ou acabar com elas ou... "batizá-las". Perante as escolas de tipo clássico e pagão, surgiram as escolas monásticas, a princípio, nitidamente adversas ao humanismo clássico.

Ora, nessa luta contra tudo o que fosse paganismo, não podia deixar de ser atingida a parte pagã do símbolo do Direito: a deusa *Iustitia* e a deusa Qemix. Por isso, é muito importante observar que, na época dos sécs. VI-IX, o símbolo do Direito é apenas a balança: de dois pratos sem fiel ao meio, no Oriente; de dois pratos e fiel ao meio, no Ocidente. Daí que a significar Direito (quase) só apareça respectivamente, no mundo romano e no mundo grego, *Derectum (Directum) e Isós.*

A balança, usada simbolicamente desde há muito para pesar as almas, era símbolo muito próximo ao Cristianismo, pois os livros do Antigo Testamento utilizavam essa imagem com freqüência. Não admiramos, pois, que a nova religião tivesse respeitado esse símbolo e até lhe infundido certo conteúdo cristão.

Depois do renascimento carolíngio, e sobretudo a partir da Renascença, o símbolo do Direito reaparece completo: além da respectiva balança, com fiel ou sem fiel ao meio, também a deusa "Iustitia" ou a deusa Qemix.

Então *ius* volta a se impor e, se não domina *derectum*, pelo menos se equipara. Daí que certas palavras jurídicas indicam não o ordenamento jurídico em geral, mas o processo de executar ou até de criar Direito, como *iurisconsultus*, *iurisperitus*, *iurisprudentia*, *iurisdictio* etc., procedam de *ius* e não de *derectum*. Ou elas são de formação dessa época, ou mesmo da época anterior, pois, como ficou acentuado, *ius* nunca desapareceu totalmente, e se considerava essa palavra mais transcendente que *derectum* e, por isso, mais indicada para origem de palavras jurídicas eruditas.[66]

Mas nesta altura, depois do séc. IX, *derectum* é palavra consagrada para indicar o ordenamento jurídico ou uma norma jurídica em geral.

É desse *derectum* (*directum*) de fundo religioso, carregado de moral e cristianizado, que procede o "Direito" dos povos de língua românica e, portanto, nossa concepção de Direito, em que o Direito é tão Moral que deixa de ser "jurídico", se atentar abertamente contra ela.[67]

O Direito pode, em certos casos, inspirar-se em critérios práticos ou de necessidade, mas esses critérios em si não se firmam em oposição à Justiça. E o fato de o Direito, durante milênios, nos países em que predominou a cultura latina, ser designado pelo vocábulo *ius*, não modifica o entendimento de que o mesmo deve expressar o que é justo. Os romanos empregavam a palavra *jus* também como significado de justiça: *ad praetorem in jus adire* (Cícero, *Verr*, 4.147).

Por outro lado, reconhecemos – e nem poderíamos deixar de admitir – que há povos que têm "seu Direito" designado pelo respectivo vocá-

---

[66] Ainda hoje, na linguagem erudita, dizemos, por exemplo, "a vítima faz *jus* a uma indenização"; na linguagem corrente, "a vítima tem direito a uma indenização". A norma culta ressalta certas sutilezas de expressão, como: "Direito *em se* defender" é expressão incorreta; "Direito *de se* defender" é expressão correta e significa uma faculdade (um direito) concedida expressamente por uma lei (uma norma positiva de caráter geral). "Direito *a se* defender" também é expressão correta, mas significa um direito (faculdade) baseado em algo (moral, costume, privilégio, prerrogativa etc.) diferente da lei positiva. Daí que: "eu tinha direito *à defesa*, mas a lei não me concede"; "eu tinha direito *de me* defender, mas o juiz não mo concedeu, por isso vou apelar".

[67] É interessante verificar esse novo conteúdo de *derectum* em seu antônimo *tortum*. Como dissemos, *derectum* inicialmente se opõe a *tortum*, e praticamente só a *tortum*. Mas, desde que *derectum* está carregado também de *morale* (de início, estóica e depois cristã), então *derectum* contrapõe-se não só a *tortum*, mas também e sobretudo a *iniustum, iniquum* e *pravum*. Cf. a propósito nossas *Lições de Direito Romano*, Apostila da Universidade Federal Fluminense

bulo, mas indagamos: o termo com que esses povos designam, respectivamente, o Direito que lhes é peculiar não se traduzirá também por um conceito de Justiça? A aparente contrariedade oposta no Direito Positivo entre Direito e Justiça inexiste no terreno lingüístico, onde Direito e Justiça se equivalem.

Não importa o significante, mas o significado e o sentido que ele possa evocar. A cor branca simboliza para muitos povos alegria e pureza, mas na China maoísta traduz luto e pesar, conquanto a cor vermelha signifique avanço e a verde posição estática. Não muda, entretanto, a alegria, nem altera o pesar, nem a posição o nome das cores aqui e alhures.

Sobre nomes e significados nos embevece Fernando Pessoa, na pele de Alberto Caeiro (Poema XL):

> Passa uma borboleta por diante de mim.
> E pela primeira vez no Universo eu reparo
> que as borboletas não têm cor nem movimento,
> assim como as flores não têm perfume nem cor.
> A cor é que tem cor nas asas da borboleta,
> no movimento da borboleta o movimento é que se move.
> O perfume é que tem perfume no perfume da flor.
> A borboleta é apenas borboleta
> e a flor é apenas flor.

IV. Que é o Direito?

Quereis saber que é o Direito?
Indagai quem é o homem.
Anônimo

Mac Iver, alegando que "a lei é sempre lei, quer a consideremos justa ou injusta" e que se deve "distinguir e definir o Direito por sua forma, não por seu conteúdo", profliga a tentativa de se buscar, "implícita na definição do Direito, uma afirmação do ideal com que se deveria conformar ou a que deveria servir"[1]. E acrescenta:

> Os povos que falam o inglês têm menos culpa do que muitos ao confundir este ponto. Enquanto eles não têm uma palavra para denotar todo o corpo da lei, as palavras que servem para esse fim, entre muitos povos europeus, *droit, recht, diritto, derecho*, o *ius* romano, associam-se a uma significação ética, idéia do "justo", o que concorre para a confusão.[2]

Como se verifica, mesmo diante de sua afirmação de que o Direito Positivo pode ser caracterizado e definido apenas sob seu aspecto formal, Mac Iver rende-se ao fato de que os termos *directum* e *ius* encerram significação ética, a idéia do "justo".

Pois bem, da mesma forma que, na ordem física, chama-se direito o caminho que se percorre, sem sinuosidade, de um ponto a outro, assim também

---

[1] Mac Iver, R. M. *O Estado*, Livraria Martins Editora, 1975, p. 174.

[2] Id., ibid., p. 175.

na ordem moral chama-se Direito o ato que não se desvia da ordenação para o bem comum.

No campo da ética, Direito significa o poder moral de fazer, deixar de fazer ou exigir alguma coisa, e se distingue do poder físico, que é a força. O Direito, mesmo o Positivo, por sua própria essência, somente pode traduzir-se pelo que é reto.[3]

Não podemos perder de vista que as normas éticas são princípios reguladores da sociedade, nem ignorar que o normativismo ético envolve os campos da Moral propriamente dita e do Direito. Outro não é o entendimento de Ripert, ao preceituar:

> Não existe, na realidade, entre a regra moral e a regra jurídica nenhuma diferença de domínio, de natureza e de fim; não pode mesmo haver, porque o Direito deve realizar a justiça, e a idéia do justo é uma idéia moral.[4]

Ihering acentuou ser o Direito a condição da existência moral da pessoa, e, assim, mantê-lo é defender a própria existência moral.[5]

---

[3] Machado, João Batista. Nota preambular ao livro *A Justiça e o Direito Natural, de Kelsen*, Arménio Amado Editor, Coimbra, 1963, p. 45.

[4] Ripert, Georges. *A Regra Moral nas Obrigações Civis*, Editora Livraria Acadêmica, 1937, p. 18.

[5] Ihering, Rudolf Von. "A Luta pelo Direito", in *Três Estudos Jurídicos*, Editorial Bibliográfica Argentina, 1947, p. 198.

Registre-se: Nosso Código Civil, no art. 17 da parte introdutória, determina: "As leis, atos e sentenças de outros países, bem como quaisquer declarações de vontade, não terão eficácia no Brasil, quando ofenderem a soberania nacional, a ordem pública e os *bons costumes*" (grifamos). Aí está: os legisladores, opondo limites à extraterritorialidade da lei, procuram defender, ao lado da soberania nacional e da ordem pública, os *bons costumes*, isto é, os princípios de moral imperantes no Brasil. Eis o Direito Positivo a serviço da moral. Com ela se identificando, mais ainda, esse limite de ordem pública aplica-se igualmente aos *contratos* nacionais ou estrangeiros com eficácia no Brasil (*Código Civil de 2002*, art. 421 e segmentos).

Interessante posição era a da antiga seção do Código Penal Brasileiro que cuidava dos crimes contra os costumes, ou melhor: "Dos crimes contra a segurança da honra e honestidade das famílias e do ultraje ao pudor público". Da extensa Exposição de Motivos redigida pelo jurista Francisco Campos, colhemos estes passos: "O Direito Penal não pode abdicar de sua função ética, para acomodar-se ao afrouxamento dos cos

Mas nem todos os juristas – apressemo-nos a confessar – adotam esse entendimento e levantam oposições a respeito da íntima relação entre Moral e Direito. Ihering, com muita propriedade, viu na questão o *Cabo Horn* da ciência jurídica.

De nossa parte, estamos convictos: podem as duas espécies de normas de conduta ser distinguidas, quer por sua forma específica, quer por seu conteúdo próprio, mas não admitidos contraditas entre ambas.[6]

---

tumes". "A *honra* e a *liberdade* são interesses ou bens jurídicos inerentes à *pessoa*, tanto quanto o direito à vida ou à integridade física." "Sem o postulado da responsabilidade moral, o direito penal deixaria de ser uma disciplina de *caráter ético* (grifamos), para tornar-se mero instrumento de autoritarismo social ou de prepotência do Estado."

Ainda hoje, muito embora de duvidosa constitucionalidade, a Consolidação das Leis do Trabalho, no Capítulo IV, "Da proteção do trabalho do menor", através da letra b, do art. 405, proíbe ao menor de dezoito anos o trabalho em locais ou serviços prejudiciais a sua moralidade, esclarecendo no § 1: "Considerar-se-á prejudicial à moralidade do menor o trabalho: a) prestado, de qualquer modo, em teatros de revistas, cinemas, cassinos, cabarés, 'dancings', cafés-concertos e estabelecimentos análogos; b) em empresas circenses, em funções de acrobata, saltimbanco, ginasta e outras semelhantes; c) de produção, composição, entrega ou venda de escritos, impressos, cartazes, desenhos, gravuras, pinturas, emblemas, imagens e qualquer outros objetos que possam, a juízo da autoridade competente, ofender aos bons costumes ou à moralidade pública; d) relativo aos objetos referidos na alínea anterior que possa ser considerado, por sua natureza, prejudicial à moralidade do menor; e) consistente na venda, a varejo, de bebidas alcoólicas".

Vai mais além o vetusto Diploma: "Verificado pela autoridade competente que o trabalho executado pelo menor é prejudicial a sua saúde, a seu desenvolvimento físico ou a sua moralidade, poderá ela obrigá-lo a abandonar o serviço, devendo o respectivo empregador, quando for o caso, proporcionar ao menor todas as facilidades para mudar de funções" (art. 407). "Aos pais, tutores ou responsáveis é facultado pleitear a extinção do contrato de trabalho do menor de vinte e um anos (hoje *dezoito anos*, grifamos), desde que o serviço possa acarretar, para seus representantes, prejuízos de ordem física e moral" (art. 408).

Por sua vez, dispõe o parágrafo único do art. 446: "Ao marido ou pai é facultado pleitear a rescisão do contrato de trabalho, quando sua continuação for suscetível de acarretar ameaça aos vínculos da família, perigo manifesto às condições peculiares da mulher ou prejuízo de ordem física ou moral para o menor".

[6] Este é o entendimento do Prof. Benjamin de Oliveira Filho à página 46 de seu livro *Introdução à Ciência do Direito*, Haddad Editora, 2ª edição, 1957: "Mas, se entre as duas espécies de normas, como se depreende do exposto, não pode haver oposição nem contraste ou contradição, mas coerência ou conjugação, o certo é que elas podem ser distinguidas, tanto por sua forma específica, quanto por seu conteúdo próprio".

O Direito Romano reconheceu como da mesma natureza os preceitos ideais da ética e da moral, não sancionados pelo Estado, e as regras práticas e obrigatórias, chamando-os indiferentemente de *Jus*. E mesmo quando saíam do terreno meramente prático, ao procurarem dar ao Direito uma interpretação precisa, os Jurisconsultos não chegaram a estabelecer nenhuma fórmula que não envolvesse também o conceito da ética ou da moral. Definiram o Direito ou a Justiça como equivalentes perfeitos, como sendo *ars boni et aequi* (Celso) *quod semper bonum et aequum est* (Paulo*), constants et perpetua voluntas jus suum cuique tribuendi* (Ulpiano).

Na Idade Média, Direito e Moral confundiam-se sob a luz da teologia.

Nos séculos XVII e XVIII, voltou-se a estabelecer diferença mais acentuada entre Moral e Direito, mormente a partir das obras de Christianus Tomasius e Puffendorf.

Já a doutrina positivista, no século XIX, veio a admitir a submissão da moral ao Direito ao preceituar que a regeneração decisiva consistirá, precipuamente, em substituir os Direitos pelos deveres, para melhor subordinar a personalidade à socialidade.[7]

Assim, a *vexata quaestio* atravessa os tempos, e os juristas e os filósofos modernos ainda não lograram resolvê-la de forma definitiva. Generalizou-se, no entanto, a concepção de que a moral e o Direito não divergem de forma acentuada. Assinala-se, mesmo correntemente, que o fim supremo do Direito é a realização da ordem moral. Da ordem moral e da Justiça, posto que, como assevera Gurvitch,

> les valeurs plus proche de la Justice sont indiscutablement les valeurs morales, et lour degré suprême, qui sort de critère à léchelle de ces valeurs et l'opposition, dans cette échelle, entre positives et valeurs négatives, est l'idéal moral. La détermination de l'idée de Justice consiste donc dans la précision du rapport entre la Justice et l'ideal moral.[8]

---

[7] COMTE, A. *Politique Positive*, Paris, Tome I, 1890, p. 361. Aliás, convém dizer que hoje vivemos uma idade média "às avessas", uma vez que a moral cedeu seu passo para o direito que lhe faz as vezes.

[8] GURVITCH, Georges. *L'idée du Droit Social*, Librairie de Recuell Sirey, Paris, 1932, p. 96.

Gény reconhecia que, no fundo, o Direito só encontra seu conteúdo próprio e específico na noção do justo.[9]

O preceito jurídico é uma realidade especialmente ligada à idéia de Direito, o que importa dizer, de justiça, "vindo, assim, a ter nessa qualidade o mesmo objetivo que esta, isto é, as relações dos homens entre si".[10] Lacambra deu razão a Radbruch, quando vislumbrou, no Direito, uma realidade natural que se não pode definir senão tendo em conta o valor que essa realidade almeja realizar e que se traduz, em última análise, na Justiça.[11] E acentua que, entre o Direito como ciência e o Direito como norma, o Direito como faculdade e o Direito como ideal ético de justiça, há profunda vinculação.[12]

Reconhece Dabin que, para um sem-número de juristas-filósofos, a noção de Justiça está intimamente ligada às noções de sociedade e de Leis, e constitui a substância, o objeto e o ideal do Direito, entendido este como organização jurídica positiva.[13]

Luiz Récasen Siches afirmou que

> generalmente, cuando se habla de justicia, con esta palabra se trata de significar la idea que debe inspirar al Derecho.[14]

Os princípios fundamentais de Justiça, oriundos dos romanos, *neminem laedere* (não prejudicar a ninguém) e *suum cuique tribure* (dar a cada um o que lhe é devido), têm origem e fundamento na moral. A noção de boa-fé, pressuposta em todas as relações jurídicas, é, antes de ser jurídica, noção mo-

---

[9] GÉNY, François. *Science et technique em droit privé positif*, Paris, 1980, Tome I, p. 50.

[10] RADBRUCH, Gustav. *Filosofia do Direito*, Arménio Amado Editor, Coimbra, 1982, vol. I, p. 108.

[11] LACAMBRA, Luis Legaz. *Filosofia del Derecho*, Bosch, Casa Editorial, Barcelona, 1950, p. 458.

[12] Id., ibid., p. 168.

[13] DABIN, J. *Teoria General del Derecho*, Editorial Revista de Derecho Privado, Madrid, trad. de Francisco Javier Osset, 1955, p. 332.

[14] SICHES, Luis Recanses. *Tratado General de Filosofia del Derecho*, Segunda Edicion, Editorial Perrua S.A., México, 1961, p. 480.

ral. Portanto, o Direito não é indiferente à moral que domina na civilização e na sociedade a que pertence.[15]

O ponto de equilíbrio do *optimum* da vida social só poderá ser atingido pela Justiça, que consubstancia a força moralizadora da regra normativa.[16] Direito é a realização da Justiça na vida social, ou, quando menos, sua meta. O fim do Direito, sua teleologia, resume-se na Justiça.

O Direito pode revestir-se de formas reais mais perfeitas ou menos aperfeiçoadas; pode ser, mais ou menos, desordenado ou, ao contrário, particularmente bem adaptado a suas funções. Mas não será de todo Direito, se não logra ser reconhecido como um esforço para realizar a Justiça.[17]

Alceu Amoroso Lima baseia o Direito na Justiça, asseverando que esta, antes de ser uma forma legal, deve constituir-se numa inclinação e num *habitus* de nossa vivência pessoal e social. "Quando não o é, defrontamo-nos com o fenômeno do legalismo em que a letra mata o espírito da lei e provoca, viciosamente, o estímulo renovado ao mesmo ceticismo que substituiu o império da Lei pelo império do Fato."[18]

No conceito de Francesco Ferrara, a idéia de Justiça é uma força ética inspiradora e elaborada do Direito.[19]

Jacques Leclerq não vê, na Justiça, outra coisa senão a virtude pela qual reconhecemos às pessoas aquilo a que elas têm direito, ou através da qual se respeita os outros. Em sentido objetivo, a Justiça identifica-se com a ordem, ou seja, com a situação em que cada um se encontra em seu lugar. Nesse caso, encontrar-se no lugar corresponde à ocupação que diz respeito aos direitos e deveres próprios. E acrescenta:

---

[15] Gusmão, Paulo Dourado de. *Introdução à Ciência do Direito*, 1995, Forense, Rio de Janeiro, p. 70.

[16] Fernandes, Adaucto. *Introdução à Ciência do Direito*, A. Coelho Branco Filho (Editor), Rio de Janeiro, 1937, p. 66.

[17] Gurvitch, Georges. *L'idée du Droit Social*, Librairie de Recuell Sirey, Paris, 1932, p. 96.

[18] Lima, Alceu de Amoroso. *Introdução ao Direito Moderno*, Rio de Janeiro, Agir, 2ª ed., 1961, p. 13.

[19] Ferrara, Francesco. *Trattato di Diritto Civile Italiano*, Modena, 1ª ed., 1921, vol. I, p. 35.

> O Direito identifica-se de algum modo com a Justiça. Qualificamos como "justiça" a máquina administrativa que diz o Direito. Comparecer perante a Justiça é comparecer perante os juízes encarregados de dizer o Direito. Quase todos os autores declaram que o objeto do Direito é o "justo" ou a Justiça. O Direito, segundo outra fórmula, tem por finalidade fazer reinar a Justiça.[20]

O Direito pressupõe sociedade. E esta não pode viver sem ordem, que, a seu turno, não existe ausente da Justiça. O Prof. Benjamim dizia que: "Sem justiça, que é proporção e equilíbrio, não se concebe a vida social, e o Direito é o objeto da Justiça." E aduz:

> Ora, a Justiça é, segundo Santo Agostinho, *ea virtus quae sua cuique tribuit*. E sendo o Direito o objeto da Justiça, ele nada mais é senão aquilo que pertence a cada um como coisa sua.[21]

Miguel Reale reconhece constituir ao justo o valor próprio do Direito, encarado não como simples relação extrínseca ou formal, aritmética ou geométrica, "mas entendida, concomitantemente, como o conteúdo dessas mesmas relações, enquanto representam um bem intersubjetivo, ou melhor, o bem comum". Diz mais:

> O valor fundante, imediatamente fundante, do Direito é o valor do justo ou da Justiça. Temos assim, portanto, uma discriminação de dois aspectos ou momentos do bem, enquanto individual ou enquanto social. Não podemos, é claro, separar estes dois momentos, porque eles apenas se distinguem.[22]

Após chamar a atenção para o fato de ser a palavra justiça invocada freqüentemente, sem se cuidar, com a devida atenção, de seu significado autêntico e de sua rigorosa projeção estimativa, estuda-a, não só em seu sentido subjetivo

---

[20] LECLERQ, Jacques. *Do Direito Natural à Sociologia,* Rio de Janeiro, Duas Cidades, p. 76-77 e 89.

[21] OLIVEIRA FILHO, Benjamim de. *A Lei Natural, fundamento do Direito*, Tese apresentada à Faculdade de Direito de Niterói, para concurso ao cargo de Livre Docente da Cadeira de Introdução à Ciência do Direito, 1933, p. 57 e 58.

[22] REALE, Miguel. *Filosofia do Direito,* Edição Saraiva, São Paulo, 2002, vol. I, p. 244.

como em sua significação objetiva, acentuando que a justiça subjetiva e a objetiva não se repelem nem se excluem, mas, ao contrário, elas se exigem e se completam. "Lendo obras clássicas, como as de Aristóteles ou Santo Tomás, encontramos comumente a palavra justiça entendida em seu sentido subjetivo, Justiça indica, então, uma vontade ou virtude do homem. É nesse sentido que os romanos, que concebiam a justiça objetiva e subjetivamente como "*constans ac perpetua voluntas.*" Nesse caso, a justiça é tida como uma inclinação, como uma tendência, uma forma de querer inerente ao homem e projetada na sociedade.

Ocorre que o homem, agindo em conformidade com esse impulso subjetivo de justiça, instaura uma ordem social, uma ordenação de convivência. E, a essa ordenação social, pelo homem objetivada, dá-se também o nome de Justiça ou de justo.

> Em nossos dias, usa-se, de preferência, o termo Justiça no sentido objetivo, indicando a ordem social que os atos de justiça projetam ou constituem, motivo pelo qual é de se defender a tese de que, objetivamente, a justiça se reduz à realização do bem comum.[23]

Ora, se o termo Justiça, usado preferencialmente em nossos dias, reduz-se à realização do bem comum e se a norma jurídica deve visar ao mesmo fim, forçoso é reconhecer que entre Justiça e Direito não há diferenças substanciais quanto à idéia que os inspira e os objetivos finais a que se propõem. Se é certo que não há sociedade sem Direito, não menos correto é afirmar que não pode haver Direito sem Justiça.

Velha como o próprio mundo, a idéia da Justiça nasceu com o Homem e morrerá com ele. Não apenas os juristas, mas os filósofos e as religiões dela se ocuparam. *O Livro dos Mortos* do Egito consigna o caráter divino dos deveres de Justiça, porque de sua obediência deverá responder-se, no dia do Juízo, perante o Tribunal de Osíris.[24]

---

[23] Reale, Miguel. *Filosofia do Direito,* Edição Saraiva, São Paulo, 2002, vol. I, p. 247.

[24] *O Livro dos Mortos*. Aymard, A. e Auboyer, J. *O Oriente e a Grécia, História Geral das Civilizações*, Difusão Européia do Livro, São Paulo, 1955, vol. I, p. 81 e 82.

Os semitas revelavam o fundamento dos preceitos jurídicos, uma vez que estes não se achavam só na *Torah*, mas por igual nas Leis dos hebreus, que *Javé* gravara no coração dos homens (*Jeremias* 31,33); da mesma forma nos códices acádios (*Eshnunna* e *Hammurabi*, 2000/1680 a.C.) e nos sumérios (*Ur-Namu* e *Lipit-Ishtar*, 1600 a.C.) encontramos fragmentos que remontam à idéia ultraterrena do Direito.

O Código de Hammurabi, estela histórico-jurídica, consigna estas palavras de seu autor:

> Como Marduk me enviou para governar os homens e proteger o Direito dos povos, assim realizei eu o Direito e a Justiça e procurei a felicidade dos súditos.[25]

O Código de Ur-Namu, monumento da cultura indo-européia, no Livro Segundo, oferece noções de Lei Natural e considera o Direito dentro da órbita da ordem ética e da esfera teológica.[26]

Buda indica as oito vias da Justiça – "que levam à cessação da dor".[27]

Da China, vem-nos a sabedoria de Confúcio, pregando a influência das normas da Ética no Direito e na Política:

> Se dispusermos de homens justos, o Governo florescerá. Mas sem eles, o Governo desaparecerá.[28]

A religião de Israel cita a palavra Justiça em mais de 60 passagens nos Salmos de David, e justo em mais de 36, estima-se que em todo o Pentateuco exceda a 2.000 vezes.

---

[25] CERAM, C. W. *Deuses, Túmulos e Sábios*, Edições Melhoramentos, 10ª Edição, São Paulo, 1986, p. 274.

[26] PEÑA, Enrique Luño. *Historia de la Filosofia del Derecho*, Editorial la Hormiga S.A., Barcelona, 1955, p. 83.

[27] DURANT, Wil. *História da Civilização*, Companhia Editora Nacional, São Paulo, 1972, 1ª parte, Tomo I, p. 447.

[28] DOEBLIN, Alfred. *O Pensamento Vivo de Confúcio*, trad. de Carlos Lacerda, Livraria Martins S.A., São Paulo, 1971, p. 77.

> Israel, el pueblo hebreo, pueblo de Dios ou pueblo escogido por ser depositario de la Revelación divina e propagarla por todo el Universo, nos ofrece testimonios infalibles de cómo surge el sentimiento de lo justo y de lo equitativo y se desenvuelve la idea del Derecho y de la Justicia, del orden, de la Ley y de la autoridad.[29]

Consabido pela antropologia que as tribos africanas e da Oceania cultuam o animismo totêmico na ordem natural, indissociando a ordem social da ordem natural, e, por conseguinte, a justiça natural da justiça social.

Na Grécia, pedestal de nossa civilização, já Hesíodo, em sua *Teogonia*, embora afirmasse que no mundo triunfa a lei do mais forte, insistia em que os homens devem substituir os deuses "em seu papel de guardiães da moralidade, divinizando o papel da Justiça".

Tales de Mileto acreditava que os espíritos e os deuses, que dominam o mundo físico, davam normas reguladoras da ordem moral, jurídica e social.

Anaximandro asseverava que a Justiça é a necessidade que restabelece a ordem das coisas, reintegrando-as no *apeiron*.

Pitágoras dedicou atenção à Justiça, tornando-a uma equação, uma proporção aritmética, uma igualdade. Segundo seu entendimento, a Justiça era a harmonia resultante de um quadro de números perfeitamente coordenados; outro pré-socrático, célebre pela constatação da mutabilidade do cosmos, onde o homem não se banha duas vezes no mesmo rio, dizia "todas as leis humanas são alimentadas por uma lei divina". Junto à Justiça humana, que é o resultado do livre e perene fluir da vida – equilíbrio harmônico e instável dos contrários – existe a Justiça permanente de Deus, modelo da Justiça dos homens.[30]

O lógos heraclítico já pressupunha o valor absoluto!

Sócrates afirmou que o Estado é uma realidade ética, pois só a virtude pode governar os homens, e que os cidadãos devem obedecer às Leis em res-

---

[29] Peña, Enrique Luño. *Historia de la Filosofia del Derecho*, Editorial la Hormiga S.A., Barcelona, 1955, p. 94 e 98.

[30] Messe, A. *Filosofia Antigua y Medieval*, 2ª Edición, Espasa-Calpe, Buenos Aires-México, 1961, p. 41.

peito à Justiça, à ordem, à proteção e à segurança que o Poder estatal encarna. Apesar da convicção esposada de que as Leis se impunham, quaisquer que elas fossem, para garantir a ordem social e o Estado, nem por isso se pode admitir seu desinteresse pela Justiça. Pelo contrário. Foi um crítico da sociedade de seu tempo e certamente não se pautou dentro de sua concepção do justo. Demais, como sabemos, o filósofo grego transportou para o terreno da ação a disciplina intelectual da reflexão, suscitando a norma pela qual podemos conhecer os valores da Justiça.[31] O mártir da cicuta ensinava que o homem justo deve obedecer não somente às leis que emanam do Estado, mas também às leis não escritas dos deuses, de cuja violação decorre a inexorável punição (Xenofonte, *Memmorabilia).*

Platão tornou célebre, em "A República", os diálogos sobre a Justiça.[32]

O estagirita, por seu turno, já distinguia no Direito Positivo os elementos de Direito Natural ínsitos à natureza humana daqueles que têm origem puramente legal ou estatal; o natural tem valor universal em todas as partes, tempos e regiões, é imutável e não depende das opiniões, nem das resoluções dos homens, ao revés, o Direito legal é que determina coisas por si mesmas indiferentes que, porém, uma vez estabelecidas por lei, assumem força cogente, impondo-se a todos obrigatoriamente.

Aristóteles reconhece ser a Justiça a mais excelsa das virtudes morais e declara que o Direito contém em si mesmo um ideal de Justiça; daí a lei positiva, civil ou política, só obrigar quando acorde com esse ideal.[33]

A tragédia grega (apanágio dos deuses, posto que o drama era reservado ao quotidiano dos mortais), pelas mãos de Sófocles (491-406 a.C.), veio a tornar conhecida a revolta de Antígona, filha de Édipo e Jocasta, que ao contrariar as determinações do Decreto do Rei Creonte, a respeito de grave acontecimento, qual seja, quando da guerra dos Sete Chefes, Etéocles e Polinices,

---

[31] Cf. a respeito "O Menon", in PLATÃO. *Diálogos*, Edição da Livraria Globo, Rio de Janeiro – Porto Alegre – São Paulo, 1945, p. 67.

[32] PLATÃO. *La Republica*, Libro Primo, Carlo Signorelli-Editore, Milano, 1991.

[33] ARISTÓTELES. *Moral a Nicomaco*, colección Austral, Espasa – Calpe, Buenos Aires – México, 1942, cf. cap. VII, p. 157-159; e *Retorica*, cap. II a VI.

também filhos de Édipo, odiando-se reciprocamente, haviam assassinado um ao outro, ocasião em que Antígona, tomando o corpo inanimado de Polinices, deu-lhe sepultura. O soberano, perante o atrevimento daquela mulher que, agindo dessa forma, transgredia as suas Leis, então a repreende severamente, acabando também por assassiná-la.

Seu discurso de revolta ultrapassou o campo da mitologia para entrar na história:

> Jamais supus que teus editos possuíssem tanta força que concedessem a um mortal o poder de violar os decretos divinos, os quais nunca foram escritos nem mutáveis. Não existem desde ontem ou de hoje. Têm origem temporal ignorada: são eternos.

Diante do irmão insepulto exclamou dolorosamente "porque não foi Júpiter quem as proclamou, e a Justiça da terra não pode prescrever ordens dessa natureza". Não podia ela conceber que os Editos tivessem tanto poder a ponto de permitir a um mortal violar as Leis Divinas, "não escritas, mas que são eternas", que "existiram sempre e ninguém sabe a que tempo remontam".[34]

Não importa que o fundamento da recusa de Antígona fosse a Lei Divina. O que impõe consideração é a ilegitimidade do Decreto creontiano, que se apartava dos princípios ideais da Justiça, ainda que revestido das formalidades legais.

De Roma, Cícero, certamente por conta de seus estudos na Magna Grécia, fala-nos de uma "verdadeira lei, reta razão, conforme a natureza, difundida entre todos, constante, eterna, que não pode ser contestada, nem derrogada em parte, nem anulada; não podemos ser isentos de seu cumprimento pelo povo nem pelo Senado; não há que procurar para ela outro comentador nem intérprete; não é uma lei em Roma e outra em Atenas, uma atualmente e outra no futuro, mas uma, sempiterna e imutável, entre todos os povos e em todos os tempos", essa *naturae ratio* é considerada pelo célebre jurisconsulto romano como a *lex divina et humana* (*De Officiis* 3,5,23).

---

[34] Sófocles. *Antígona*, Edição do Serviço Nacional de Teatro, p. 50.

Na conformidade do Estoicismo a Justiça é a virtude política por excelência, é a harmonia nas relações de convivência entre os seres racionais.[35] Harmonia necessária para a convivência social.

Sêneca, outro expoente estóico, dissertava que a natureza social do homem faz com que sejamos membros do grande corpo da comunidade política e que a natureza nos leva, mediante a Justiça, para a ordenação.

Exemplos de resistência passiva à vontade dos Césares deram os primeiros cristãos, preferindo enriquecer o martirológio a cumprir as Leis iníqüas do Imperador romano que os obrigava à apostasia.

O apóstolo Paulo, dirigindo-se aos cristãos que se encontravam em Roma, adverte-os: "os gentios, que não têm Lei, procedem por natureza de conformidade com a Lei; não tendo Lei, servem eles de Lei para si mesmos. Estes mostram a norma da Lei gravada em seus corações, testemunhando-lhes também a consciência e seus pensamentos" (*Epístola aos Romanos* 2,14-15).

Santo Agostinho reconhece a existência de um Direito Positivo, destinado a nortear o procedimento na sociedade, alicerçado no Direito Natural – participação do Homem na ordem divina do universo –, que por seu turno é um aspecto da Lei Eterna, inerente à realeza superior da natureza indestrutível. Lembra-se o Bispo de Hipona de que a Lei Positiva tem como objetivo manter a ordem e a paz através da Justiça, uma vez que não é Lei aquilo que não é Justo (*De Libero Arbitrio*).

Santo Tomás de Aquino, condenando as Leis injustas, pregava: "E estas são, antes, violências que Leis, pois como diz Agostinho, *non videtur esse lex quae iusta non fuerit* (não se considera lei o que não for justo). Por isso, essas Leis não obrigam no foro da consciência, salvo, talvez, para evitar escândalo ou perturbações, por causa do que o homem deve ceder mesmo a seu Direito, segundo a Escritura: 'E se qualquer um te obrigar a ir carregando mil passos, vai com ele ainda mais outros dois mil; e ao que te tirar a túnica, larga-lhe também a capa'. De outro modo, as Leis podem ser injustas por contrariedade

---

[35] Peña, Enrique Luño. *Historia de la Filosofia del Derecho*, Editorial la Hormiga S.A., Barcelona, 1955, p. 150.

com o Bem Divino. Tais as Leis dos tiranos, obrigando à idolatria ou ao que quer que seja contra a Lei Divina. E essas leis de nenhum modo se devem observar, porque como diz a Escritura: importa obedecer antes a Deus que os homens".[36]

O Aquinate na *Summa* classificava as Leis em *eterna* (que representa a razão ou a vontade de Deus que manda que a ordem seja preservada e proíbe que seja alterada); *natural* (que tem por objeto a participação da *lex aeterna* na criatura racional); e *humana* (que é uma ordenação da razão dirigida ao bem comum e solenemente promulgada por aquele que tem a seu cuidado a comunidade).

Isidoro de Sevilla, em suas *Etimologias*, separa o *jus civile* (o que cada povo ou cidade decretou para si, cimentado em causa divina ou humana e que se manifesta em Leis ou costumes) do *ius naturale* (comum a todos os povos e existe em todas as partes, não por Lei ou Constituição e sim por instinto da natureza).

Na Idade Moderna, Thomas Hobbes, ao alcunhar o Estado de monstro (Leviatã), discernia na obra, escrita ainda em latim, que *auctoritas sed non veritas faciat legem* (a autoridade e não a verdade é que faz a lei) e em seu *The Element of Law* asseverava que "a lei natural é a reta razão, idêntica à lei moral e à lei divina, que é uma qualidade de luz que Deus confere aos Homens para que se possa chegar até ele".

Ora bem, Direito Natural, Ideal de Justiça, Moral Especial, a designação não vem a juízo, porque o seu conteúdo é de natureza variável no tempo e no espaço, o fato é que, ao longo da história, os povos sempre resistiram, de uma forma ou de outra, segundo os meios de que dispunham e a filosofia que adotavam, às Leis iníquas, enraizando o princípio da legitimidade da norma jurídica contra a legalidade desprovida de conteúdo de Justiça e Moral.

Para se impor à consciência para ser obedecida e se tornar um dever irrecusável, não basta que a regra jurídica emane do poder competente, necessário

---

[36] Aquino, Santo Tomás de. *Suma Teológica, Das Leis.* Primeira tradução portuguesa. Livraria Editora Odeon, 1956, vol. IX, p. 95.

se faz que ela seja realmente legítima, isto é, que vise à boa ordenação, harmonizando-se com os preceitos da Moral e da Justiça.

Em que pese o tecnicismo jurídico dos dias que fluem, o aprimoramento das Leis e a evolução do Direito são incontestes ainda que, aqui e alhures, entre a *legalidade* e a *legitimidade* surjam antagonismos desanimadores. A nova filosofia do ordenamento normativo deve perceber a real (e integral) dimensão da norma, de modo a fazer com que a clivagem pseudopositiva entre Direito e Justiça possa cessar ante a moderna hermenêutica. Um ordenamento assim interpretado é capaz de proclamar o império da *legitimidade* contra o da *legalidade*, quando essa legalidade atente contra os princípios imperecíveis da Moral.

Deixemos claro: não nos propomos a combater o Positivismo jurídico, mesmo porque acreditamos que a verdadeira interpretação do ordenamento, segundo Kelsen, não excluía a problemática da Justiça, mas sim o dogmatismo hermenêutico, apartado, às inteiras, da visão ontoteológica do Direito, cujo sentido axiológico é o de estar a serviço do ideal de Justiça.

A norma jurídica não é força que se baseie na força. É força porque se alicerça no Direito. Ela não é Direito porque seja força; é força porque é Direito. E, para ser Direito, tem de ser justa, e só é justa se ordena para o bem comum.

Quando se sustenta a possibilidade contrastante entre a Justiça e o Direito, ou entre este e a Moral, assim se expressa por não distinguir a norma jurídica positiva – vale dizer, a Lei – do Direito.

Ninguém, em sã consciência, ousaria negar o embate de certos textos legais com os postulados da Justiça e da Moral. O equívoco consiste em identificar a norma injusta – ou atentatória aos princípios morais – com o Direito. O Direito Positivo deve – e só assim o desejamos – espelhar o *justo* e o *moral*, o que não importa em reconhecermos que nem sempre o consiga.

O Direito moderno cavou profunda diferença entre a *legalidade* e a *legitimidade*. Toda norma jurídica oriunda de regular e de válido processo legislativo, promulgada e publicada, é *legal*, é *Direito em sentido estrito*, ou Ciência Jurídica em sentido Estrito (CJE). Mas nem toda Lei é Direito em sentido amplo, na medida em que identificamos o Direito com a Justiça.

A ciência jurídica em sentido estrito (CJE) *é a própria Lei*, mas seu teor de Justiça com ela não se confunde, há de ser num plano maior, em sentido amplo, a realização da Justiça, a despeito de a CJE possibilitar construir um sistema seguro e perene que pudesse sobreviver e até ser indiferente aos problemas ontoteleológicos do Direito.

Quando o Ilustre Professor Vienense foi ao extremo de não distinguir uma comunidade jurídica de um bando de salteadores, proclamando não se identificar o jurista científico com qualquer valor, nem mesmo com o valor jurídico por ele descrito, não o fez pela forçosa conclusão da desnecessidade de legitimação da ordem jurídica; foi um imperativo de ordem lógica para a manutenção do sistema, caricaturou para salientar a importância da estabilidade social, o que não quer dizer que seu *optimum* se dê com essa clivagem, ao revés, o ponto de excelência *deve* dar-se com essa identidade da norma com o justo, posto que o sistema vigeria, muito embora ilegitimamente, e, portanto, carregando dentro de si sua própria contradição e sua própria destruição.

O Direito, na concepção kelseniana, constitui um valor precisamente pelo fato de ser norma, não porque seja justo ou afinado com os princípios da Moral. A nosso ver, e é aí que pretendemos ir mais além, a norma jurídica constitui valor justamente por ser Direito em sentido amplo e somente pode ser considerada como Direito, nesse particular, se abrigar em seu conteúdo os princípios da Moral e da Justiça, caso contrário, trata-se de pura violência normativa.

Direito injusto, nesse sentido amplo, é uma *contradictio in adjecto*. Admitir a existência de "Direito" injusto é sustentar o império de um Direito Positivo em contrariedade com os próprios fins do Direito, com a realização da Justiça.

O ideal de Justiça, presente a todos os momentos da História da Humanidade, é algo de muito sério e valioso para ser relegado a oblívio pelo logicismo objetivante de Kelsen, ou postergado pelo Poder estatal, através das regras injustas ou imorais que elabore, em que pese a funcionalidade do sistema normativo, tantas vezes aqui celebrado, mas nem por isso menos criticado.

A Lei, na prédica de Santo Tomás, é uma ordenação geral para o bem comum.[37] E o bem da comunidade não se firma para além das fronteiras do justo e do moral.

Louis Le Fur, em seu *Élements de Droit International Public*, estabelece que os princípios jurídicos se radicam em três normas básicas que são uma aplicação direta na noção de Justiça: a obrigação de cumprir os compromissos assumidos, o dever de reparar os danos injustamente causados e o respeito às normas estabelecidas pela autoridade que visam ao bem comum, ilação da natureza do Homem compelido a viver em sociedade.

Portanto, onde há o homem há a sociedade (*ubi homo ibi societas*), e onde há a sociedade há o Direito (*ubi societas ibi jus*), se coube a Roma o papel histórico de regular a prática do Direito, coube aos tempos modernos a sua cientificização.

Modernamente, desde Descartes, a ciência procura estabelecer seus métodos de estudo conforme o objeto a ser estudado. Neste passo, a moderna metodologia científica implica, para além da análise científica propriamente dita, uma abordagem crítica, inter e multidisciplinar do tema abordado, justifica-se a preocupação pela responsabilidade do (re)conhecimento da complexidade da teoria kelseniana, pela consciência da natureza social do Direito, fenômeno cultural do homem em sociedade, a lembrar o estafado brocardo aristotélico do *zoon politikon*.

Karl Larenz, em seu clássico *Methodenlehre der Rechtswissenshaft*, tradução da 5ª edição, revista, na tradução da Fundação Calouste Gulbenkian, sintetiza, na parte introdutória, a questão das dificuldades metodológicas para o seu estudo *passim*:

> Cada ciência lança mão de determinados métodos, modos de proceder, no sentido da obtenção de respostas às questões por ela suscitadas. Quais são os métodos a que recorre a ciência do Direito? Por "ciência do Direito" entende-se aquela que se confronta com a solução de questões jurídicas no contexto e com base em um ordenamento

---

[37] Aquino, Santo Tomás de. *Suma Teológica, Das Leis*. Vol. IX. Primeira tradução portuguesa. Livraria Editora Odeon, 1936, p. 11.

jurídico determinado, historicamente constituído, ou seja, a tradicionalmente denominada Jurisprudência. Ao Direito reportam-se também outras ciências, como a história do Direito e a sociologia do Direito. Compreende-se que a história do Direito recorra aos métodos da história e a sociologia do Direito aos métodos sociológicos. Mas o que é que ocorre relativamente à ciência do Direito em sentido estrito, ou seja, à Jurisprudência?

(...) A ciência do Direito desenvolve por si métodos de um pensamento "orientado a valores", que permitem complementar valorações previamente dadas, vertê-las no caso singular e orientar a valoração que de cada vez é exigida, pelo menos em determinados limites, a tais valorações previamente achadas. Nesta medida são as valorações susceptíveis de confirmação e passíveis de uma crítica racional.

Determinar a especificidade da Jurisprudência, dos métodos e modos de pensamento nela utilizados, a partir da especificidade do Direito exige um conhecimento mais aproximado de seu objeto. É com efeito fácil demonstrar que qualquer metodologia jurídica depende da concepção de Direito que lhe subjaz. O "Direito" é um objeto por demais complexo; a ele se reportam não só as distintas ciências particulares como também a filosofia.

(...) A bem de ver, para uma compreensão completa da problemática, necessita-se do recurso à história do pensamento dos últimos 150 anos. Nomes como Savigny, Ihering e Heck, mas também Oskar Bülow e Eugen Ehrlich, Kelsen, Binder e Radbruch são expoentes de posições que, as mais das vezes com ligeiras alterações, gozam ainda hoje de largo curso.

Na diversidade de todas essas posições pode descortinar-se uma problemática que gravita em torno de conceitos, como os de validade e positividade do Direito, de normatividade e determinação ontológica do Direito, de participação das atividades legislativas e jurisprudenciais, bem como da doutrina na conformação do Direito e seu conceito de ciência (...).

V. O Direito em Kelsen

O Direito de resistência aos preceitos injustos
somente pode ser negado por aquele
a quem aproveita a injustiça.
*Lyad de Almeida**

A teoria de Kelsen tem seu centro de gravidade na lógica deôntica, ou seja, a concepção lógica do Direito como um *sistema* científico de *normas*, normas *puras* de um Direito *puro*. E o que vem a ser um Direito *puro*? Um Direito depurado de toda inflexão não jurídica, escoimado de tudo que não lhe pareça ser "jurídico".

A pergunta-chave do pensamento de Kelsen é: Em que consiste pensar juridicamente? Não seria a indagação sobre como pensam os juristas *sobre* o Direito, mas o que vem a ser o Direito, ele próprio, *de per si.*

Nesse sentido, pensar juridicamente significa pensar logicamente, portanto, o objeto do Direito é um objeto lógico.

Sem Kelsen não há lógica deôntica – (dever) (ser) – aplicada ao direito e no intuito de cientificá-lo de acordo com os postulados contemporâneos pelos quais se entende e concebe ciência, e ciência social, tendo em conta que o objeto eleito por ele para sua teoria normativa é a norma jurídica (*rechtsnorm)*, cujo campo temático é a lógica do sistema enquanto sistema, cinge-se ao *minimum minimorum* lógico da estrutura do edifício jurídico, de modo a perfazer a arquitetura do sistema.

---

* Lyad de Almeida (1922-2000).

O paradigma epistemológico de Kelsen encontra-se no espírito do grupo conhecido por círculo de Viena: Saussure, Freud, Carnap e Vaihinger, dentre outros pensadores ou formuladores dos paradigmas neokantianos do: *sein / sollen, langue / parole, natureza / cultura.*

O binômio jurígeno da norma jurídica de Kelsen se dá pelo Direito (*Recht*), por meio da *Rechtsnorm* (Norma cientificamente considerada, norma em si, imanente ao sistema) e da *Rechtsatz* (Proposição, conteúdo axiológico, gnoseológico ou lógico-trancendental da norma).

O objeto do direito para Kelsen é a norma jurídica, e seus conceitos fundamentais são:

O dever (ser) é condição de sentido da norma, ou seja, se ela é verdadeira ou falsa, ao passo que o ser (ser), a *Rechtsnorm*, é sua condição de existência no ordenamento e, portanto, sua validade e eficácia, o campo do *ser* é o que chamaremos de Ciência Jurídica em Sentido Estrito (CJE):

CJE > NORM = RECHTSNORM + RECHTSATZ.

A norma jurídica compõe-se de dois elementos: SER E DEVER (SER).

NORMA JURÍDICA = SER (NORMA) + DEVER (PROPOSIÇÃO).

SER (*Sein*): Causal, autônomo, enunciado fático, prescritivo-normativo, epistemológico, lógico imanente ao sistema, estático, homogêneo (forma), condição de existência, validade e eficácia da norma. A norma é válida ou inválida.

DEVER (*Sollen*): Imputativo, heterônomo, enunciado teórico, prescritivo-valorativo, axiológico, lógico-transcendental, dinâmico, heterogêneo (conteúdo), conteúdo variável, condição de sentido da norma, é sua proposição, pertence ao campo da política jurídica. A norma é verdadeira ou falsa.

Segundo Kelsen a política jurídica é ideológica, enquanto que a norma jurídica é científica.

Não é o fato (realidade), ou SER, que dá o sentido deôntico da norma (interpretação do fato-realidade), o sentido deôntico da norma expressa-se no DEVER (SER). A norma é verdadeira ou falsa.

Indaga-se se Kelsen pode ser considerado um jusnaturalista formal (Hermann Heller), um precursor do *Logischen Naturrecht,* do direito natural lógico (Fritz Sander, seu discípulo, e Wilhelm Jöckel), um quase-positivista para o realismo escandinavo (Alf Ross), ou apenas um teórico formalista moderno (Kurt Ringhofen e Clemens Jabloner).

São princípios informadores da teoria kelseniana:

PRINCÍPIOS DA NORMA: CAUSALIDADE E IMPUTAÇÃO.

Se A > B, se A então B (causalidade da norma).

Se A > deve ser B. Se A então deve ser B (imputação da norma).

NORMA JURÍDICA VÁLIDA: CAUSALIDADE + IMPUTAÇÃO.

Categoria kantiana de validade, se a norma N é válida então as decorrentes N1, N2, N3, N4, N5... N>*ad infinitum* são válidas.

Exemplo: os operadores deônticos universais de interdefinibilidade (Princípio de Hume), a saber, como na seguinte frase: *É proibido fumar.*

Interdefinibilidade	O	Obrigatório
	V / Ph	Proibido
	P	Permitido
	F	Facultativo

O: Obrigatório; Ph: Proibido; P: Permitido; F: Facultativo.

Ex: É proibido fumar: Ph fumar = O – fumar = -P fumar.

A ciência do Direito distingue-se das ciências naturais em razão do sentido deôntico, prescritivo e gnoseológico da norma (dever), conquanto que as ciências naturais são ontológicas em suas leis. A ciência natural é descritivista do ser, ao passo que o sentido deôntico da norma kelseniana (fato da norma) está na interpretação e não na realidade; enquanto as ciências naturais situam-se no campo do real, a Ciência do Direito situa-se no ideal.

A realidade *em si* é abstrata para o homem, cujo pensamento ou sentido da realidade passa pela reconstrução epistemológica dessa mesma realidade.

A realidade epistêmica é a realidade reconstruída segundo o *Weltanschauung* do homem que a elabora, no mesmo sentido em que os medievalistas diziam que *Nihil est in intellectu quod prius non fuerit in sensu*, realidade reconstruída no mundo como Kant expôs e desenvolveu em sua Crítica da Razão Pura e na Razão Prática.

Por exemplo, só existe ato antijurídico ou ato jurídico ilícito no mundo próprio do Direito (dever) e não no nível do ser, ao contrário das leis naturais, que existem ontologicamente, *v. g.* lei da gravidade, lei da dilatação dos corpos, lei da termodinâmica, lei da energia (relatividade) etc.

1. Crítica à Teoria Pura do Direito (TPD) de Kelsen

Am jüngsten Tag, wenn die Posaunen schallen,
Und alles aus ist mit den Erdleben, Sind wir verplifichtet
Rechenschaft zu geben Von jedem Wort,
das unnütz uns entfallen.
*J. W. Von Goethe**

Hans Kelsen tem razão quando afirma não ser pequeno o número daqueles que, sem se confessarem partidários da *Teoria Pura do Direito*,

*Von Goethe, J. W. Iin *Warnung, Weimar.* (Trad. do autor: "No dia do julgamento, quando as trombetas soarem e na Terra a vida não mais existir, seremos chamados a prestar contas de cada palavra irresponsavelmente pronunciada que tenha colaborado para nossa ruína".)

em parte, sem mencioná-la ou até mesmo a rejeitando aberta e pouco amistosamente, tomam dela resultados essenciais.[1]

De fato, não são poucos os juristas que elevam o Direito Positivo à categoria de dogma, empregando os mesmos métodos contidos na doutrina kelseniana, muito embora se arvorem em escolas liberais, livres, ou mesmo alternativas.

Por acaso não constitui a irrecusabilidade da aplicação e interpretação da regra jurídica um dogmatismo tão ou mais grave do que a CJE?

Kelsen não admite impugnação à CJE vigente, afirmando não lhe importar a questão de saber "como deve ser o Direito ou como *deve* ele ser feito".[2] A grande maioria dos juristas, não obstante se preocupar ou fazer crer que se preocupa com os problemas ontoteleológicos do Direito, não conclui por declarar a incontestabilidade da regra jurídica, seja qual for a forma e o conteúdo com que se apresente? Não importa que a tanto cheguem, se também chegam, ainda que por sinuosos caminhos, ao dogma da CJE; nem lhes vale emprestar ao Direito um ideal de Justiça, se, ao fim, e na prática, consagram a norma jurídica positiva como imperativo dogmático intransponível, mesmo que não contenha esse ideal de Justiça em que se arrimam, separando, como o faz Kelsen,[3] o problema da Justiça, enquanto problema valorativo, de uma Teoria do Direito que se limita à interpretação do Direito Positivo e à realidade jurídica da CJE.

A platônica concepção de Justiça de todo se anula diante da obrigação que os próprios juristas se impõem de fiel aplicação e de religiosa observância da norma jurídica produzida e aplicada no âmbito da CJE.

Dito isso, vejamos em que consiste, sob certos aspectos de forma e de conteúdo, a teoria kelseniana da CJE e o Direito (Direito aqui sempre tomado em *sentido romano*, amplo, identificando-se com a *Justiça*).

---

[1] KELSEN, Hans. *Teoria Pura do Direito*, Armênio Amado Editor, Coimbra, 1962, 2ª edição, trad. de João Batista Machado, vol. I, p. VI, Prefácio.

[2] Id., ibid., p. 1.

[3] Id., ibid., p. XV, Prefácio.

> A Teoria Pura do Direito é uma teoria do Direito Positivo – do Direito Positivo em geral, não de uma ordem jurídica especial. É a Teoria Geral do Direito, não interpretação de particulares normas jurídicas, nacionais ou internacionais.[4]
>
> Como teoria, quer única e exclusivamente conhecer seu próprio objeto.
>
> Quando a si própria se designa como *pura* Teoria do Direito, isto significa que ela se propõe garantir um conhecimento apenas dirigido ao Direito e excluir desse conhecimento tudo quanto não pertença a seu objeto, tudo quanto não se possa, rigorosamente, determinar como Direito. Quer isto dizer que ela pretende libertar a ciência jurídica de todos os elementos que lhe são estranhos. Esse é seu princípio metodológico fundamental.[5]

Ora, é de uma clareza solar que os fenômenos determinadores do Direito, o complexo no qual ele se origina, a idéia ou a ideologia que animou sua elaboração e a legitimidade do Direito refogem da Teoria do Mestre vienense quando caracteriza a Ciência Jurídica sob o prisma estrito (CJE): a ela o que importa é o Direito posto e imposto.

Como se faz o Direito? De forma muito simples para a CJE:

> Numa sala encontram-se reunidos vários indivíduos, fazem-se discursos, uns levantam as mãos e outros não – eis o evento exterior. Significado: foi votada uma lei, criou-se Direito.[6]

Mas na concepção de Kelsen, que é o Direito, que expressa o vocábulo e a que visa?

Segue o professor que o significado da palavra Direito (no idioma alemão e em outras línguas) apresenta-se como ordens reguladoras da conduta humana,[7] sendo certo que a ordem jurídica, que rege o convívio dos homens em sociedade, determina os pressupostos sob os quais a coação, como força físi-

---

[4] Kelsen, Hans. *Teoria Pura do Direito*, Armênio Amado Editor, Coimbra, 1962, 2ª edição, trad. de João Batista Machado, vol. I, p. 2.

[5] Id., ibid., p. 3.

[6] Id., ibid., p. 5.

[7] Cf. Kelsen, Hans. *Teoria Pura do Direito*, Armênio Amado Editor, Coimbra, 1962, 2ª edição, trad. de João Batista Machado, vol. I, p. 59 e 60.

ca, deve ser exercida para proteger os indivíduos que se lhe estão submetidos, contra o emprego da força por parte dos outros indivíduos.[8] E esclarece que ao lograr essa proteção "um determinado mínimo dá-se à segurança coletiva – no sentido de que é garantida pela ordem jurídica enquanto ordem social",[9] acrescentando visar a segurança coletiva à paz, uma vez que a paz consiste na ausência do emprego da força física.

> Determinados os pressupostos sob os quais deve recorrer-se ao emprego da força e os indivíduos pelos quais esse emprego deve ser efetivado, instituindo um monopólio da coerção por parte da comunidade, a ordem estabelece a paz nessa comunidade, por ela mesma constituída.[10]

Ora, deixando à margem de observação mais profunda o significado da palavra Direito, apenas parcialmente determinado por Kelsen, para nos fixarmos na idéia central acima exposta, ao expressar seu ponto de vista, o jurista puro somente proclama a transferência da força, que deixa de ser "direito" dos indivíduos, para se constituir em monopólio da comunidade, ou seja, do Estado (direito do Estado, portanto, Direito). Nesse caso, considerando o direito apenas como força, não há de se falar do reino da paz na comunidade (no sentido em que Savigny emprega essa expressão e que o legista vienense reconhece relativa).

Na trilha de seu raciocínio – a conclusão se nos impõe –, a paz será tanto maior em uma sociedade quanto maior a força que a domine. Uma nação vencida e ocupada militarmente por uma potência estrangeira que lhe imponha drasticamente a sua ordem, a sua CJE, nesse particular gozaria da paz e da segurança coletiva, dessa mesma paz e segurança coletiva que já vimos na *realpolik* de tempos que não vão muito longe à Polônia, Tchecoslováquia, Hungria, Vietnã, Panamá, Honduras, Nicarágua, Irã, Sudão, Bósnia-Herzegovina, Líbano, Iraque e outros.

---

[8] Cf. KELSEN, Hans. *Teoria Pura do Direito*, Armênio Amado Editor, Coimbra, 1962, 2ª edição, trad. de João Batista Machado, vol. I, p. 71.

[9] Id., ibid., p. 71 e 72.

[10] Id., ibid., p. 73.

A realidade, entretanto, mostra-nos que a paz verdadeira, a paz legítima não se compadece com o emprego puro e simples da força, nem a força por si só basta para manter a ordem e a segurança; a força do Direito cessa ante o direito da força.

Kelsen crê que a segurança social e a paz são garantidas por ordens coercitivas da CJE, quando tenham atingido determinada fase de evolução, não sendo necessário, contudo, que essas ordens coatoras impliquem em qualquer espécie de juízo de valor e, muito especialmente, signifiquem o reconhecimento de um valor de Justiça que, assim, não é de modo nenhum elevado à categoria de um elemento do conceito de Direito e, por isso, também não pode valer como critério para a diferenciação "entre comunidade jurídica e bando de salteadores, contra o que sucede na teologia de Agostinho".[11]

Através dessa compreensão, ele admite como válida a ordem jurídica dos chamados Estados-piratas, na costa norte da África (Maghreb), cujas embarcações ameaçaram a segurança(e a paz) do Mediterrâneo, saqueando, roubando, aprisionando, matando, desde os albores século XVI até o início do século XIX. "Essas comunidades eram qualificadas como comunidades de piratas ou corsários apenas com referência ao emprego da força, contrário ao Direito Internacional, contra barcos de outros Estados",[12] mas, dentro dos limites de seu território, sendo sua ordem de coação de tal forma eficaz que excluísse toda e qualquer outra ordem de coação, podia ela ser considerada como ordem jurídica em sentido estrito(CJE-grifo nosso) e a comunidade através dela constituída como "Estado", mesmo quando este desenvolvesse externamente – segundo o Direito Internacional positivo – uma atividade criminosa.[13]

A razão, à evidência, ao contrário do que pensa Kelsen, está no caso, com Santo Agostinho, que, na *Civitas Dei*, tanto se insurge contra a jurisdicidade dos Estados "piratas", como quanto a dos Impérios desapegados dos justos e retos princípios: "Que são os Impérios sem justiça – indaga – senão grandes

---

[11] Kelsen, Hans. *Teoria Pura do Direito*, Armênio Amado Editor, Coimbra, 1962, 2ª edição, trad. de João Batista Machado, vol. I, p. 93.

[12] Id., ibid., p. 92.

[13] Cf. Id., ibid., p. 95.

bandos de salteadores? E são os bandos de salteadores outra coisa senão pequenos impérios?" Vale dizer: uma comunidade jurídica não pode existir sem justiça, sem essa virtude "que confere a cada um o que é seu". Ou melhor:

> O Direito não pode existir onde não exista a verdadeira justiça. O que acontece na conformidade com o Direito, acontece de fato justamente; o que é feito de uma maneira injusta, não pode acontecer segundo o Direito.[14]

Refutando o insígne Bispo de Hipona, afirma Kelsen que, na conformidade do que este proclamou, a Ciência Jurídica em sentido Estrito(CJE) é uma ordem de coação justa e distingue-se, desse modo, através de seu conteúdo de justiça, da "ordem" de um bando de salteadores, quando, na realidade, não pode a justiça ser uma característica que distinga o Direito de outras ordens coercitivas, dado o caráter relativo do juízo de valor segundo o qual uma ordem social é justa.[15]

Ora, não é necessário que nos abriguemos num conceito de justiça absoluta, imutável, natural ou divina, estendido a todas as nações do Universo, para que possamos reconhecer como injusta a ordem de coação de um bando de salteadores ou piratas.[16]

---

[14] Agostinho, Santo. *Civitas Dei*, XIX, 22, *apud* Kelsen, Hans. *Op. cit.*, vol. I, p. 93.

[15] Kelsen, Hans. *Teoria Pura do Direito*, Armênio Amado Editor, Coimbra, 1962, 2ª edição, trad. de João Batista Machado, vol. I, p. 96.

[16] Llewellyn, K. N. *The Normative, the Legal, and the Lawlobs*; The Problem of Juristic Method (1959) Yale L. J. n. 49. Com muita propriedade distingue a norma jurídica da antijurídica "... is a human behavior which the acting individual has adapted (orientiert) to an order because he considers that order to be 'valid'; and that means, that the individual whose behavior forma the object of sociology of law considers the order in the same way as normative jurisprudence considers the law. In order to be the object of a sociology of law, the human behavior must be determined by the idea of a valid order. c. Legal and De Facto Authority From the point of view of normative jurisprudence, the order to pay taxes differs from the gangster's threat and the request made by the friend by the fact that only the tax order is issued by an individual who is authorized by a legal order assumed to be valid. From the stand point of Max Weber's sociological jurisprudence, the difference is that the individual who receives the no

Piratas e salteadores – ontem e hoje – sempre foram considerados piratas e salteadores, não havendo quem não os distinga de um santo ou de um herói.

Por outro lado, quando o purista escreve que, se concebermos ser o Direito, por sua essência, moral, não tem nenhum sentido a exigência – calcada no pressuposto da existência de um valor moral absoluto – de que o Direito deve ser moral, posto que essa exigência é acolhida quando se admite a possibilidade de um Direito imoral, de um Direito moralmente mau, e, conseqüentemente, quando da definição de Direito não entre o elemento que representa um conteúdo moral.

Pois bem, afinal perguntamos ao benévolo leitor: Qual a diferença entre ser assaltado por um ladrão ordinário, que o leva à ruína, e um ordinário agente do Estado, legalmente investido, que o leva à mesma ruína?

---

tice to pay his tax interprets this notice in such a way. He pays the tax considering the command to pay it as an act issued by an individual authorized by an order which the taxpayer considers to be valid. Outwardly, he may act in an identical manner with respect to the notice from the taxation authorities, the threat from the gangster band, and the letter from his friend. He may, for instance, pay the required amount in all three cases. From a juristic point of view, there is, however, still difference. The one payment is fulfillment of a legal obligation, the others are not. From a sociological point of view, a difference between the three cases can be maintained only by considering the juristic concept of law as it is, in fact, present in the minds of the individuals involved. Sociologically, the decisive difference between the three cases is the fact that the behavior of the taxpayer is determined – or at least accompanied – by the idea of a valid order, of norm, duty, authority, whereas his behavior in the other cases is not determined or accompanied by such an idea. If the behavior in case of the gangster's threat is at all the object of a sociology of law, it is because it represents a crime, legally determined as blackmail. The third case doubtless falls outside the field of a sociology of law, because the human behavior in question has no relation to the legal order as a system of norms...", continua ainda o renomado professor de Yale que "... from the point of view of a sociology of law, 'authority does not refer to any efflux of a 'normative system' but to the basic situation which exists when Jones says 'Go' and Smith goes, as distinct from that in which Smith does not go; and the drive of de facto authority of this sort to provide itself with felt rightness or rightfulness is regarded, again, as a behavior drive observable among men-in-groups'. The 'rightness or rightfulness' can be nothing but an idea which accompanies the behavior of Jones and Smith. This idea, too is observable..." consigna-se sempre a repugnância de se atribuir efetividade a atos intrinsecamente imorais.

É indiscutível que existe um "direito" moralmente mau, ou, para sermos mais precisos, uma Ciência Jurídica em sentido Estrito em desconformidade com a própria significação do Direito, não importando sejam a Moral e a Justiça consideradas de forma absoluta.

Que necessidade há de acolher princípios soberanos de Justiça ou de Moral, para se distinguir Direito (Justo e Moral) da ciência jurídica em sentido estrito (avalorativa e, portanto, amoral em essência)?

Os ideais de Justiça e de Moral podem variar no tempo e no espaço, possuindo conteúdo variável (Stammler), mas a CJE, em todo o tempo e lugar que se estabelece, não deve contrariá-los. Como negar (ou afastar) a existência de Justiça e Moral absolutas, para, daí, retirar valor a ambos quando encaradas de forma relativa e fazer brilhar a tese de que a CJE vale apenas porque é cogente, não prescindindo de qualquer conteúdo valorativo?

É como se disséssemos: se uma coisa não pode ser *o mais*, deve ser *o menos*, preferível ser *o nada*. E o nada é *tudo*. A CJE sem o conteúdo do *sollen* dos ideais de justiça é o *nada*, se pretende legitimar o sistema normativo nesses ideais, é *tudo*.

Ao afirmar que "o Direito constitui um valor precisamente pelo fato de ser norma",[17] Kelsen inverte os termos do problema. Uma norma constitui valor justamente porque é (também) Direito, não necessitando, para que assim seja considerada, que se funde em qualquer corrente metafísica ou religiosa ou ainda nos conceitos de Justiça ou de Moral absolutas, mas lhe basta infirmar-se no ideal de Justiça presente à realidade social em que se assenta. Que Moral, que Justiça ou que Direito podem ter, como fundamento, a preterição ao bem comum, ao bem-estar do povo, e que bem comum e que bem-estar do povo logram prosperar à margem da Moral, da Justiça ou do Direito?

---

[17] Kelsen, Hans. *Teoria Pura do Direito*, Arménio Amado Editor, Coimbra, 1962, 2ª edição, trad. de João Batista Machado, vol. I, p. 126.

Kelsen torna mais clara suas idéias, e, por isso, com a devida vênia, em nosso entendimento, faz-se mais vulnerável, ao escrever:

> A necessidade de distinguir o Direito da Moral e a Ciência Jurídica da Ética significa que, do ponto de vista de um conhecimento científico do Direito Positivo (CJE, grifo nosso), a legitimação deste por uma ordem moral distinta da ordem jurídica é irrelevante, pois a Ciência Jurídica não tem de provar ou desaprovar seu objeto, mas apenas o tem de conhecer e descrever.[18]
>
> O jurista científico não se identifica com qualquer valor, nem mesmo com o valor jurídico por ele descrito.[19]

Divergimos do mestre. O jurista que age dentro dessa concepção pode ser tudo, pode até ser um cientista do Direito, mas não um jurista no sentido pleno e integral da palavra.

A ciência – universalizou-se o conceito e as próprias enciclopédias o registram – é um conjunto de conhecimentos explicados, relacionados e sistematizados, e são essa explicação e essa sistematização que caracterizam o conhecimento científico e o diferenciam do conhecimento vulgar, ou empírico, que se limita a verificar os fatos sem lhes buscar uma explicação racional, nem suas relações inteligíveis com os outros fatos.

Com relação às qualidades, indispensáveis ao investigador científico, podemos dizer que são principalmente o empenho na precisa observação e estudo dos fatos, na clareza de conceituação, no senso crítico, no sentimento do inter-relacionamento das coisas.

Consabido que não se pode exigir dos que se dedicam à Ciência do Direito a observação rigorosa dos métodos empregados pelos cientistas que estudam, por exemplo, os fenômenos físico-químicos, que podem até ignorar a evolução histórica das ciências, como também realizar ou provocar os fenômenos, para bem conhecer o objeto de suas investigações, pois, assim como ocorre ao sociólogo, ao historiador e ao filósofo, o Cientista do Direito é, a um só tempo,

---

[18] Kelsen, Hans. *Teoria Pura do Direito*, Arménio Amado Editor, Coimbra, 1962, 2ª edição, trad. de João Batista Machado, vol. I, p. 130.

[19] Id., ibid., p. 131.

ator e observador da realidade social. Ademais disso, o objeto de seu estudo, complexidade viva e *humana* escapa às provas dos laboratórios e refoge ao campo das experiências.[20]

De qualquer forma, como cientista do fenômeno jurídico, não pode o jurista desgarrar-se de todos os princípios metodológicos, pelo menos daqueles imprescindíveis à sustentação de qualquer disciplina científica.

Edgard Sanches depõe que

> o conhecimento da Ciência é conhecimento de relação; não é científico o que não for controlado pela observação e pela experiência.[21]

Essas relações que a ciência as torna conhecidas acham-se condicionadas às limitações compreendidas no tempo e no espaço em que as observações e experiências foram feitas,

> de onde induzimos a lei científica, que, desse modo, é uma *uniformidade experimental*. Significa isto que a lei científica não é dogma, nem verdade absoluta; é antes aproximação, porque, quanto mais rigorosa a medida científica, maior o cuidado de enunciá-la com a margem possível de erros. É o que fazem os astrônomos, os matemáticos, os físicos.[22]

Como unidade experimental, não nos fuja o ensejo, ressaltamos que as leis que compõem o Direito escrito estão – muito mais do que as leis das chamadas ciências positivas – sujeitas a reparos e interpretações várias, não

---

[20] "O Direito, que é um fato social, tem todas as características do fato social, a começar pelo constrangimento social", escreve Paulo Dourado de Gusmão, *Introdução à Ciência do Direito*, Forense, Rio, 1999, pág 304. E, em matéria social, "mais do que em qualquer outra, estamos com maior freqüência, pelo fato mesmo de sermos a um só tempo atores e observadores da realidade social, sujeitos a certas tendências, marcadamente, de origem emocional, que nos levam, involuntariamente, a distorcer a veracidade ou exatidão do fenômeno estudado", SEDEH, Salim. *Princípios de Sociologia Geral*, Editora Michalany Limitada, 8ª ed., p. 15.

[21] LIMA, Hermes. *Introdução à Ciência do Direito*, Editora Forense Ltda., 15ª ed., p. 8.

[22] Id., ibid.

sendo de se recusar a possibilidade de erro elaborativo, não podendo, destarte, jamais ser impostas como dogmas. O Direito está acima dos dogmas positivistas, está no sistema romanístico universal que sobrepaira e nutre o Direito, mas este tema, essencial para nós, será objeto de outro livro.

Bem ministra Edgard Sanches ter

> a Ciência do Direito o objetivo de estudar a gênese e a evolução do fenômeno jurídico através das sociedades humanas e em seus elementos biopsíquicos e sociais.[23]

Daí concluirmos ser mero empirismo considerar o direito em sua singela pureza, sob a forma única de CJE, que, muito embora seja fruto do complexo bio-psico-social em que se informa, pode desgarrar-se, às inteiras, do ideal de justiça.

O Direito não nasce com discursos ou com um simples levantar ou não de mãos dos homens em uma sala, nasce sim a CJE, no que atine a sua legalidade, mas não necessariamente o Direito, porque atinente à legitimidade.

É imprescindível sabermos por que os homens erguem ou não as mãos e quais as causas determinantes de suas atitudes naquele dado instante e lugar. Eis aí a legitimidade de um ato legal.

A elaboração do Direito escrito exige atenções especialíssimas, tais sejam a observação e o conhecimento dos fatos que o ditaram – *mens et occasio legis* –, a necessidade real de sua feitura, seu objetivo ontoteleológico, a clareza de sua concepção, o senso crítico – *common sense* –, a perfeita adequação ao campo em que vai operar e uma série de cuidados extremos, nomeadamente socioeconômicos, entre os quais podemos acrescentar a possibilidade de sua explicação racional. E, nem pelo fato de a regra jurídica positiva impor todos esses cuidados elaborativos, torna-se, uma vez formulada, impossível de crítica ou revisão, ao revés, tanto mais se torna imperiosa sua interpretação.

---

[23] Sanches, Edgar. *Prolegômenos à Ciência do Direito*, 1927, p. 120.

Outro juízo falso da doutrina traduz-se na afirmação de que a ordem moral não prescreve obediência à ordem jurídica em todas as circunstâncias, para, com isso, deduzir a possibilidade de uma contradição entre a Moral e o ordenamento jurídico. A exigência de separar o Direito da Moral e a CJE da Ética – escreve Kelsen – significa que a validade das normas jurídicas positivas não depende do fato de corresponderem à ordem moral. Do ponto de vista de um conhecimento dirigido ao Direito Positivo, uma ordenação jurídica pode ser considerada como válida, ainda que contrarie a ordem moral.

A ordem moral não prescreve, é verdade, obediência à ordem jurídica "em todas as circunstâncias", mas evidentemente o faz com relação a todas as que não a contrariem, a todas as que se revistam do indispensável conteúdo de justiça, conteúdo este variável através de todos os tempos, e na medida em que esse conteúdo preencha a CJE, encontramos a perfeita identificação entre a CJE e o Direito.

Não prospera a conclusão de que, em não havendo prescrição de obediência da norma moral, em todas as circunstâncias, à ordem jurídica, ocorre uma possibilidade de contradição entre Moral e Direito. Não! O que se verifica é uma fatal contradição entre norma moral e norma jurídica que contrarie o Direito, pois há que se distingüir Direito de norma jurídica, Direito de Lei.[24]

A Moral, como a Justiça, opõem-se à lei iníqua, à lei imoral, mas ocorre que a lei iníqua ou imoral jamais constituiu Direito. Pelo contrário, é sua negação *a priori*.

O equívoco estabelecido por Kelsen consiste em não distinguir norma jurídica justa de norma jurídica injusta, de não ver diferença entre norma jurídica imoral e norma jurídica que não atente contra a moral. Não é outra a

---

[24] Queiroz Lima: "A confusão da Lei com o Direito deve, entretanto, ser cuidadosamente afastada". "A *Lei* e o *Direito* não se confundem. O *Direito* é uma característica da Lei – é seu *teor de justiça*. O *Direito*, isto é, o princípio de ordem, indispensável à vida da sociedade, representa o cunho da legitimidade da Lei, a razão de ser de sua obrigatoriedade", *Princípios de Sociologia Jurídica*, 6ª ed., Distribuidora Record Editora, 1958, p. 113.

razão que o leva a afirmar, coerentemente com sua doutrina, que uma ordem jurídica pode ser considerada válida mesmo que se oponha à ordem moral,[25] o que, entretanto – afiançamos nós – somente pode ocorrer na medida em que essa ordem seja imposta à conta exclusiva de sua força coatora e mantenedora do arbítrio, e desde que os cidadãos, a quem ela se destina, não tenham meios de oferecer-lhe resistência. Nesse caso, a normatividade – embora observada – não tem nenhum sentido de legitimidade e constitui-se em puro arbítrio e opressão. Daí a identificação da CJE com a soberania do Estado, o Estado como ente juridicamente organizado.

Será isso Direito?

Lança-se Kelsen a uma imperdoável contradição, talvez a maior de quantas haja cometido, ao estabelecer que

> se nossa própria ordem coercitiva é Direito, ela tem de ser, de acordo com a tese, também moral.[26]

Mais coerente esteve, ao admitir, como registramos acima, que

> do ponto de vista de um conhecimento dirigido ao Direito Positivo, uma ordem jurídica pode ser considerada como válida ainda que contrarie a ordem moral.

Nada, todavia, pode tolher ao jurista vienense na sincera ânsia – reconhecemos – de servir à Teoria Pura do Direito.

Assim, depois de afirmar que a ciência jurídica, não necessitando legitimar o Direito,

> não tem por forma alguma de justificar – quer através da moral absoluta, quer através da moral relativa – a ordem normativa que lhe compete – tão-somente conhecer e descrever.[27]

---

[25] Kelsen, Hans. *Teoria Pura do Direito*, Arménio Amado Editor, Coimbra, 1962, 2ª edição, trad. de João Batista Machado, vol. I, p. 131.

[26] Id., ibid., p. 132.

[27] Id., ibid., p. 133.

Admite que

> uma tal legitimação do Direito Positivo pode, apesar de sua insuficiência lógica, prestar politicamente bons serviços.[28]

Que possa a afirmação da *legitimidade* contra a *legalidade* sem peias prestar politicamente bons serviços, e tão bons quanto maus serviços à Política pode prestar a *legalidade*, assim considerada, contra a *legitimidade*, não padecem dúvidas. Mas não é só: "Essa legitimação" da regra jurídica positiva pode carrear melhores serviços ao próprio Direito, "apesar de sua insuficiência lógica", de que a acusa, injustamente, o pensador dogmático.

Parece que não há nenhuma insuficiência lógica real quando ligamos o conceito de direito a um ideal de justiça ou ao que é reto e certo, na conformidade de sua significação etimológica, melhor dizendo, filosófica. Ilógico, permita-se-nos dizer, é o jurista declarar manter o Direito Positivo exatamente como ele é, e não como deve ser, ao se inclinar pelo Direito "real" e "possível", ou "sociológico" e não pelo Direito "ideal" ou "justo".[29] Ilógico porque, ao falar em "Direito real e possível", deixa entrever que uma regra jurídica, para ser tida como possível e real, sofreu um processo de valorização estimativa por parte daquele que assim a qualifica.

Se um Direito Positivo pode, através de inegável *valoração*, ser julgado com o *Direito possível* para uns, pode ser julgado *Direito não possível* para outros, tornando-se, assim, ao contrário do que prescreve a Teoria, passível de não aceitação, de não possibilidade de impor-se como norma jurídica.

Do mesmo modo, declarando que a Teoria Pura do Direito, como ciência, não se dispõe senão a conceber o Direito Positivo "de acordo com sua própria essência e a compreendê-lo através de uma análise de sua estrutura, recusando-se, particularmente, a servir a quaisquer interesses políticos, fornecendo-lhe as ideologias por intermédio das quais a ordem social vigente é legitimada ou desqualificada",[30] incorre em ilogismo. Por isso que para se conhecer o Direito Positivo

---

[28] KELSEN, Hans. *Teoria Pura do Direito*, Arménio Amado Editor, Coimbra, 1962, 2ª edição, trad. de João Batista Machado, vol. I, p. 133

[29] KELSEN, Hans. *Teoria Pura do Direito*, Arménio Amado Editor, Coimbra, 1962, 2ª edição, trad. de João Batista Machado, vol. I, p. 211.

[30] Id., ibid.

há de se analisá-lo, o que importa cientificamente falando, em conhecer o Direito em profundidade, para se saber o que faz com que ele seja o que é, o que é que há de indispensável para ele existir tal e qual existe, sua natureza íntima, enfim. Não se pode conhecer a essência de uma coisa, idéia ou objeto, sem distingui-la, e, portanto, valorá-la: *distinguere est nocere*!

Irrecusável: não poderemos conhecer a essência do Direito Positivo, fazer a análise de sua estrutura, sem estudá-lo e estimá-lo. A natureza mais íntima do Direito Positivo, a sua essência é a justiça ou a injustiça, a moral, a amoralidade ou a imoralidade? A essência do Direito Positivo é a vontade do legislador? É a vontade do Estado? Então, necessário se faz conhecer a vontade do legislador? A vontade do Estado? Será que regrediremos tanto a ponto de desconhecer o que Joseph Köhler já havia descaracterizado: *a mens legislatoris* da *mens legis*? E quando evoluiremos para além da *mens legis* e apoio na *legitimatio legis*? São alguns dos inúmeros questionamentos que a Teoria Pura do Direito (TPD) se nos impõe para este milênio.

Por outro lado, outro equívoco de Kelsen a exigir comentário é que a CJE, na forma por ele concebida, recusa-se, particularmente, a servir a interesses políticos de qualquer espécie, fornecendo-lhes as "ideologias".

Ao contrário do que desejava, a sua CJE não só fornece "ideologias", como é a própria "ideologia" do Poder estatal, posto que Direito e Estado se identificam em sua concepção estatólatra. E se é verdade que o Estado, segundo Kelsen, faz o Direito, é o Direito a "ideologia" do Poder estatal. Aliás, na conformidade de seu ministério, a Teoria do Estado pressupõe que o Poder Político, enquanto unidade coletiva, que aparece como sujeito de uma vontade e de uma atuação, não só independe do Direito como lhe é preexistente.[31]

---

[31] Kelsen, Hans. Em *Teoria Geral do Estado*, Livraria Martins Fontes, 1988. Desenvolvendo, com mais largueza e profundidade, o problema Estado-Direito, acentuou: "A ordem estatal distingue-se das outras ordens sociais, principalmente, por ser uma *ordem de coação*. Não só no sentido de que o fato de pertencer a ela não depende, sob certo aspecto, da vontade dos que lhe estão submetidos, pois essa característica se encontra noutros sistemas sociais, porque o caráter coativo não é, no fundo, mais do que a expressão da validade objetiva das normas. O que a ordem de coação estatal tem de especial é que é ela quem *institui a coação*, suas regras é que estabelecem que,

O Estado – é ainda Kelsen quem nos informa –, cumprindo sua missão histórica, cria o Direito,

> seu Direito, a ordem jurídica objetiva, para depois se submeter, ele próprio, a ela, quer dizer: para se obrigar e se atribuir direitos através de seu próprio Direito.[32]

Nesse passo, a teoria kelseniana leva a um perigoso caminho. E perigoso justamente porque possibilita ao Estado um poder sem restrições, para impor seu Direito e sua "ideologia", ou melhor, permite-se-lhe fazer de sua "ideologia" estatal um Direito. Será que o *Rule of Law* legitima o Estado do *Rule of*

---

em certas condições, um indivíduo deverá tomar contra outro uma medida de coação" (p. 24 e 25). "O Estado é, no entanto, *a personificação mais compreensiva, a personificação total do direito*, ao passo que todos os outros sujeitos de direito são personificação de ordens jurídicas parciais" (p. 27). "A tese que acabamos de desenvolver (de harmonia com a qual Estado e Direito são a mesma coisa, sendo o Estado idêntico à ordem jurídica – quer se trate da ordem jurídica total ou de uma ordem jurídica parcial –, da qual, como diz sujeito de direito, como pessoa, ele não é mais do que a personificação), contradiz a concepção corrente, segundo a qual Estado e Direito são duas entidades diferentes, ainda que unidas por um laço qualquer" (p. 31 e 32).

Contrariando Kelsen, afirma Luis Legaz Lacambra, *Filosofia del Derecho*, Bosch, Casa Editorial Barcelona, p. 649: "El Derecho no necessita, pues, del Estado para ser; pero *el Estado no puede ser ni existir sin el Derecho*", o que, a propósito *et pour cause* vem a calhar com a nossa concepção de sistema romano universal.

Em sentido oposto à teoria kelseniana, registra o já clássico Queiroz Lima nos *Princípios de Sociologia Jurídica*, Distribuidora Record Limitada, 6ª ed., 1958, p. 102 e 103: "Ora, o *poder do governo*, o *Estado*, não é superior ao Direito; é, ao contrário, uma *instituição da ordem jurídica*, uma *criação do Direito*, um *Estado de Direito*, um *Rechtsstaat*. O Direito é um conjunto de regras – de origem anterior à organização do Estado, obrigatórias para o próprio Estado – impostas pelas necessidades de manutenção e disciplina da solidariedade social. A Lei tira sua força obrigatória, não da vontade dos governantes, mas de sua conformidade com os princípios de solidariedade.

[32] Kelsen, Hans. *Teoria Pura do Direito*, Armênio Amado Editor, Coimbra, 1962, 2ª edição, trad. de João Batista Machado, vol. II, p. 172 e 173.

Rights? Que dizer da história dos Estados no mundo! Basta a leitura atenta da história universal!

Não se justifica, pois, a queixa lavrada por Kelsen, no prefácio do livro em debate, quanto à acusação a ele feita de que:

> a Teoria Pura do Direito não tem de forma alguma possibilidade de dar satisfação a seu postulado metodológico fundamental e é mesmo tão-só a expressão de uma determinada atitude política. Nem é de se lhe acolher a exprobação formulada em tom de pergunta: "Mas qual das afirmações é verdadeira?" Os fascistas declaram-na liberalismo democrático, os democratas liberais ou sociais-democratas consideram-na um posto avançado do fascismo. Do lado comunista, é desclassificada como ideologia de um estatismo capitalista; do lado capitalista-nacionalista, é desqualificada, já com bolchevismo crasso, já com anarquismo velado.[33]

É possível que os democratas-liberais, os sociais-democratas ou o estatismo capitalista, com maior margem de possibilidade para este, nela se inspirando, tenham se animado a construir algumas leis constitutivas de "seu" Direito, mas afiançamos, é quase certo – por que não dizer certo? – que os regimes totalitários da esquerda ou da direita busquem na *Teoria Pura do Direito* o fundamento válido de "seu" Direito, ou seja, de "sua" ideologia, qualquer que seja sua feição ou cor.

Não merecem relevo as justificativas que os Estados *fortes* dêem a seu ordenamento jurídico, nem as oposições que, por hipocrisia – tão ao sabor do totalitarismo –, aduzam às concepções kelsenianas. O real é que os postulados do legislador se casam, quaisquer que sejam as contestações que a respeito alinhe o autor, com os princípios adotados por esses regimes. No totalitarismo, *Direito é força, que pela força se impõe.*

Sabemos, por exemplo, que a antiga União Soviética, ao criar "seu" Direito baseado na luta de classes, abjurava toda ordem jurídica positiva, que não era a adotada pela linha do Partido. Mas nem por isso a teoria de Kelsen

[33] KELSEN, Hans. *Teoria Pura do Direito*, Armênio Amado Editor, Coimbra, 1962, 2ª edição, trad. de João Batista Machado, Prefácio, p. IX e X.

deixa de servir a seus ideais, quando ela se identifica com o Poder estatal de fazer – pelo exercício de sua exclusiva e indomável vontade – seu draconiano direito, seu asfixiante normativismo jurídico.[34]

Bettiol funestamente proclama que os positivistas kelsenianos, ao invés de serem chamados de "arquitetos" da ciência jurídica, deveriam ser chamados de "coveiros" desta, sendo certo que suas teorias representam a antecâmara do totalitarismo político.[35]

O exagero, mais das vezes, realça as diferenças e aproxima o gênero.

Apregoando ser a TPD a verdadeira ciência jurídica, diz Kelsen:

> Com efeito, a ciência tem como conhecimento a intenção imanente do desvendar seu objeto. A ideologia, porém, encobre a realidade enquanto, com a intenção de conservá-la, de defendê-la, a obscurece; ou, com a intuição de atacá-la, de destruí-la e de substituí-la por uma outra, a desfigura. Tal ideologia tem sua raiz na vontade, não no conhecimento, nasce de outros interesses que não o interesse pela verdade – com o que, naturalmente, nada se afirma sobre o valor ou sobre a dignidade desses outros interesses.[36]

Contudo, que verdadeira Ciência do Direito é essa? Uma ciência que retira ao cientista a faculdade – diremos mais exatamente a obrigação – de avaliar sequer o objeto dessa Ciência e que, ao revés, a impõe apenas como ato

---

[34] "No que se refere ao Direito, nós, dentre outros muitos, já manifestamos a oposição do Marxismo contra todo o Direito vigente, tanto Público quanto Privado", Marx, Karl. "A ideologia alemã", in *Economia Política e Filosofia*, Editora Melso, Rio de Janeiro, 1963, p. 87. Para Marx, o Direito "foi, até hoje, o protetor da injustiça", Labriola, Arturo. *Essais sur la Conception Materialiste de l'histoire*, trad. de A. Bonnet, Giard, 2ª ed., 1928, p. 153. E com relação ao Direito na antiga U.R.S.S., diz-nos Gastão Jèze: "O Estado Soviético é uma ditadura extrajurídica". "O regime soviético se resume nisto: *a violência a serviço dos interesses de uma classe.*" *Apud* Quintana, S. V. Linhares. *Derecho Constitucional Sovietico*, Editorial Claridad, Buenos Aires, 1946, p. 29.

[35] Bettiol, G. "Dal positivismo giuridico alle nuove concezioni del diritto", in *Jus*, 1954, II, p. 189ss.

[36] Kelsen, Hans. *Teoria Pura do Direito*, Armênio Amado Editor, Coimbra, 1962, 2ª edição, trad. de João Batista Machado, p. 212.

de vontade de Poder estatal investido de funções científicas? Por que negar a vontade do ideólogo em valor à norma jurídica positiva ao tempo em que proclama irrefragável a vontade do legislador ou do Estado ao formulá-la? A epistemologia do Direito constitui prerrogativa e dom mágico do elaborador do Direito Positivo?

Em tema de vontade, nenhuma é mais acentuada e destituída de interesse pela verdade do que a daquele que a impõe de forma desenganadamente coatora, e ninguém mais do que esse tenta encobrir a realidade, realidade que se confunde com a verdade.

A Ciência do Direito, concluímos, tem por objeto estudar o fenômeno jurídico, e, como o Direito somente pode ser o que é reto, toda norma jurídica que não ordenar com retidão para o bem comum deverá ser por esta repelida, sob pena de deixar de ser Ciência, para se constituir em anticiência. Eis aí o porquê da CJE ser substancialmente insuficiente para representar o verdadeiro Direito.

Uma das preocupações que aflige aos adeptos do dogmatismo jurídico é a de lacuna do Direito. Molesta-os reconhecer toda e qualquer falha que a ordem jurídica positiva possa ter.

Com o título de *As chamadas lacunas do Direito*, Kelsen inseriu algumas páginas em seu livro *Reinen Rechtslehre – A Teoria Pura do Direito*, desde a 1ª Ediçaõ de 1934. De início declara que uma ordem jurídica pode sempre ser aplicada por um tribunal a um caso concreto,

> mesmo na hipótese de essa ordem jurídica, no entender do tribunal, não conter qualquer norma geral através da qual a conduta do demandado ou acusado seja regulada de modo positivo, isto é, por forma a impor-lhe o dever de uma conduta que ele, segundo a alegação do demandante privado ou do acusador público, não realizou.[37]

Depois de discorrer sobre as circunstâncias nas quais, segundo a teoria das lacunas, se apresenta um vazio no Direito, declara que

[37] Kelsen, Hans. *Teoria Pura do Direito*, Armênio Amado Editor, Coimbra, 1962, 2ª edição, trad. de João Batista Machado, vol. II, p. 196.

> o juiz – e especialmente o juiz de carreira que está sob o controle de um tribunal superior –, que não se sente facilmente inclinado a tomar a si a responsabilidade de uma criação de Direito *ex novo*, só muito excepcionalmente aceitará a existência de uma lacuna no Direito e, por isso, só raramente fará uso desse poder, que lhe é oferecido, de assumir o lugar do legislador.[38]

A afirmação vale por um reconhecimento de que o juiz só não aceita, com mais freqüência, a existência de uma lacuna no Direito que o leve, assumindo o lugar do legislador, a criar um Direito novo que a preencha, porque está sob o controle de um tribunal superior. Existem, porém, as lacunas, independentemente de seu reconhecimento. E, se o juiz não pode furtar-se ao encargo de julgar uma questão que lhe é submetida, sob o fundamento de que a Lei é lacunosa, terá forçosamente de decidir na hipótese, criando Direito *ex novo* para colmatar a lacuna legal (não há lacuna *do Direito*!), quer se considere ou não um "criador" de Direito.

Paralelamente, confessa Kelsen:

> Ao lado das lacunas próprias costumam distinguir-se as lacunas técnicas, que são consideradas possíveis mesmo por aqueles que, de um ponto de vista positivista, negam a existência de lacunas próprias.[39]

E esclarece:

> Uma lacuna técnica apresenta-se quando o legislador omite normatizar algo que deveria ter normatizado para que, de todo em todo, fosse tecnicamente possível aplicar a Lei simplesmente; porém, aquilo que se designa como lacuna técnica ou é uma lacuna no sentido originário da palavra, quer dizer, uma diferença entre um Direito Positivo e um Direito ideal, ou é aquela indeterminação que resulta do caráter esquemático da norma.[40]

---

[38] Kelsen, Hans. *Teoria Pura do Direito*, Armênio Amado Editor, Coimbra, 1962, 2ª edição, trad. de João Batista Machado, vol. II, p. 111.

[39] Id., ibid.

[40] Id., ibid., vol. II, p. 111 e 112.

O mais surpreendente é quando Kelsen dá o exemplo de uma Lei tida como tecnicamente lacunosa,

> que determina, entre outras coisas, que uma assembléia, para estar em exercício, tem de ser convocada por seu presidente; mas, ao mesmo tempo, determina que ela deve eleger seu presidente. Se dessa forma não é possível colher-se o sentido de que, no caso de não haver presidente, qualquer espécie de reunião é legal, mas apenas o sentido de que, também nessa hipótese, a assembléia tem de ser convocada por seu presidente, então essa assembléia não pode funcionar por forma legal, isto é, em aplicação da Lei. Mas também aqui não há uma *lacuna*. Com efeito, a lei quer, na verdade, que a assembléia, mesmo quando não tenha um presidente, deva ser convocada por este. Se nada tivesse prescrito para essa hipótese, qualquer reunião seria legal. A Lei determina aqui um contra-senso. Como as Leis são humanas, tal não está excluído.[41]

Duas verdades extraímos do exposto:

– Ao apreciar a referida lei, Kelsen empregou um método *valorativo*, pois, somente através de uma valorização, poderia concluir que a mesma era um contra-senso.

– As leis, sendo criações humanas, não estão isentas de se constituírem num contra-senso.

Na realidade, podemos ir além: As leis não se eximem apenas de apresentar contra-sensos, incorrem, às vezes, em injustiças e iniqüidades.

Pena é que o pragmatismo kelseniano mantenha e consagre a irrecusabilidade da regra jurídica positiva a despeito dessas possíveis iniqüidades e injustiças.

Outra questão tratada por Kelsen em sua Teoria que merece comentário de nossa parte diz respeito à validade e à eficácia do Direito. Veremos o problema que é um dos mais relevantes da Filosofia Jurídica, como preceitua e declara Miguel Reale.

---

[41] KELSEN, Hans. *Teoria Pura do Direito*, Armênio Amado Editor, Coimbra, 1962, 2ª edição, trad. de João Batista Machado, vol. II, p. 111 e 112.

> O Direito só é digno desse nome, enquanto corresponde a um comportamento social concreto e efetivo e resulta dele. Uma regra jurídica elaborada tecnicamente pelo órgão do Estado não é regra jurídica no sentido pleno da palavra, quando não encontra correspondência no viver social, nem se transforma em momento da vida de um povo. É regra formal, que ficou com uma vigência puramente significativa. O Direito autêntico é aquele que se converte em momento de coexistência social. A eficácia é a nota característica do Direito, segundo uma visão sociológica da Jurisprudência.[42]

Ao que acrescentamos: não só do ponto de vista de uma sociologia da Jurisprudência, mas segundo o anelo de qualquer jurista que encare todos os níveis e manifestações da realidade em que se assenta o Direito.

Definindo o Direito de forma ampla e precisa, Georges Gurvitch, não se descuidando de sua eficácia, doutrina:

> O Direito representa uma tentativa de realizar, numa dada ambiência social, a idéia de justiça (que é preliminar e, essencialmente, a reconciliação variável de valores espirituais em conflito, assimilados a certa estrutura social), através de um normativismo multilateral imperativo-atributivo baseado em laço determinado entre deveres e direitos; essa regulamentação extrai sua validez dos fatos normativos que dão uma garantia social de sua eficácia e podem em certos casos executar suas exigências por coação precisa e externa, porém a pressupõe necessariamente.[43]

Sem uma garantia social de sua eficácia, melhor diríamos, efetividade, a regra é simples letra morta, corpo estranho e inútil.

A TPD reafirma-se na idéia de que a validade da norma jurídica não pode ser posta em dúvida pelo fato de seu conteúdo não corresponder a um ideal de justiça, ou porque fira princípios estabelecidos pela moral, ou ainda porque não se compadece com o meio social em que atue.

---

[42] REALE, Miguel. *Fundamentos do Direito*. Ed. RT – Clássicos, São Paulo, 1990, p. 86-94.

[43] GURVITCH, Georges. *Sociologia Jurídica*, Kosmos Editora, Rio de Janeiro, 1980, p. 86.

Ocorre que um Direito assim concebido, assim tornado válido, está sujeito naturalmente a sofrer reação por parte da sociedade a que se destina, reação tanto mais evidente quanto mais extraviado do "justo", do "moral" ou do ambiente social em que pretende reinar. Em outras palavras: Direito assim formulado destina-se a não ter a efetividade desejada, as Leis são feitas com a intenção de se imporem. Que interesse pode ter um Direito válido que não tem efetividade? Se não tem efetividade, pode um Direito ser tido como válido?

Eis por que nos firmamos na convicção de que as normas jurídicas devem procurar ajustar-se à realidade social do tempo-espaço em que irão viger, traduzindo sempre um ideal de Justiça e um conformismo com os postulados de moralidade reinantes, sob pena de terem validade, mas não efetividade no mais amplo sentido filosófico que o ideal de justiça pode ter, o que vem a comprometer, assim, a própria segurança e a ordem social.

Não foi, pois, sem ter em mira essa verdade que o *purista* chegou, inicialmente, ao extremo de sustentar, de maneira bem acentuada, a distinção entre validade e eficácia, desmerecendo esta para valorizar aquela. É o que se verifica da leitura de suas concepções originárias.[44] Dissera o Kelsen do primeiro momento que

> a norma não existe porque é observada, senão porque estatui o dever-ser. A validez da norma independe, portanto, de que se cumpram determinados atos. Ela não se propõe a provocar a conduta que estatui, pois se o que deve ser necessariamente acontece, por efeito da norma jurídica, esta perderia seu caráter específico e se converteria numa lei natural e explicativa. A validez de uma norma é algo que decorre da possibilidade de concretizar a categoria do dever ser. O que induz observância da norma não é, portanto, a própria norma, mas o fato psicológico de que os indivíduos representam a norma em sua consciência.[45]

---

44 Kelsen, Hans. *La Teoria Pura del Derecho*, Editorial Losada S.A., Buenos Aires, 1941,com apresentação de Carlos Cossio, p. 103-107.

45 Lima, Hermes. *Introdução à Ciência do Direito*, Editora Forense Ltda., 15ª ed., 2003, p. 71.

Evaristo de Moraes Filho critica essa distinção kelseniana entre validade e eficácia, salientando o logicismo abstrato e estéril a que o normativista conduziu a ciência jurídica.

> O objeto do estudo do jurista como tal se resume a deduzir uma norma da outra, desde a norma fundamental, num trabalho analítico de construção, de sistematização, de ordenação lógica dessas mesmas normas, como alguém que joga paciência com cartas. Concordamos que a norma, constituída de um valor hipotético – se tal for feito ou deixar de sê-lo, tal pena será aplicada – constitui um dever ser que se interessa mais pela conduta futura dos homens; mas como se negar a importância de sua eficácia no momento e no meio para os quais foi promulgada, afinal de contas?[46]

E conclui por afirmar que o problema da efetividade "é um autêntico problema do ser".[47]

Mas, como o Prof. Reale salienta, Kelsen, em época mais recente, desenvolveu sua doutrina acentuando mais claramente a correspondência entre validade e efetividade da norma. Isto se deve, segundo crê, especialmente à convivência que o mesmo teve com o mundo norte-americano, "onde a vida jurídica se expressa na *Common Law*, ou seja, é experiência jurídica ligada ao elemento fático, aos usos e costumes e aos precedentes jurisdicionais".[48]

Escrevendo na Áustria e no ambiente cultural germânico, onde o formalismo jurídico sempre foi grandemente observado – é Miguel Reale quem ainda nos afiança –, Kelsen idealizou a vigência como algo válido por si mesmo, embora potencialmente eficaz, *todo transcendental é condição de experiência possível.* Ao se familiarizar, todavia, com o Direito vigorante nos Estados Unidos da América do Norte, que se sustenta no sociologismo judicial, compreendeu o jurista

---

[46] MORAES FILHO, Evaristo de. *O Problema de uma Sociologia Jurídica*, Freitas Bastos S.A., 1950, p. 223.

[47] Id., ibid.

[48] REALE, Miguel. *Fundamentos do Direito*. RT – Clássicos, São Paulo, 1990, vol. II, p. 305.

> que era necessário completar sua doutrina, dando maior relevo ao problema da eficácia ou da efetividade do Direito, acentuando e desenvolvendo a parte dinâmica de sua concepção, até então apreciada de forma provavelmente estática.[49]

Houve por bem escrever que a determinação correta entre validade e efetividade do Direito é uma das questões mais relevantes e ao mesmo tempo mais difíceis da positivística, constituindo-se em um caso especial da relação de pertinência entre o *dever-ser* da norma jurídica e o *ser* da realidade natural.

> Com efeito – doutrina – também o ato com o qual é posta uma norma positiva é – tal como a eficácia da norma jurídica – um fato da ordem do ser. Uma teoria jurídica positivista é posta perante a tarefa de encontrar entre os dois extremos, ambos insustentáveis, o meio termo correto.[50]

E esclarece:

> Do mesmo modo que a norma de dever-ser, como sentido do ato-de-ser que a põe, não se identifica com esse ato, assim a validade de deve-ser de uma norma jurídica não se identifica com sua eficácia da ordem do ser; a eficácia da ordem jurídica como um todo e a eficácia de uma norma jurídica singular são – assim como o ato que estabelece a norma – condição de validade. Essa eficácia é condição no sentido de que uma ordem jurídica como um todo e uma norma jurídica singular já não são consideradas como válidas quando cessam de ser eficazes. Mas também a eficácia de uma ordem jurídica não é, tão pouco como o fato que a estabelece, fundamento da validade.[51]

---

[49] REALE, Miguel. *Fundamentos do Direito*. RT – Clássicos, São Paulo, p. 405 e 406.

[50] KELSEN, Hans. *Teoria Pura do Direito*, Armênio Amado Editor, Coimbra, 1962, 2ª edição, trad. de João Batista Machado, vol. II, p. 45 e 46.

[51] Id., ibid., p. 46.

Dito isso, não se recusa a declarar incisivamente que

> a eficácia é uma condição de validade, mas não é esta mesma validade. Isto tem de ser bem acentuado, pois não falta ainda hoje quem procure identificar a validade do Direito com sua eficácia (efetividade, grifo nosso).[52]

Podemos compreender a revolta de Kelsen quando, nos albores do século XX, ao desfraldar a bandeira da Teoria Pura do Direito, a Ciência Jurídica era uma cidadela sitiada, envolvida por todos os lados pelos psicólogos, economistas, políticos e sociólogos, bem como por filósofos de todos os matizes e cores, cada qual procurando "transpor os muros da Jurisprudência, para tornála sua, para incluí-la em seus domínios".[53]

Daí ter o legista afirmado pretender a Teoria libertar a Ciência Jurídica de todos os elementos que lhe são estranhos. Contudo,

> um relance de olhos sobre a ciência jurídica tradicional, tal como se desenvolveu no decurso dos séculos XIX e XX, mostra claramente quão longe ela está de satisfazer à exigência da pureza. De um modo inteiramente acrítico, a jurisprudência tem-se confundido com a psicologia e a sociologia, com a ética e a teoria política. Essa confusão pode porventura explicar-se pelo fato de essas ciências se referirem a objetos que indubitavelmente têm uma estreita conexão com o Direito. Quando a Teoria empreende delimitar o conhecimento do Direito em face dessas disciplinas, fá-lo não por ignorar ou, muito menos, por negar essa conexão, mas porque intenta evitar um sincronismo metodológico que obscurece a essência da ciência jurídica e dilui os limites que lhe são impostos pela natureza de seu objeto.[54]

Em que pese a sua intenção de aperfeiçoar a metodologia e a técnica do normativo e sem embargo da conexão entre as disciplinas apontadas, o fato incontroverso, para nós, é o de que o mestre lançou muito longe a barra, "pu-

---

[52] KELSEN, Hans. *Teoria Pura do Direito*, Armênio Amado Editor, Coimbra, 1962, 2ª edição, trad. de João Batista Machado, vol. II, p. 49.

[53] REALE, Miguel. *Fundamentos do Direito*. RT – Clássicos, São Paulo, p. 197.

[54] KELSEN, Hans. *Teoria Pura do Direito*, Arménio Amado Editor, Coimbra, 1962, 2ª edição, trad. de João Batista Machado, vol. I, p. 2.

rificando" por demais a teoria e paternizando um pragmatismo jurídico que, longe de alcançar todos os resultados pretendidos, serviu precisamente para que se desprezassem ao extremo os ideais de justiça que devem estar sempre presentes no Direito Positivo, constituindo a preocupação máxima daqueles que têm o encargo de formulá-lo, interpretá-lo e mais ainda o de aplicá-lo.

Como se quiséssemos encerrar toda a riqueza estilísitca e a complexidade de um idioma estudando-o tão-somente por sua análise sintática.

Contra esse extremo deturpador da função utilitária da CJE é que nos vimos insurgir, certos de que, como o ilustre jurista, procuramos servir à causa nobre e elevada do Direito, posto que não é elevando à categoria de dogma a regra jurídica, que melhor servimos ao Direito Positivo.

O Direito em suas dimensões constitutivas é valoração. Daí não concordarmos com os tratadistas, que emprestam ao Direito uma idéia de valor e concebem como dogma a norma jurídica, colocando-se na mesma posição do teólogo de pouca instrução, que tem de aceitar sem indagações e de modo acientífico o contido na Revelação.

Acolhendo o dogmatismo jurídico, os escritores, por uma questão de coerência, devem abdicar da prerrogativa de valorizar a norma, de preferí-la modificada por outra mais conforme a sua estima e à própria concepção que tenham do Direito.

Os dogmas são impassíveis de discussão, de avaliação, de preferição, por isso que se impõem como ato de fé.

O dogma, originariamente, designou qualquer opinião ou juízo emitido com acerto positivo, na suposição de haver sido previamente demonstrada a verdade que o investe.

Em teologia, expressa uma doutrina definida pela Igreja e enunciada não como passível de discussões, mas como matéria de crença e de fé. O dogma é o que nos foi ensinado pela tradição ou pela escritura e serve de regra de crença, dizendo respeito principalmente a assuntos religiosos ligados ao *mistério* ou ponto de doutrina objeto de fé, que se considera imutável e indiscutível.

Os únicos preceitos normativistas que se poderiam elevar à categoria de dogmas seriam, justamente, os do Direito Natural expressos no *Corpus Juris*

Civilis, máxime os que se reconhecem como reflexos de Deus na consciência dos homens. Contra esses, no entanto, insurgem-se acaloradamente os positivistas, muito especialmente os kelsenianos, ao elevar à categoria de dogma um purismo que nem mesmo Kelsen professou.

Ora, se nem as regras do Direito Natural – tidas e havidas como inalteráveis no tempo e no espaço – podem firmar-se como dogmas, mas, e apenas, como princípios de conteúdo variável ao longo do tempo, logo, com mais razão, não devem ser aceitas dogmaticamente as do direito escrito, que se distinguem pela mutabilidade, vigendo tão-somente enquanto não revogadas por leis novas.

Caracteriza-se o Direito por sua contínua metamorfose,

> estando constantemente em via de desfazer-se e refazer-se, num estado de perpétuo devenir.[55]

Não é, pois, o Direito Positivo um dogma, um conjunto de normas indiscutíveis, de cujas malhas os juristas não podem evadir-se. Lacambra admite que, em sentido rigoroso, não há mais dogmas jurídicos do que os dos princípios supremos da lei natural e os considerados em sentido metafórico e relativo, embora aduza que, além desses, ainda há de se considerar os da lógica jurídica e os da validez do Direito escrito, diante da qual de nada serviria a negação ou a crítica do tratadista. Reconhece, não obstante, que o cientista do Direito tem em compensação a faculdade de analisar o *dogma juris*, de valorizá-lo sob certos aspectos, acentuando suas injustiças, suas imperfeições técnicas, sua inadequação às necessidades sociais, a sua falta de enlace com os antecedentes históricos, enfim,

> el jurista, sin perjuicio de su dimensión dogmática, tiene también una función valoradora que en el és imprescindible...[56]

---

[55] Picard, Edmond. *O Direito Puro*, Editorial Ibero-Americano, 1972, p. 139.

[56] Lacambra, Luis Legaz. *Filosofia del Derecho*, Bosch, Editorial, Barcelona, 1950, p.66.

Em outras palavras: o jurista pode dizer que a norma positiva é flagrantemente injusta, criminosa, atentatória à dignidade da pessoa humana, mas, quanto à validez, é incontornável, *é dogma*?

Ocorre que *não nos é dado discutir o conteúdo de justiça ou injustiça, moralidade ou imoralidade de um dogma*. Assim acontece quando o jurista se investe na faculdade de discutir a injustiça, a moralidade ou imoralidade de um dogma. Assim também acontece quando o jurista se investe na faculdade de discutir os preceitos positivos; quanto a seu valor, o dogma normativo deixou de existir. *Dogma é questão de crença e de fé,* consoante salientado, e *ninguém pode ter fé e crença no que é imperfeito, no que é humano*. Quem valoriza, entra na área da discussão; e quem discute um problema, um conceito, um princípio, uma idéia, um sistema, uma filosofia, é porque não o aceita passivamente, *não o reconhece como verdade absoluta.*

Quando o cientista do Direito se torna ou se diz escravo de dogmatismos modernos nos quais não crê, afirma-o – supomos – por simples comodismo (cinismo acadêmico), ou por temer contrariar o Estado, ou por pura ignorância mesmo, vindo a erigi-lo à condição de divindade reveladora, que se impõe pela força de seu Poder, e é só sob esse aspecto que essa classe muito peculiar de juristas, fértil na *terra brasilis,* costuma entender o Direito, limitando-o à CJE, ainda que sob a batuta de escolas hermenêuticas da pós-modernidade.

Não faz sentido diante do exposto asseverar ser o jurista, em certo sentido, um criador do Direito, do Direito justo, não devendo, como prescreve Lacambra, inspirar-se nem na jurisprudência conceitualista nem na jurisprudência de interesses, mas sim na jurisprudência da justiça.[57]

Não percebemos como possa algum expoente do mundo jurídico aceitar, ao mesmo tempo, o Direito Positivo como dogmático, para efeito de sua validade e eficácia, e discutir *a latere* seu conteúdo. Mesmo porque em nada resultaria essa valorização estimativa dos preceitos normativos, se os mesmos não hão de se impor sem impedimentos. Na verdade, como acentua Ripert:

---

[57] Lacambra, Luis Legaz. *Filosofia del Derecho*, Bosch, Editorial, Barcelona, 1950, p. 75.

> les juristes étudient les lois civiles comme si elles établissaient les seules régles que la Raison puisse concevoir. Le triomphe de la loi est pour eux le triomphe de la Raison.[58]

No "A Regra Moral nas Obrigações Civis", o laureado autor afirma:

> Há motivos para atacar o positivismo jurídico sob a forma demasiada simples e brutal que, algumas vezes, lhe foi dada: a identidade da Lei e a do Direito. Sob essa forma, o positivismo tem, com efeito, a pretensão de afastar da vida jurídica toda força que não seja a do Poder Público. "Tomam, os dogmáticos, uma posição exatamente contrária ao Direito Natural, mas tendo divinizado o legislador, crêem novamente num direito divino..." Isso não é positivismo, mas materialismo jurídico, que nos veio, em parte, da Alemanha. Os apelos lançados depois da guerra ao idealismo jurídico não têm outra significação senão a de protestar contra essa concepção materialista do Direito.[59]

É um contraste, de fato, vedar-se ao jurista o colocar em dúvida a efetividade da regra normativa legislada, ao passo que se lhe concede a possibilidade de discutir os valores dos quais ela se reveste. Decorre então o perfil, a nosso ver inadmissível, mas real, do jurista estritamente jurista – dogmático, obrigado a se apegar ao Direito Positivo como o crente a um dogma, como no caso do jurista que se realiza na CJE – e o jurista pleno, principiologista, integral, que concebe o Direito para além da CJE e orientado para o futuro. É o que preceitua Recásens:

> Adviértase que en este aspecto hallamos una de las limitaciones de la función estricta del jurista, en tanto que jurista y nada más que como jurista. Y digo en tanto que jurista e nada más que como jurista, porque claro es que quien sea jurista, puede y aun debe ser algo más

---

[58] Ripert, Georges. *Le Régime Démocratique et le Droit Civil Moderne*, Librairie Génerale de Droit et de Jurisprudence, Paris, 1948, p. 5.

[59] Ripert, Georges. *A Regra Moral nas Obrigações Civis*, Livraria Acadêmica, São Paulo, 1937, p. 411.

que jurista, es decir, puede y debe plantearse la crítica de las normas vigentes y meditar sobre las directrices para su reelaboración progresiva. Ahora bueno, cuando hace tal cosa no ejerce propriamente como jurista, sino como orientador de la legislación futura.[60]

Essa dualidade arremetida ao jurista é chocante. Como se atribuir a uma pessoa o estar *conforme* e *desconforme* à mesma coisa? No caso do aplicador da lei, do juiz, melhor precisando, esse dualismo toma um caráter ainda mais acentuado. A disparidade não ganha maior relevo quando a norma positiva não é manifestamente injusta, mas apenas contém digressões racionais, proporções, adequações ou falhas, lacunas e incongruências, ou é por demais rigorosa, pois, nessas hipóteses, no momento de sua aplicação aos casos concretos e particulares a que se destina é preenchida, ajustada ou abrandada pelo princípio da eqüidade e por outros meios hábeis (racionalidade, proporcionalidade, adequação, socialidade etc.). Mas que conceito se fará de um magistrado ou de um jurisconsulto que, ao adaptar a Lei por ele reconhecida inequívoca e terminantemente como injusta, aceita-a como eficaz e a aplica, muito embora possa, mesmo assim procedendo, censurá-la depois, *não profissionalmente*?!

Resulta falsa a determinação de que o jurista tem de se ater à ordem normativa como se esta fosse um dogma, em não o sendo. Ora, se não são prescrições infalíveis os textos legais – como evidentemente se infere –, não é plausível acolhê-los como se o fossem. Lacambra, no entanto, recomenda: se bem o jurista não possa ver um *dogma* no ordenamento positivo, "tiene que proceder como si lo fuera".[61]

A ordenação ou é dogma para o jurista em todos os sentidos ou não o é em sentido nenhum. *Dogma sob certo aspecto ou meio dogma não é dogma*, assim como não há meia Justiça.

---

[60] Siches, Luis Recasens. *Tratado General de Filosofia del Derecho*, Segunda Edicion, Editorial Perrua S.A., México, 1961, p. 9.

[61] Lacambra, Luis Legaz. *Filosofia del Derecho*, Bosch, Editorial, Barcelona, 1950, p. 69.

Radbruch reconhece o angustiante problema que os juristas enfrentam e parte do pressuposto de que, se ninguém pode definir dogmaticamente o que é "justo", é preciso que alguém defina dogmaticamente o que é "jurídico", estabelecendo o que se deve observar como Direito Positivo.[62] O que equivale *a contrario sensu* a proclamar: uma vez que não se pode definir com precisão o que é justo, urge aceitar como dogma o que seja injusto.

Helmut Coing expõe, com a clareza que lhe é peculiar, que à Ciência do Direito cabe não só descrever (interpretar) o Direito Positivo – através de um método típico das Ciências Causais – como também determinar em cada norma aquilo que é supratemporal e eterno. Nesses termos, o direito tem de utilizar também um método filosófico, já que não deixa de ser um problema de índole dogmática, pois que há certos fins ou certos conteúdos de índole ética sem os quais o Direito não pode ser pensado. Esses ingredientes éticos que habitam na idéia de Direito e nos conduzem inevitavelmente aos grandes problemas contemporâneos da ordem, da paz social, da segurança, da justiça, da dignidade da pessoa humana e da integralidade.

Não há Direito Positivo algum que não assente num conjunto de crenças e concepções morais também positivas, tão temporais e históricas como ele, pois tudo aquilo que no Direito constitui o fundamento e a origem de sua obrigatoriedade só lhe é comunicado por meio de sua legitimação moral. O Direito Positivo é uma espécie de cidadão naturalizado, cuja dignidade e prestígio só lhe podem advir justamente da pátria em que se naturalizou e adotou, ao revés do Direito Natural, presente no Direito (*Rechtsgefühl*) gerador da consciência jurídica (*Rechtsbewüsstsein*) formadora da idéia do justo como valor moral que o homem quer e a sociedade exige e que constitui um Direito congênito ao homem, quer individual quer socialmente.

Certo é, todavia, que não precisamos conceituar dogmaticamente o que seja eqüitativo, mesmo porque isso seria impossível face à natureza heterônoma e

---

[62] Radbruch, Gustav. *Filosofia do Direito*, Arménio Amado Editor, Coimbra, 1982, vol. I, p. 210.

autopoiética do Direito, para discernirmos um preceito contrário à Justiça. Inegável é o fato de que há Leis tão flagrante e incontestavelmente criminosas que nem inculcadas como dogmas poderiam ser aceitas pela sociedade.

2. A Ciência Jurídica em Sentido Estrito (CJE) de Kelsen

Scientia, quae est remota a justitia,
calliditas potius quam scientia est appellanda.
*Cícero**

Νομος ο παντων Βασιλευς
*Píndaro***

O primeiro problema com o qual nos defrontamos acerca do conceito de pureza em Kelsen certamente está na determinação dos princípios metodológicos que permitem a construção de um objeto teórico e autônomo para a ciência jurídica.

A ciência jurídica produz seu objeto, pois que o homem é ao mesmo tempo sujeito e objeto de suas ações ou atos.

Essa perspectiva sobre a produção do conhecimento jurídico é kantiana, pois para Kant toda ciência constitui seu objeto como um produto, como uma totalidade significativa dentro desse sistema, pois o projeto de construção da Teoria Pura do Direito descansa sobre essa distinção maniqueísta entre normas jurídicas – gerais e individuais –, que prescrevem bem certas condutas (ser) no plano da explicação, e a dos juízos valorativos (dever) no plano da justificação.

O Direito necessita, *estritamente*, distanciar-se das outras disciplinas que podem também produzir objetos de conhecimento sobre os fenômenos jurídicos como, por exemplo, a sociologia,[63] a história, a psicologia, a antropologia, a ética e a moral.

---

[*] *De Officiis*, I, 19, 62. Tradução do autor: "A ciência que se aparta da justiça, mais que ciência, deveria chamar-se astúcia".

[**] *Fragmento* 169ª, 1 Maelher. Tradução do autor: "A norma reina sobre todas as coisas".

[63] A sociologia jurídica foi objeto de estudos da *Revue Intenationale de la Théorie du Droit*, editada desde 1926 por Kelsen, Duguit e Weyr, mas essa disciplina era então considerada, como se entendia àquela época, como uma disciplina estritamente

Assim Kelsen pensou sua Teoria Pura do Direito (TPD), um postulado de pureza metodológica que constitui, por definição, um ponto de partida e um princípio metodológico vertebral da teoria, que se nos apresenta como um programa para a elaboração de um saber jurídico autônomo e auto-suficiente, um conhecimento baseado numa análise metodologicamente imanente, que exclui a referência a fatores e saberes extrajurídicos.

Diacronicamente, a TPD começou a ser elaborada e desenvolvida a partir de 1911, ocasião em que veio a lume a *Hauptprobleme der Staatsrechtslehre, entwickelt aus der Lehre vom Rechtssätze – Teoria Geral do Estado* (Tübingen: J. C. B. Mohr, 1911, 1ª e 2ª edição, com novo prefácio de Kelsen a partir da 2ª edição de 1923, e formalmente se apresenta em 1934, com a publicação da primeira edição do *Reine Rechtslehre – Teoria Pura do Direito* –, Leipzig und Wien-Deuticke, e que foi consideravelmente modificada e ampliada na 2ª edição de 1960, já na fase madura de nosso autor, a notar o memorável prefácio sobre o problema da Justiça e do Direito Natural).

A chamada questão de "política jurídica" ou "política judiciária" nos textos não deve ser confundida com uma teoria política. A "política judiciária" faz referência principalmente às estratégias desenvolvidas pelos Órgãos com autoridade jurídica para a produção do conteúdo axiológico do Direito Positivo.

A TPD considera o conteúdo propositivo das Leis como a manifestação da instância da estrutura do poder normativo do Estado, já que o Estado é o poder propositivo normatizado.

---

vinculada à filosofia ou à teoria do direito. A despeito disso, Keslen manteve-se fiel ao anátema lançado contra a doutrina do Direito Natural e, ademais disso, contribuiu com interessantes estudos sobre a natureza humana e a sociologia, em particular a idéia sociológica de justiça. Depois da Segunda Guerra, em razão do desenvolvimento da sociologia empírica nos Estados Unidos, a sociologia do direito se liberta do cordão umbilical com a filosofia do direito, buscando apresentar-se como uma disciplina autônoma, socialmente sensível para a fundamentação do normativismo.

3. A CJE e seu berço anglo-saxão, a *Common Law* e o Direito livre *(Freierecht)*

> The Law is the security of the people of England;
> it is the security of every person that is governed,
> and of every person that governs.
> *Edmund Burke**

Herbert Hart afirma que as normas jurídicas são orientativas, por compreender a norma sob o prisma anglo-saxônico do Direito declarado pela vontade do juiz e não o romano-germânico do juiz como declarante da vontade preexistente da lei (concepção romano-canônica), residindo aí, basicamente, o cerne da diferença entre a segurança legal romano-germânica e a subjetividade casuisticamente vinculada da *Common Law*, concepção *judicializante do Direito,* que revela um descompasso entre *tradição processual* (orientação legal) e *tradição judicial* (orientação jurisprudencial – *leading cases*).

A concepção jurídica da Inglaterra e dos Estados Unidos[64] não se distancia do sistema esposado pela Escola do Direito livre (*Freierecht*).

As críticas ao dogmatismo jurídico vêm desde meados do século XX, sob a inspiração da Escola Científica. Surgiu ativa reação à doutrina e aos métodos da Escola Exegética, que circunscrevia o Direito Positivo ao culto à fixidez dos textos legais como garantia da estabilidade das relações jurídicas. Os exegetas, ainda que reconhecessem "a possibilidade" de uma noção superior do Direito, não admitiam que esta se impusesse às normas escritas ou à vontade onipotente da *mens legislatoris*.[65]

---

* Burke, Edmund. In *Impeachment of W. Hastings*, Report on the Lords Journals, 1794.

[64] O espaço social do sistema da *Common Law* é formado pelos grupos sociais de língua inglesa originários e anglófilos, tendo à frente a Inglaterra e os Estados Unidos, seguindo-se: País de Gales, Irlanda, Eire, Ilha de Man, Austrália, Canadá, Nova Zelândia e Antilhas (vários países do Caribe), bem como de todos os pertencentes à *Commonwealth of Nations.*

[65] Gonçalves, Luiz da Cunha. *Tratado de Direito Civil*, 2ª ed., Max Limonad, 1955, p. 564.

François Gény foi a figura de proa do movimento que se contrapôs à Escola da Exegese, acusando-a de adotar um sistema retrógrado e simplista, com a subordinação do direito unicamente à lei e à vontade do legislador. O sistema do fim social – afirmou Gény – é superior ao da intenção do legislador, porque possibilita à regra jurídica um máximo de maleabilidade e ao intérprete a certeza de não desnaturá-la, desde que a solução dada ao caso que lhe for apresentado corresponda ao fim social oculto sob a fórmula legal. Não compreendiam que na aplicação da lei o juiz tem em mira um ideal superior de justiça. A lei escrita não basta, por si só, para satisfazer a todas as exigências do sistema jurídico positivo.

O método empregado por Gény consubstanciou-se na *libre recherche scientifique*. Pesquisa livre, porque subtraída da ação própria de uma autoridade positiva; científica, porque procura suas bases nos elementos objetivos que só a ciência pode revelar.[66] Mas – esclarece – a pesquisa científica do intérprete não intervém com liberdade plena, a não ser para suprir as fontes formais, ou seja, a lei e o costume, quando essas se mostram sem forças para alcançar seus objetivos, reconhecendo não ser possível à livre investigação científica criar regras de direito com a desenvoltura da lei ou do costume.[67]

A pesquisa propugnada por Gény era, assim, *praeter legem*, e não *contra legem*.

Na livre investigação, o juiz e o intérprete – atendendo a que as fontes formais do Direito têm um limite – podem investir-se de função criadora, observando, entretanto, que toda organização jurídica deve abrigar um *ideal de justiça* e um *ideal de utilidade*, utilidade esta que tem a mesma densidade multissecular dos romanos no conhecido passo do Digesto: *Ius praetorium est, quod praetores introduxerunt adiuvandi vel supplendi vel corrigendi iuris civilis gratia propter utilitatem publicam* (D.1.1.7.1).

A doutrina de Gény repercutiu em quase todos os países da Europa. O Código Civil Suíço a consagrou, ao dispor no art. 1º que, ao juiz, é lícito exercer as funções de legislador supletivo.

---

[66] GÉNY, François. *Méthode d'interprétation et sources en droit privé positif*, Paris, deuxième édition, Tome II, p. 78.

[67] Id., ibid., p. 146 e 147.

> Aplica-se a lei a todas as questões de Direito para as quais ela, segundo sua letra ou interpretação, contém um dispositivo específico.
>
> Deve o juiz, quando se lhe não depara preceito legal apropriado, decidir de acordo com o Direito Consuetudinário, e, na falta deste, segundo a regra que ele próprio estabeleceria se fora legislador.
>
> Inspira-se na doutrina e na jurisprudência consagradas.

Não se manteve, todavia, a Escola Científica nos lindes fixados na concepção genyana, incorrendo "nos exageros germânicos do Direito livre".[68]

Deve-se afirmar, porém, que, antes de François Gény, Bülow pregou ser a atividade do juiz, por sua natureza e necessidade, criadora de Direito, embora ela pareça consistir na aplicação pura e simples das fontes (lei e costume), sendo deferido ao magistrado, em certas circunstâncias, face à insuficiência das fórmulas, decidir contra a lei, ficando o legislador adstrito a consentir nessa prática.[69]

Registrem-se, ainda, as doutrinações de J. Koller e Eherlich, nas quais "a tese extremada de Bülow foi reexaminada com maior amplitude e profundidade".[70]

Entre os partidários do Direito livre, merece menção Hermann Kantorowicz, autor do *Der Kampf un die Rechtwissenschaft*,[71] que alcançou impressionante repercussão.

No entender de Lorenzo Carnelli, Kantorowicz tinha aguçados o gênio e a palavra, lançando com seus argumentos ferinas críticas ao legislador, comparando-o ao teólogo, bem como às legislações, paragonando-as às Sagradas Escrituras. Com esses atributos, foi-lhe fácil conquistar fervorosos adeptos, entre os quais Carnelli inclui, por sua expressão, Ernest Fuchs.[72]

---

[68] GONÇALVES, Luiz da Cunha. *Tratado de Direito Civil*, 2ª ed., Max Limonad, 1955, p. 569.

[69] BÜLLOW, Oskar von. *Gezetz und Richteramt*, Leipzig, 1885, s-2-10; *apud* GÉNY, François. *Méthode d'interprétation et sources en droit privé positif*, Paris, deuxième édition, Tome II, p. 394.

[70] JACQUES, Paulino. *Do Conceito do Direito,* Forense, Rio de Janeiro, p. 146.

[71] O trabalho de Kantorowicz, juntamente com os de Savigny, Kirchmann e Zittelmann, foi incluído na coletânea *La Ciencia del Derecho*, Editorial Losada S.A., Buenos Aires, com o título de *La Lucha por la Ciencia del Derecho*, merecendo tradução do Professor Werner Goldschmidt e apresentação de Lorenzo Carnelli.

[72] CARNELLI, Lorenzo. *La Ciencia del Derecho,* Prefácio, p. 20.

Abalou-se, com Kantorowicz, a "segurança jurídica". Sua afirmação de que "no exercício da criação livre, e livre frente ao regime da norma geral, podia o juiz decidir contra a lei" sacudiu os fundamentos dos positivistas do direito.

Proclamando a autonomia do juiz como sentenciador, investiu decididamente contra o dogmatismo da lei, convertendo o "Órgão das subsunções" em Órgão livre da criação jurídica, até o extremo de ser sua atividade considerada ametódica.[73]

Em um dos tópicos de seu livro, sublinha:

> A nova concepção do Direito constitui uma ressurreição do Direito Natural em forma modificada.

E esclarece que o Direito Natural pretende reagir independentemente dos Poderes estatais, caracterizando-o, em seguida e provisoriamente, como uma classe especial do Direito livre. Não lhe importava, para melhor e mais amplamente defender suas concepções, focalizar o "Direito Justo" de Stammler, o "Descobrimento Livre do Direito" de Ehrlich, as "Normas Culturais" de Mayer, a "Projeção" de Würzel, a "Ponderação dos Interesses" de Stampe ou os "Juízos de Valor" de Rümelin – uma vez que sempre se servira dos princípios destinados a valorar, completar, desenvolver ou derrogar o Direito Estatal. Esses preceitos não podiam, por essa função, pertencer ao Direito oriundo do Estado, não obstante constituírem Direito e incluírem-se na "Religião Livre".[74]

---

[73] Id., ibid., p. 22.

[74] Hermann Kantorowicz (1877-1940) nasceu na Polônia, tornou-se professor em Cambridge, havendo sido ainda Professor na Universidade de Columbia, Nova York, desde 1933, e em Oxford a partir de 1936. Dentre seus trabalhos, notemos o *Rechtswissenschaft und Rechtssoziologie* (1911; 1962). "Legal Science. A Summary of its Methods", na *Revista de Direito da Universidade de Columbia*, 1928, p. 679-707. "Rationalism about Realism", no *Yale Law Journal*, 43, 1934, p. 1239-1253. *The Definition of Law,* ed. por A. H. Campbell, 1958, trad. italiana de 1962, alemã de 1963 e espanhola de 1964. Eugen Ehrlich (1862-1922) nasceu sob a égide do antigo Império Austro-Húngaro, foi professor de Direito Romano em Viena, naquela Universidade (1899-1914), depois se transladou para a cidade polonesa de Gernowicz (1914-1918). Sua maior obra foi a célebre *Grundlegung der Soziologie des Rechts* e a não menos *Die Juristische Logik* (1919). Já Max Weber (1864-1920), que foi Professor de Kelsen, nasceu em Erfurt, foi professor de Filosofia do Direito em Heidelberg (1896-1898), fundou, junto com outro professor, Sombart, em 1904, a revista *Archiv für*

Acreditou Kantorowicz que o movimento do Direito Livre ressurgira inesperadamente do esquecimento a que fora relegado, mostrando-se com a mesma força e influência do Direito Posto. E com uma vantagem sobre este, qual seja a do povo conhecer o Direito Livre, ao passo que ignora o Direito do Estado (Positivo), a não ser quando o mesmo coincida com o primeiro, o que felizmente – admite – ocorre com freqüência. O direito livre forma amplos círculos e vive independentemente do Direito Positivo, enquanto este não pode existir desligado do primeiro:

> O Direito livre constitui o solo do qual o Direito Estatal dimana: quase todos os pensamentos legislativos existem com autenticidade como princípios do Direito Livre.[75]

A Lei deveria ser completada por intermédio do Direito Livre, que lhe preenche as lacunas, sendo evidente que, quem nega a existência do Direito Livre, não pode afirmar a ocorrência de lacunas da Lei. Não se encontram casualmente lacunas na regra jurídica positiva. Melhor esclarecendo: há tantas lacunas na lei, como palavras, posto que nenhum conceito se acha analisado até seus últimos elementos; apenas uns poucos logram ser definidos, e esses poucos conseguem-no só por meio de outros conceitos, também, por sua vez, indefinidos. Unicamente o Direito Livre, com a espontaneidade de suas decisões e a plasticidade emotiva de seu conteúdo, frente ao caso específico, pode suprir as lacunas e, na realidade, sempre as supriu. As necessidades da vida do Direito exigem que outras potências, como a Ciência Jurídica, coloquem-se livremente em função criadora ao lado do legislador, face a sua impotência para satisfazê-las.

Sozialwissenschaft und Sozialpolitik, foi ativo colaborador para a Constituição de Weimar em 1918. Sua elucubração sobre a sociologia jurídica está no Capítulo VII de sua mais famosa obra *Wirtschaft und Gesellschaft*. Muito interessante é a querela entre Kelsen, Kantorowicz e Ehrlich sobre a sociologia do direito; Kelsen criticou duramente Kantorowicz, ver notas *Zur Soziologie des Rechts. Kritische Bemerkungen*, nos *Archiv für Sozialwissenschaft und Sozialpolitik*, XXXIX, 1912, p. 601-607, e também não poupou Ehrlich no longo ensaio *Grundlegung der Rechtssoziologie*, na mesma revista, edição de 1915, p. 839-876. Aliás, a crítica de Kelsen está bem delineada e contra-arrazoada pelo jus-sociólogo tcheco Ebenstein, em seu *Rechtsphilosophische Schule der reinen Rechtslehre*, Praga, 1938, p. 123-169.

[75] KANTOROWICZ, Hermann. *Op. cit.*, p. 344.

Se a máquina legislativa, um dia, deixasse de funcionar, conforme sucedeu no Sacro Império Romano, os juristas práticos, tendo à frente o Tribunal Supremo – afiança Kantorowicz –, decidiriam em todos os casos consoante o Direito Livre, sem que a ordem jurídica (sistema jurídico, dizemos nós) sofresse abalos.

Um exemplo iluminista dessa assertiva nos dá o Imperador Carlos V, que em 1532 aboliu o Código Penal pela prática do Direito Comum, obtendo resultados satisfatórios. Reconhece, ainda Kantorowicz, que não obstante ser a jurisdição precipuamente missão do Estado, assim deve continuar sendo seu papel na História. Por isso é de se exigir que o juiz, obrigado por seu juramento, resolva os casos que lhe estão afetos, com vista ao texto unívoco da lei, mas o magistrado pode e tem o dever de prescindir do mesmo, em primeiro lugar, se não lhe parece que a Lei não lhe oferece uma decisão ausente de dúvidas. Em segundo lugar, se não lhe parece verossímil, consoante sua livre e firme convicção, que o Poder Estatal existente no momento do pleito haja ditado a resolução que a lei reclame.

> Em ambos os casos, ditará o juiz a sentença que, em seu entendimento, o atual Poder do Estado decretaria, se houvesse pensado na hipótese dos autos.[76]

Assim propugnando, pensa não conceder ao juiz mais do que ele mesmo, e necessariamente reivindica para si, e muito menos do que seus compatriotas – os alemães – em tempos anteriores – concederam, e os ingleses ainda deferem a seus magistrados, e que no Brasil de hoje começa serodiamente a ser aventado e até implementado em flagrante contradição ao próprio direito brasileiro.[77]

No que tange à *Common Law*, nos Estados Unidos, os juristas-sociólogos Roscoe Pound e Benjamin Cardozo, dando curso às idéias de Gény, de Ehrlich e de Holmes, insurgiram-se contra a "jurisprudência mecânica", requerendo que as decisões se calcassem na realidade em que se assentavam e não operassem com verdades preestabelecidas. Cardozo observou o

---

[76] Kantorowicz, Hermann. *Op. cit.*, p. 463.

[77] Id., ibid., p. 364.

"método sociológico" e concebeu o Direito como uma ordem ética, devendo os julgados pautar-se na observação do bem comum, da justiça social e da eqüidade.[78]

Roscoe Pound afirmou ser o sistema anglo-americano "formado à base do costume, do direito vivo, do direito espontâneo, da eqüidade, do *case-law* e do precedente. É o direito fruto das tradições jurídicas, mas que acolheu algumas idéias romano-germânicas. É o direito amarrado ao já decidido, mas que não escraviza o juiz, permitindo-lhe que decida o novo caso como se legislador fosse, criando para o futuro, com sua missão, um novo precedente. É o sistema legal que se vale do método analógico, consistindo toda atividade do juiz em estabelecer a analogia entre o caso a decidir e o caso já decidido. Mas, ao lado do método analógico, o método indutivo tem servido aos juristas anglo-americanos para construírem a generalização com que têm elaborado sua jurisprudência".[79]

A *Common Law* é, aparentemente, mais flexível que o Direito escrito e, apesar de estabelecer a hierarquia dos precedentes, subordinando o magistrado ao já decidido pelo tribunal da localidade e as decisões deste ao anteriormente decidido pela Corte Suprema, não chega a ser um método que possibilite a ditadura togada.[80] Nem a magistratura dos países que adotam o processo em causa tem, ao que nos conste, tentado sequer se impor ditatorialmente.[81]

---

[78] Lacambra, Luis Legaz. *Filosofia del Derecho*, Editorial Barcelona, 1953, p. 139.

[79] *Apud* Gusmão, Paulo Dourado de. *Introdução à Ciência do Direito*, 1995, Forense, Rio, p. 403 e 404.

[80] Id., ibid., p. 404.

[81] Corwin, Edward S. *A Constituição Norte-Americana e seu significado atual*, Zahar Editores, Rio de Janeiro, 1980, trad. de Lêda Boechat Rodrigues. Registra, entretanto, opiniões segundo as quais os juízes da grande nação vizinha têm uma influência maior do que aquela que lhes seria lícito atribuir: "Vivemos sob uma Constituição, mas a Constituição é o que os juízes da Corte Suprema dizem o que ela é..." (Ex-chief-Justice Hughes, quando governador de Nova York, p. 6.)

Na Inglaterra e nos Estados Unidos, como de resto em todas as regiões que adotam a *Common Law*, em que pese os juízes fazerem o Direito – *judge made law* –, desincumbem-se ordinariamente da árdua função de julgar com razoável preparo intelectual, elevação cultural, dignidade e raro senso de equilíbrio e justiça.[82]

Carlos Maximiliano, a respeito do juiz inglês, revivescência moderna do pretor romano (do período clássico do *jus praetorium*), diz que ele se notabilizou pelo abrandamento interpretativo que empresta aos textos legais. Sem hesitações, nos conflitos entre a norma jurídica e a eqüidade, posterga aquela em benefício do julgamento mais brando e ajustado à realidade do caso concreto, preferindo a idéia ao formalismo, a noção superior e abstrata à regra positiva desajustada ao realismo objetivo da questão em pauta, adotando o princípio consubstanciado no Direito justo. E não há, em todo o mundo – aduz –, magistratura melhor, mais digna e mais acreditada do que a inglesa.[83] Outro não é o entendimento de Kantorowicz, ao dizer que ninguém, na Ilha Britânica, supera os juízes ingleses em popularidade.[84]

Depreende-se, pelo exposto, que a *Common Law* alcançou resultados satisfatórios nos países que a adotaram, fortalecendo, em muitos teóricos do Direito, a convicção de que a rígida observância dos textos legais não

---

[82] Rodrigues, Lêda Boechat. *A Corte Suprema e o Direito Constitucional Americano*, Revista Forense, 1958, p. 318: "Provam estes julgados, ao lado de outros proferidos sob a presidência de Warren, a força da Corte Suprema quando se decide a exercer, no momento certo, seu grande poder de última intérprete da Constituição. O alerta de que 'a ruína de uma sociedade pode não provir apenas dos furiosos ressentimentos derivados de uma crise, mas ser carreada em estágios imperceptíveis, pela gradual aceitação, umas após outras, de soluções imorais dadas e problemas *particulares*', vem demonstrando ultimamente capacidade crescente de defesa dos direitos humanos. Assumindo cada vez mais a responsabilidade que lhe compete na preservação do regime democrático, a Corte Suprema dos Estados Unidos tem a guiá-la a confiança do povo americano, no que ele possui de melhor e mais duradouro".

[83] Maximiliano, Carlos. *Hermenêutica e Aplicação do Direito*, 20ª ed. Livraria Freitas Bastos S.A., 1957, p. 90 e 91.

[84] Kantorowicz, Hermann. *Op. cit.*, p. 365.

é a única solução para os problemas ligados à ordem jurídica, nem tampouco que o sistema criado pela velha *Albion* seja o melhor ou o mais adequado.

Oliveira Viana, por exemplo, critica os jurisprudentes que só reconhecem o Direito quando transubstanciado na Lei, isto é, na norma promulgada pelo poder estatal. "Como Demolombe, o Direito é para eles o Código e, como salienta Saleilles, ao jurista não é permitido ir além do Código, senão através do Código. Equivale dizer que se recusam a admitir a substância da verdade que há no mote de Del Vecchio: O que está no Código é Direito: mas nem todo Direito está no Código".[85]

Nos países como o nosso – diz o pensador niteroiense –, não regidos pelas normas jurídicas ditadas pelo costume, o Direito elaborado pelas elites, fixado na lei e nos Códigos, não somente difere do Direito vivo, elaborado pela sociedade, como também com este se atrita. "Esta discordância chega mesmo, às vezes, a incompatibilidades radicais que acabam revogando ou anulando a lei, isto é, a norma oficialmente promulgada." Entre os anglo-saxônicos, em que o Direito elaborado pela massa (*Common Law*) é colhido pela técnica legislativa para transformá-lo em leis (*Acts, Statutes*), essa "anexação" se processa sem transtornos. Preocupados com o Direito escrito, inteiramente devotados à lei, os juristas patrícios não baixam os olhos para o imenso subsolo do Direito costumeiro de nosso povo.[86]

Citando as discordâncias entre o Direito criado pela massa (Costume) e o Direito preparado pelas elites (Lei) – que ocorrem mais expressivamente no plano constitucional –, acentua: "Toda dramaticidade de nossa história política está no esforço improfícuo das elites para obrigar o povo-massa a praticar esse Direito por elas elaborado, mas que o povo-massa desconhece e que se recusa a obedecer".[87] Em seguida, faz menção a sistemas vivos e atuantes de normas obrigatórias que regem largos setores da sociedade e que são desconhecidos

---

[85] VIANA, Oliveira. *Instituições Políticas Brasileiras*, Livraria José Olímpio Edit., 1949, vol. I, p. 13.

[86] Id., ibid., p. 13 e 14.

[87] Id., ibid., p. 19.

pelo Direito oficial. A respeito, aponta as regras esportivas consubstanciadas nos costumes e que, no entanto, são obedecidas como se fossem Direito codificado e sancionado pelo Estado, bem como as normas laborais e os usos e costumes do comércio.

Em sua opinião, é um erro não se estudar o Direito à luz do moderno método científico ou sociológico que se caracteriza pela objetividade de seus critérios. Aos juristas nacionais, a intervenção dos dados fornecidos pelas ciências sociais, na ciência do Direito, constitui uma heresia. A verdade, contudo, é que o método sociológico penetra num crescente campo dos estudos jurídicos, sendo este, aliás, o grande mérito dos trabalhos da Escola de Direito Comparado de Lyon, sob a chefia de Eduardo Lambert e da nova escola americana de jurisprudência, outrora liderada por Pound e seguida por Benjamin Cardozo, Brandeis, Kar, Lewellyn, Felix Frankfurter, Huntington, Radin, John Rawls e Ronald Dworkin.[88]

Em que pesem os argumentos aduzidos e o mais que se pudesse formular, nem por isso advogamos a implantação no Brasil do sistema anglo-americano.

Reconhecemos, isto sim, que o Direito Positivo não se pode afastar da realidade social em que se forma e a que se destina e que o costume é – e sempre o foi – o elemento básico em que a regra jurídica deve repousar, para se impor sem contrariedades *a se*.

Nossas críticas dirigem-se ao dogmatismo jurídico e não propriamente ao Direito escrito. De igual, não nos incluímos entre os adeptos do Direito Livre, máxime os extremados alternativos, que fazem do "sistema da interpretação da lei" um método em que a norma legal só serve de pretexto para constantes inovações e voluntarismos personalistas.[89] As alternativas estão *no* Direito e não *fora* dele.

Proclamamos a necessidade de acatar o Direito Positivo, sustentando, apenas, o repúdio aos textos jurídicos iníqüos, desenganadamente injustos, que não ordenam, por isso, para o bem comum, firmando-nos na idéia de que

---

[88] VIANA, Oliveira. *Instituições Políticas Brasileiras*, Livraria José Olímpio Edit., 1949, vol. I, p. 14, 29 e 30.

[89] GONÇALVES, Luiz da Cunha. *Tratado de Direito Civil*, 2ª ed., Max Limonad, 1955, p. 570 e 579.

nem sempre o Direito escrito atende a suas altas finalidades, deixando de ser *Direito* para se constituir tão-somente em ato de força e de arbítrio do poder imperante, praticado por meio de seus agentes, uma vez que investidos em funções públicas e exercentes de parcela da soberania do Estado.

Destarte, impõe-se como imprescindível à boa aplicação do Direito a formação sociocultural do jurista em sólidas bases filosóficas e morais, mormente no conhecimento da dimensão romanística do Direito ocidental. Aliás e a propósito, é no mínimo curioso que na *Common Law* a formação do bacharel não seja a de um profissional do Direito, haja vista que o ensino oferecido pelas universidades formadoras dos juristas não visa ao exercício de profissões jurídicas; assim, os *solicitors* (advogados-praxistas) não são sequer detentores de diploma universitário e dentre os *barristers,* todos diplomados, apenas 20% são formados em Direito, o que revela o conteúdo meramente sociológico e pragmático daquele sistema, em detrimento da segurança da certeza da lei.

Ademais disso, a disseminação das idéias de Capeletti, o colapso da máquina judiciária e o crescente número de demandas chamam a atenção para o direito judicial, obnubilando o fenômeno jurídico. A par disso, a Constituição de 1988 judicializou tantas relações subjetivas e sociais (que, em rigor, seriam questões de governo e de "políticas públicas") que o Brasil se transformou em uma questão jurídica. O conjunto desses fatores tem gerado na consciência, também na dos magistrados, o terrível engano da *judicialização* do direito, dando a impressão de que os juízes tudo podem, até julgar *contra* a Lei, e de que o Direito é o que eles dizem, quando na verdade eles estão subordinados à Lei. O juiz não é *legibus (ab) solutos*. Não é livre das leis, como dissemos alhures a pior ditadura é a dos juízes. A força, a dignidade e a autoridade da magistratura decorrem da boa interpretação do Direito e não de sua livre (re)leitura e interpretação a despeito ou apesar da Lei, não *contra legem*, mas *proeter* ou *secundum legem* (com a honrosa exceção daquelas que frontal e incontestavelmente deneguem justiça); não é despiciendo lembrar aqui o passo de Papiniano no *Digesto*: "Ius praetorium est, quod praetores introduxerunt adiuvandi vel supplendi vel corrigendi iuris civilis gratia propter utilitatem publicam" (D. 1.1.7.1).

A *judicialização* do Direito menoscaba o fenômeno jurídico, para além dos conflitos de interesse e da resistência às pretensões; o foro é o hospital do direito, que nele se hospeda, excepcional e transitoriamente; daí que ao se reduzir a arte de Ulpiano, a ciência de Savigny ou o ordenamento de Kelsen ao foro estreita-se, por deveras, a capacidade de se discernir o justo do injusto, como lembrava Ulpiano no mesmo *Digesto* "Iuris prudentia est divinarum atque humanarum rerum notitia, *justi atque injusti scientia!"* (D.1.1.1.2).

A jurisprudência, pois, faz parte da expressão do Direito no seio social, não é sua causa, mas conseqüência; ao juiz, conforme acentuou Montaigne, compete o *jus dicere* e não o *jus facere*.

4. A CJE e a questão da "purificação política e ideológica"

Si puó tavolta far cosa pienissimamente legale,
ed essere al tempo stesso un solenne mariolo.
*Massimo D'Azeglio**

Kelsen considera para a reformulação do paradigma da ciência jurídica o estabelecimento da distinção entre o "conhecimento jurídico" e a "política" e, por conseguinte, a exclusão do objeto teórico de tudo aquilo que se refere às valorações construídas ideologicamente: é a ciência jurídica em sentido estrito, CJE.

A CJE, na visão de Kelsen, evitaria a presença de fatores que coloquem a ciência do Direito a serviço de interesses econômicos, políticos, sociais e ideológicos. Aliás, impende-nos ressaltar que o sinal marcante dado à CJE por Kelsen dá-se pelo momento histórico em que viveu no Império Austro-Húngaro, mosaico de raças e culturas tão díspares, a exigir do governo central um modo racional de aplicação do Direito, e pela grande influência da jusfilosofia, em seus mais variegados matizes, a colorir o Direito com a cor da filosofia sustentada pelos aplicadores da Lei.

---

* D'Azeglio, Massimo. In *Scritti Postumi*, p. 240. (Tradução do autor: "Pode-se fazer uma coisa perfeita e estritamente legal ser ao mesmo tempo uma falsidade ideológica".)

Neste sentido, a TPD entende a verdade e a justiça como:

A verdade ___	Princípio fundamental da ciência
A justiça ___	Princípio supremo da "política judiciária"

Naturalmente, se a política é a realização da justiça, não tem sentido discutirem-se as funções de coordenação e dominação da aplicação do Direito pelas estruturas políticas desempenhadas para o preenchimento da norma jurídica, posto que o sistema é lógico e funciona, não importe qual seja essa "política jurídica".

O "poder" político, na visão da ciência normativa, manifesta-se como uma luta ideológica para o conteúdo de significação da norma. Nesse sentido, para que se possa falar de poder, há de haver um pressuposto axiológico ou condição de sentido das proposições (dever) da norma. Por esse motivo é que a TPD é uma epistemologia da ciência jurídica naquilo que o Direito tem de formalmente científico e também de materialmente ideológico.

A teoria kelseniana é um *janus*, o deus bifronte da mitologia romana, e apresenta-se por um lado como um programa científico de normas jurídicas perfeito e acabado em sua autonomia e, por outro lado, como um programa metafísico sobre o que deveria ser o Direito em sua heteronomia.

A TPD cumpre, pois, uma função de legitimação do próprio exercício do poder do Estado, uma vez que ele se apresentaria, sob essa ótica, como intrinsecamente bom graças a sua vinculação com a justiça. O princípio da pureza metodológica cumpre esse papel dual, indica as condições de sentido, tanto das normas jurídicas como dos enunciados da ciência do Direito.

O monopólio da coerção, legitimado pela Lei, sustenta permanentemente as técnicas (e tecnicalidades) do Poder Público, sustentado pelo Direito Positivo como condição de validade para determinar o tipo de organização da sociedade.

Em razão da tendência antiideológica da TPD, Kelsen a classificou como uma verdadeira ciência do Direito, sem, no entanto, e aí está o equívoco de muitos, ignorar que por detrás de toda teoria científica em ciências sociais (aqui no sentido de Dilthey e de Schleiermacher) se esconde uma teoria social e política, que fica irremediavelmente transladada para o domínio da ciência predominante.

A epistemologia crítica da ciência nos ensina que a reivindicação da neutralidade ideológica e da objetividade científica, utilizando um método que receba a infiltração da ideologia, não se apoiaria em sólidos argumentos epistemológicos, ao se optar por uma ciência liberada de ideologia, ou se optar por certa relação entre aquela e o mundo social; não se trata na verdade de uma opção de valor, mas sim de uma função da CJE para absorver uma ou outra opção ideológica feita no interior da própria CJE.

No caso da TPD, a tentativa de escudar a ciência jurídica com uma suposta neutralidade ideológica e política foi justamente para manter e preservar o sistema. A pureza metodológica é a condição do sentido normativo e de seu discurso; entretanto, sua dimensão política subjaz em sua própria linguagem, ainda que despercebidamente, ocultando-se assim o fato de que o Direito sob a perspectiva da CJE tem como função a realização do projeto político do Estado.

Enquanto que o Direito fundamenta o saber sobre a Lei, para o normativismo da Teoria Pura basta o saber a Lei.

5. A CJE e a ideologia

Salus populi suprema lex esto.
*Cícero**

A TPD nasceu para limpar o Direito de todas as *impurezas* ideológicas. Desejava Kelsen uma ciência jurídica *pura (reine)*, que não ficasse a sofrer as tendências ideológicas e políticas de sua formação. Seu intento foi o de expor o Direito com rigor científico, sem justificá-lo ou criticá-lo, e nesse sentido é que se trata de uma teoria radicalmente realista.

A CJE se faz eficaz na medida em que o monopólio e a organização da força são atribuídos ao Direito, melhor dizendo, a efetividade do modelo paradigmático da CJE se dá pela coação, o binômio norma-sanção é sua pedra angular. Eis que o ato ilícito configura-se diametralmente oposto a uma *conduta* obrigatória, obrigação jurídica geral de abstenção da prática de todo ato ilícito.

* CÍCERO. In *De Legibus,* III, c. III. (Tradução do autor: "A salvação do povo é a suprema lei").

A obrigação jurídica geral, portanto, carrega em si duas idéias, a saber:

Ato jurídico ilícito______________________	Sanção
Dever jurídico__________________________	Direito subjetivo

Sobreleva notar que, do ponto de vista da CJE, não existe o que em filosofia escolástica convencionou-se chamar de *mala in se*, ato ontologicamente mau, mas sim *mala prohibita*, ato epistemologicamente mau, na medida de sua desconformidade com a norma jurídica que se lhe fundamenta a validade e efetividade.

Para a teoria analítica de Kelsen, o ato ilícito é uma violação do Direito que o nega, um ato contrário ao Direito que se encontra, pois, fora dele, haja vista que ele é tomado como sinônimo perfeito da CJE. Contudo, o ato ilícito pode converter-se em objeto da CJE se entendido como um elemento dela, ou seja, condição de uma conseqüência determinada pela própria lógica da CJE, cujo objeto, a norma jurídica, é alcançado também em seus efeitos. Assim pensamos por que a CJE, ao definir o ato ilícito como condição da sanção, conforme se depreende na Teoria Pura, introduziu não só a *causa causarum* do sistema, qual seja a norma jurídica, como também os efeitos dela decorrentes, qual seja, a *ilicitude do ato*, o que, aliás, e à obviedade, se assim não o fizesse, deixaria fora do mundo do Direito conseqüências que a ele pertencem.

As normas jurídicas são comandos ou ordens emanados de quem tenha ou pretende ter autoridade ou poder para fazê-lo. Sendo comando, pode ampliar ou restringir condutas, sua imperatividade reside na crença a sua obediência, cuja face externa se dá a conhecer pela aplicação da sanção a sua inobservância.

A perspectiva gerada pela existência da norma modifica o ordenamento, na medida em que preordena condutas abstratas, que até então o mesmo ordenamento ignorava, até o momento fático de subsunção da conduta (agora concreta) àquela norma. O senso de ordem da norma é de tal forma apanágio dela que, ainda que seja de natureza técnica ou de organização, deixa transparecer o comando, à exceção das normas programáticas existentes tanto no plano constitucional, como no infraconstitucional, pelo simples fato de que são atos jurídicos *sem comando*.

O conjunto das normas jurídicas incidentes em determinado território e dirigidas a um grupo de pessoas consubstancia, junto com as competências, o que se denomina ordem ou ordenamento jurídico. Por isso a afirmação de Kelsen de que o Estado é o Direito subjetivamente considerado. A ordem jurídica pressupõe uma organização política qualquer, seja ela a *Polis* ou *Civitas*, o *Imperium*, o Reino, o Estado moderno ou a Sociedade Internacional.

No mais das vezes, e forçoso é assumi-lo, o Direito confunde-se com a norma jurídica, uma vez que nela estão embutidos os valores, as necessidades sociais, os interesses individuais ou coletivos, os elementos da cultura e vários outros valores. Eis aí o quadro de confusão mental entre legalidade e legitimidade, entre o Direito Positivo e o Direito Natural.

A norma é uma necessidade jurídica, não existe Direito sem interpretação, e sua interpretação se dá pelas instituições por ele criadas, incumbidas das funções jurídicas do Estado, a legislativa, a administrativa e a jurisdicional.

Se o sistema normativo é fraudado, no sentido de as sanções se tornarem inócuas por ocasião de seu descumprimento, a ordem jurídica se rompe e o tecido social se esgraça. Daí a lição de Dante Alighieri de que o Direito é *a proporção real e pessoal, "hominem ad hominem"*, que, uma vez conservada, conserva a sociedade, e corrompida a corrompe. Eis aí a verdadeira dimensão da célebre frase de Kelsen de que o Estado é o direito subjetivamente considerado, pois que, perecendo este, não pode subsistir aquele.

A dimensão ideológica de Kelsen pode ser vista pela nesga de um raro documento biobibliográfico dele mesmo sobre sua obra (datado de 1927, quando contava com 45 anos e renomada fama), numa epístola em resposta ao então professor Gyula (Julius) Móor, discípulo de outro grande jurista magiar, o professor Bódog (Felix) Somló Kozsony, tradutor de Kelsen na Hungria. Eis alguns excertos (em sublinhado):[90]

> Nasci em Praga, em 11 de outubro de 1881 (...). Quando eu tinha três anos meus pais se mudaram para Viena e foi nesta cidade que freqüentei a escola primária e o liceu, de onde fui para a Facul-

---

[90] Artigo publicado pelo professor Csaba Varga, livre docente da Faculdade de Direito da Universidade de Budapeste, em *Droit et Societé*, Revista, n. 7, 1987, p. 331 a 340.

dade de Direito. Após a obtenção do Doutoramento (1906), estudei três semestres entre Heidelberg e Berlim. Em 1911, obtive minha livre docência para lecionar Direito Público e Filosofia do Direito em Viena; em 1917 fui professor extraordinário e depois titular em 1919 (...) a publicação de meu primeiro livro realmente filosófico "Hauptprobleme der Saatsrechtslehre"; *foi então que passei a compreender que o direito era por natureza normativo e que toda teoria jurídica deveria centrar-se sobre o estudo da norma, o estudo do direito posto e conseqüentemente do direito objetivo; foi essa tomada de consciência que foi decisiva para minha empreitada, a* soi disant *vontade do Estado – como costumeiramente se chamava o direito objetivo – não podia ser uma entidade física real como a vontade de um indivíduo, não era mais do que uma expressão antropomórfica do* sollen *na ordem política. Isto me fez compreender não o significado psicológico, mas sim o significado normativo do conceito de vontade específica na teoria do direito público.*

A partir dessa idéia de que o direito era essencialmente normativo, quis parecer-me que *todo o direito subjetivo se identificaria com o objetivo e que esse dualismo deveria ser superado por nefasto para uma compreensão sistemática do direito. A oposição entre os dois sistemas – objetivo e subjetivo – deveria ser uma diferença interna do mesmo sistema. O mesmo me pareceu, por analogia, quanto ao dualismo entre direito público e direito privado (...). Minha crítica visava à pureza do método jurídico (...), a pureza do método indispensável à ciência jurídica me parecia ter sido melhor garantida por Kant, sua oposição entre o ser e o dever-ser foi meu ponto de partida, luz que me guiou* (...), bem como Cohen (...). Foi então que comecei a estudar a Escola Neokantiana de Marburg.

Havendo estudado mais profundamente os problemas da filosofia kantiana pela Escola de Marburg (...), tomei consciência de um terceiro dualismo, o da *oposição entre Estado e Direito (...), o que me fez tomar consciência sobre a validade e sua condição normativa para um sistema de normas com base num sistema hierárquico* (*stufenbau*), teoria essa desenvolvida por meu discípulo e amigo Adolfo Merkel.

A violenta repercussão de minha tese por identificar o Estado com o Direito Positivo me incitou a examinar detidamente a seguinte questão: *Poderia o Estado, como então se dizia e se apregoava, ser con-*

cebido sociologicamente como uma unidade independente de todo e qualquer direito? A resposta não se fez tardar na obra que escrevi sobre o conceito sociológico e o conceito jurídico do Estado em 1922. Uma análise crítica de que a fundação sociológica do Estado repousa sobre uma base jurídica implícita (...); daí parti para pesquisas mais interessantes, como o conceito de Estado e o conceito de Deus em relação a ele (...), de onde procederam a teodicéia e os estudos neoplatônicos e, como conseqüência natural, o problema da justiça (...), *assim como o conceito de direito entre o ser e o dever-ser. Quando eu caracterizei o direito como norma e seu modo de existência como dever-ser, de plano passou-se a exigir uma nítida separação entre ciência jurídica normativa e a sociologia orientada para a explicação do plano da realidade; jamais perdi de vista a relação de pertinência entre o conteúdo de uma ordem jurídica válida e seu conteúdo social real correspondente. Minha tentativa para resolver o problema da positividade do direito sempre foi a de evitar o sectarismo e a unilateralidade sociológica que grassam nesse campo; a teoria sociológica, mormente americana, que só concebe o direito exclusivamente pelo* sein, *de sorte que perde o senso específico do direito, que é seu conteúdo moral-*sollen, *em detrimento do estudo dos fatos pura e simplesmente.*

(...) Sempre me esforcei para compreender os problemas do Estado de uma maneira verdadeiramente sistemática, quero dizer, a partir de um princípio fundamental único. *Minha concepção de Estado como uma ordem normativa de valores cingiu-se aos problemas da validade e da produção dessas mesmas normas* dentro dessa mesma ordem, isso conforme minhas idéias expendidas em 1925.

(...) Várias vezes retornei a esse problema (ordem normativa do Estado), depois me ocupei dos problemas de teoria política, em que pude constatar que a ideologia democrática corresponde fundamentalmente a uma concepção relativista e empiricista do Estado, ao passo que a tendência à autocracia está vinculada a uma concepção absolutista e metafísica do Estado (...). Nesse campo sempre tentei defender o ideal do parlamentarismo contra as idéias das ditaduras bolchevique e fascista (...).

Viena, fevereiro de 1927.*

---

* Tradução livre.

6. A CJE e a Interpretação da Lei

Il est plus facile de légaliser
certaines choses que de les légitimer.
*Chamfort**

A interpretação da Constituição não possibilita ao legislador editar uma Lei justa, sob pena de inconstitucionalidade, se contrária à *Magna Charta.*

A interpretação da Lei, por seu turno, possibilita a um juiz ou tribunal pronunciar uma sentença justa, em ambos os casos, sem embargo da diferença quantitativa, já que a liberdade do legislador (normas gerais) é bem mais ampla do que a do juiz. Contudo, ele também está chamado a "criar" normas (individuais), uma vez que goza de certa liberdade em sua atividade de subsunção do caso concreto à letra da Lei, posto que a "criação" de uma norma jurídica individualizada é um ato de vontade do intérprete na medida e nos limites do marco estabelecido pela norma geral.

Kirchmann argúi ser arbitrária a Lei e que sua necessária simplicidade destrói a riqueza das formulações individuais:

> "Tal é a causa dos conceitos híbridos da eqüidade e do arbítrio judicial". Apressa-se, contudo, em esclarecer estar longe de admitir que os textos legais somente contenham desacertos, reconhecendo, ao contrário, que grande parte dos mesmos se ajusta aos bons princípios.[91]

O Direito escrito evidentemente contém falhas e, para justificá-las, esforçam-se os teóricos do Direito e os tratadistas e avolumam-se os compêndios.

Vejam-se os inúmeros trabalhos dedicados às lacunas, às ambigüidades, às falsidades, ao antiquado e ao arbitrário das leis, para que se nos arrefeça o entusiasmo pelo dogmatismo jurídico.

---

* CHAMFORT. In *Maximes et Pensées*, CXXXIV.

[91] KIRCHMANN, Julio Germán. "El Caráter A – Científico de la Liamada Ciencia del Derecho", in *La ciencia del Derecho,* p. 265 e 266.

Por culpa de certas Leis, afiança-nos Kirchmann,

> os juristas converteram-se em larvas que vivem da madeira podre, carcomida, abandonando a madeira sã.[92]

As Leis grosseiramente lacunosas, omissas, casuísticas ou mal redigidas, por mais que se procure remediá-las, longe de estabelecerem e firmarem a ordem social ou a segurança jurídica, advinda daquela *paz social* poeticamente descrita por Savigny, trazem intranqüilidades, desajustes, chacota e descrédito aos Poderes Constituídos, nomeadamente aos Órgãos encarregados de aplicar o Direito.

No quadro mental dogmático, simples palavras retificadoras do Legislador e toda uma literatura jurídica se tornariam desnecessárias, "bibliotecas inteiras se converteriam em papéis sem expressão".[93]

Leis falhas, ou propositadamente falhas, podem fazer a fortuna dos causídicos (a par da alegria de muitos agentes públicos!), mas levam à desvalia, desservem ao Direito como meio efetivo de Justiça, desacreditando o poder funcional (Legislativo, Executivo e Judiciário) do Estado.

No horizonte da CJE, soem aos juristas assistirem, constrangidos, às árduas, inglórias e, muitas vezes, evitáveis batalhas judiciais. As leis são imperfeitas, servem a várias interpretações? Não importa; à luz da CJE o magistrado – *viva vox legis* – é imposto aplicá-las, assistindo-as com os recursos que o ordenamento jurídico lhes prescreve.

Não impressiona aos legisladores, como nos revela Kirchmann, numa visão kafkaniana que – face à ambigüidade e obscurantismo de certas Leis – na primeira instância se prove com agudeza e de maneira artificial a "verdade" de uma tese, cuja falsidade se demonstra, na segunda, com igual clareza e erudição, com possibilidades de, na terceira, mudar-se de novo a "verdade" jurídica. Oscila a jurisprudência dos tribunais face às dificuldades de interpretação que uma pletora de leis oferece; os Pretórios, a quem incumbe baixar

---

[92] Kirchmann, Julio Germán. "El Caráter A – Científico de la Liamada Ciencia del Derecho", in *La ciencia del Derecho,* p. 267.

[93] Id., ibid., p. 268.

prejulgados (e ao Excelso a Súmula Vinculante), tardam em fazê-lo, hesitantes, quanto à decisão mais acertada. Com isso, animam-se as partes e os advogados a enfrentar e a promover qualquer demanda. As leis não são claras, servem a gregos e troianos; a sua sombra, dormitam os processos nos cartórios e os pleitos azedam na velhice.

Os textos legais não se enquadram mais na realidade social? Que fazer? Os positivistas exigem dos juízes, sejam mesmo assim aplicados, embora com adaptações. Os magistrados cumprem as leis, não as julgam, mas então onde o juiz *viva vox juris*?

7. Crítica aos Elaboradores das Leis

> ... Ai de vós, doutores da Lei, que vos apoderastes
> da chave da ciência: vós mesmos não entrastes,
> e impedistes aos que desejavam entrar...
> *Evangelho segundo Lucas**

> Corruptissima republica, plurimae lege.
> *Tácito**

Por outro lado, os que afirmam ter os juristas a obrigação de prestar fiel obediência às normas prescritas, não podendo substituir o que estas ordenam por seu critério pessoal, porque supomos – têm por verdadeiro, como certifica Recaséns – que todo o Direito Positivo se destina à realização da Justiça e dos demais valores por ela implicados, embora reconheçam que algumas vezes o logrará em maior ou menor medida e, em outras, fracasse nesse empenho. Daí, eles concluem, deverem os cientistas do jurídico, em suas funções interpretativas, guiar-se pelo mesmo propósito que anima o Direito escrito que manejam. E, conseqüentemente, resulta-se também que a suprema diretriz para o cum-

---

* *Evangelho segundo Lucas 11,52.*

** TÁCITO. In *Anales*, 3,27,3. (Tradução: "Quanto mais corrupto o Estado mais Leis).

primento dessa interpretação deva fundar-se na busca da melhor realização da justiça e dos valores nela compreendidos, dentro do quadro e do curso que estabelece a ordem jurídica.[94]

Nem sempre, todavia, o legífero, ou o órgão formulador das normas, tem em mira a realização da Justiça e dos demais valores que a esta se irmanam.

As leis emanadas de um Estado opressor – cujos exemplos pontilham a vida dos povos –, dirigidas a uma nação oprimida, não visam à realização do justo e a nenhum ideal superior.

Tudo seria mais fácil se, como declara Recaséns, o encargo do legislador consistisse em interpretar o que a Justiça exige a respeito de certos tipos de problemas e de situações sociais e, nessa conformidade, formulasse as normas gerais que considerasse adequadas aos ditos problemas e situações.[95]

Mas não é verdadeiro que os elaboradores das leis – sempre – interpretem o que a Justiça impõe com vista a determinados tipos de situações e problemas sociais. Ao revés, não poucas vezes, os legisladores cedem até mesmo à pressão de grupos de interesse nacionais ou estrangeiros que atuam contra o país, e que não visam evidentemente à justiça, ao bem-estar do povo, e sim a seus próprios interesses econômicos, que acabam sendo os mesmos desses legisladores que se constituem – tangidos pela ambição que os anima – em minoria atuante em meio à maioria quase sempre apática ou mal esclarecida a respeito dos temas e proposições em debate no Parlamento

Demais, nem sempre os legisladores são juristas, porém agem como se os fossem, e, mesmo que como tais se houvessem, fá-lo-iam em função da política e não na função de juristas, *sacerdotes* do Direito, no sentido de preservarem sacralmente o ideal de Justiça, mas no de *operadores* do Direito, conceito que por si só já confere um substrato ideológico e, por que não dizer, marxista ao Direito.

As Casas Legislativas não são casas de juristas, mas de políticos. O templo legislativo não é o do Direito, mas o da Política, a arte do possível, não o do ideal.

---

[94] SICHES, Luis Recanses. *Tratado General de Filosofia del Derecho*, Segunda Edicion, Editorial Porrua S.A., México, 1961, p. 4.

[95] Id., ibid., p. 5.

Kirchmann atrai-nos a atenção para a imaturidade de certos legisladores que condescendem, inclusive, em fazer experimentos, em redigir leis experimentais, sem lastro empírico e sociologicamente inconseqüentes, como se o Direito, ao ser elaborado, não devesse justamente ser fruto de conhecimento amadurecido, de uma exigência da sociedade, e não arbítrio do legífero ou ditador.[96]

O irresignado Ripert não esconde sua crítica, adiantando que os juristas não podem ignorar por que e como a lei é feita.

> Il savent que la loi est simplement l'expression de la volonté d'une majorité de parlementaires, eux-mêmes élus par une majorité d'électeurs. Comme les indifférents sont plus nombreux que les agissants, c'est au fond l'expression de la volonté d'une minorité, et, comme, sur plus d'un point, les électeurs n'ont aucune clarté et que les parlementaires sont indifférents, la loi représente tout simplement la volonté persistente d'un homme ou de quelques hommes.

Nos debates políticos, os contendores empenham-se por seus proveitos para satisfazerem seu orgulho, e os membros do Parlamento obedecem às pressões imperiosas de grupos ou de indivíduos isoladamente. Algumas vezes, ante a indiferença geral ou irregulares circunstâncias, uma reforma é imposta, uma lei é criada por uma vontade singular, não se sabe movida por que ideal, interesse ou capricho.

> Les juristes le savent, mais ils ne le disent pas. Dès que la lutte des intérêts ou l'indifférence générale a permis le vote d'un texte, ce texte, par la verité du décret de promulgation, devient pour eux chose sacrée.[97]

Com fina ironia, aduz que, enquanto os legisladores elaboram as Leis, os homens de alto valor e cultura, sem nenhum efeito prático, pelo menos de imediato, discutem sobre a finalidade do Direito, fundam associações para

---

[96] Kirchmann, Julio Germán. "El Caráter A – Científico de la Liamada Ciencia del Derecho", in *La ciencia del Derecho,* p. 276.

[97] Ripert, Georges. *A Regra Moral nas Obrigações Civis*, Livraria Acadêmica, São Paulo, 1937, p. 6.

mudar as idéias filosóficas, arriscando-se mesmo a propor teorias novas ou simplesmente um vocabulário "modernoso" para as antigas realidades já conhecidas do sistema romano.

No entendimento dos juristas, as discussões sobre os problemas ontoteleológicos do Direito não devem perturbar a máquina legisladora.

Inobstante serem esses debates de ressaibo platônico, o Poder político não os vê com bons olhos, sendo reconhecido que todo julgamento muito livre a respeito da *ratio legis* avulta perigoso para os que exercem o mandato popular.[98]

A História nos aponta exemplos eloqüentes de que nem sempre os legisladores ordenam para o bem comum. Donde a célebre frase do *Eisenkanzeller Otto von Bismark* de que as Leis são como salsichas... melhor não saber como são feitas!

Resulta claro que não podemos aceitar como válido, isto é, legítimo, o Direito Positivo apenas porque alguns homens, que se investem de poderes para fazê-lo, elaboram-no.

A presunção de boa-fé dos parlamentares não importa no *dogma legis*, é fato consabido que, não raras vezes, longe de legislarem para o bem comum, os Congressistas curvam-se a interesses inconfessáveis, às pressões de toda a espécie e interesse, redigem Leis corporativas de classes, de proteção aos trustes, aos cartéis nacionais e estrangeiros, ao capital globalizado especulativo e a suas expansões imperialistas, fazem Leis de favor, casuísticas, de apadrinhamento ou perniciosamente demagógicas.

Se é certo que a diferença entre a norma moral e a norma jurídica dá-se pelo caráter interno das normas morais e o caráter externo das normas jurídicas; pelo caráter positivo das normas morais e o caráter negativo das normas jurídicas; pela indeterminação das normas morais e a determinação das normas jurídicas; pelo caráter unilateral das relações morais e o caráter bilateral das relações jurídicas; pelos diversos graus de protetividade e de obrigatoriedade dos dois tipos de normas e a existência de coação como especificidade das normas jurídicas, ainda assim Moral e Direito são unos e indivisíveis.

---

[98] Ripert, Georges. *A Regra Moral nas Obrigações Civis*, Livraria Acadêmica, São Paulo, 1937, p. 7 e 8.

Ainda o mestre Léon Duguit considera que a regra do Direito não se impõe ao homem interior; é a regra de seus atos exteriores e não de seus pensamentos e de seus desejos, o que, pelo contrário, deve ser toda a regra de moral. Para Radbruch a conduta exterior só interessa à moral na medida em que exprime uma conduta interior; a conduta interior só interessa ao Direito na medida em que anuncia ou deixa esperar uma conduta exterior. E tanto a conduta exterior é suscetível de ser objeto de valorações morais, como a interior de ser objeto de valorações jurídicas, daí a importância das Leis justas.

Kant parte desta perspectiva separatista ou dualista: a legislação ética (ainda que os deveres possam ser exteriores) é aquela que não pode ser externa; contudo, em vez de perspectivar a diferença segundo o objeto, segundo a obrigação coativa, à maneira de Thomasius, isto é, pelo conteúdo da obrigação ou pela forma de obrigar, ascende ao sujeito, referindo ambas as categorias à liberdade. Desse modo, reconhecendo a conexão interna entre a Moral e o Direito, considera que a moral diz respeito à liberdade interna (o sujeito não se submete a outra norma senão àquela que a si mesmo ditou) e o Direito à liberdade externa (a liberdade do sujeito relativamente a outros sujeitos). Em Kant tem-se que a lei moral ditada pela razão prática é o imperativo categórico: uma ação é conforme à lei moral se for ditada por motivos suscetíveis de a tornarem lei universal, ao passo que a Moral se ordena em torno do motivo da ação. Assim, o Positivismo jurídico distingue a legalidade (concordância do ato externo com a lei sem ter em conta o motivo ou a razão) da legitimidade da norma proposta pelo legislador para inovar o ordenamento; o legislador deve garantir não só a formalidade do ordenamento, mas também a legitimidade de seu conteúdo.

Ousamos afirmar que há leis preparadas com o deliberado propósito de subverter a ordem social, de arruiná-la, de levar o povo ao desespero, à revolução, satisfazendo unicamente ao apetite pantagruelesco e ao egolatrismo exacerbado de uma minoria autoritária, a quem o poder que detém já não basta e quer vê-lo ampliado. Alimenta-se o despotismo no caldo apodrecido das leis preparatórias ao espoliamento e conseqüente rebaixamento da classe média.

Primeiro, as leis afrontantes, as leis de desajuste social, que levam ao paroxismo extremo de fomentar lutas de classe; depois, a palavra "solidária" e "carismática" do candidato a ditador, do messias que se propõe a salvar o povo das normas injustas por eles próprios forjadas ou encorajadas, assim Lenine, Stalin, Ho Chi Min, Hitler,Mao Tsé Tung, Fidel, Saddan Hussein e tantos outros. Todos, ou quase todos, serviram-se das leis pervertidas que encontraram ou que ajudaram a desenvolver para alcançar o mando discricionário de acordo com essa perversa lógica.

Diante da ordem social deliberadamente subvertida pelas Leis iníquas, pelas Leis que se conflitam, que desestabilizam o Estado, pelas sempre novas Medidas Provisórias que ferem – contra os próprios textos positivos – o Direito adquirido e a coisa julgada, a que papel se reservam os tratadistas e, muito especialmente, os juízes? Permanecerão circunscritos ao dogma do Direito Positivo, à ordem imposta pelo Poder estatal, esquecidos de que eles mesmos acabarão tragados no vórtice dos desacertos de um falso normativismo?

A lição da História, *magister vitae,* ensina-nos que aos ditadores repugnam os que se votam à Justiça. O déspota ama a Lei e detesta o Direito, tão certo como detesta o Governo e ama o Poder.

Suprema candura admitir que as normas jurídicas guardem sempre a intenção de corresponder às exigências ou solicitações da Justiça dentro de uma demarcada situação social em determinado tempo e lugar, esperando-se de modo satisfatório que esse propósito logre prosperar em maior ou menor medida, caso em que

> habrá una concordancia, una harmonia entre la intención animadora del derecho positivo formulado y la intención animadora del jurista.[99]

Essa intenção pode fracassar, como os próprios normativistas reconhecem. E não somente se arrisca a fracassar, como pode, na forma salientada, ocorrer a hipótese de que a Lei escrita sequer haja sido elaborada com a intenção de expressar os indispensáveis reclamos da Justiça.

---

[99] Siches, Luis Recasens. *Tratado General de Filosofia del Derecho*, Segunda Edicion, Editorial Perroa S.A., México, 1961, p. 8.

No caso do fracasso total ou parcial da norma jurídica equivocada, omissa ou tecnicamente mal redigida, há o remédio admitido e necessário do apelo à eqüidade, aos princípios gerais de Direito, à analogia e aos costumes (art. 4 da Lei de introdução ao Código Civil e art. 126 do Código de Processo Civil). Contudo, se a Lei é má em sua intenção, em sua origem, em seu cerne, em seu conteúdo, em seu propósito e não enseja solução contornadora, onde ficará o apelo à harmonia entre a intenção animadora do Direito Positivo e a intenção animadora do jurista? Nessa circunstância, ao menos nessa particular circunstância, subsistirá tão-só a intenção animadora do jurista, que se dilui no nado, caindo no vazio, se esse não trilhar o caminho puro e simples da rebelião à Lei assim ordenada, rejeitando-a, repelindo-a ou, quando menos, não se empenhar corajosamente no escopo de revogá-la. Ou há o jurista de esperar que o povo – inconsciente ou conscientemente – levante-se contra a norma iníqua e indesejável, limitando-se a um combate frio e distante, que lhe permite criticá-la não profissionalmente, mas que lhe impõe acolhê-la em sentido estrito, vale dizer, na prática absolutista da CJE?

É inadmissível que os legalistas – pelo menos aqueles que confirmam poderem os juristas enquadrar o resultado de sua obra dentro das exigências dos postulados justos, concorrendo, assim, para o progresso do normativismo – estorvem-nos na tarefa de melhor servirem à causa do jurídico, pondo-os, no terreno da aplicação, fora de toda e qualquer recusabilidade às regras que ferem o próprio objetivo finalístico do Direito, a Justiça!

Há os autores que propalam a chamada *lacuna do Direito*, como se o sistema não fosse heterônomo e autopoiético, dotado de uma mobilidade plástica a permitir a eqüidade para os casos concretos [entre nós somente admitida quando expressa em Lei (*sic*)]. Essa mentalidade dá-se não pela impossibilidade de uma decisão lógica ante a falta de dispositivo legal aplicável, senão porque simplesmente a decisão logicamente possível aparece aos olhos do órgão encarregado da aplicação da Lei um tanto irracional, desproporcional, inoportuna, inadequada ou inconveniente e, por isso mesmo, injusta, a ponto de ele inclinar-se a admitir que a *mens legislatoris* não houvera cogitado da espécie, ou que se nela houvera pensado, haveria, decerto, pensado diferentemente da posição do Direito posto.

A expressão lacuna de Lei é ambiguamente utilizada no contexto jurídico; necessário saber a seu respeito se se emprega essa expressão para fazer referência a um conjunto de normas que não prevê solução para um caso concreto, ou seja, em nível de completude sistêmica, saber se a anomia é completa, para então se partir para a complementaridade autopoiética e hermenêutica, ou então, e nesse sentido é freqüentemente utilizada, para expressar um desajuste, uma desconformidade entre a solução proposta pela eqüidade na aplicação do Direito Positivo ao caso concreto, enquanto cabível à espécie pretendida, caso em que a suposta lacuna legal não reflete uma insuficiência normativa (anomia integrativa), mas sim uma inadequação valorativa (axiologia interpretativa).

Não há de se falar em lacuna do Direito, mas em lacuna da Lei. Tendo em vista os instrumentos de que o Direito dispõe para o intérprete, o hermeneuta colmata a lacuna legal e interpreta o caso à luz da norma especialmente criada para o caso concreto anômalo, fixando, dessa maneira, seu exato sentido e alcance.

8. A Lógica do Direito
Sujeitos, Cogitações, Ficções e Presunções

Die Logik erfüllt die Welt; die Grenzen
der Welt sind auch ihre Grenzen.
*Ludwig Wittgenstein**

A lógica deôntica de Kelsen não se compreende sem a moldura neokantiana de Marburg, nem sem a lógica de Vaihinger, para quem não existe, afora a matemática, nenhum âmbito mais adequado do que o Direito para a dedução de leis lógicas e para o desenvolvimento dos métodos lógicos em geral e do método da ficção em particular.

A ficção jurídica para ele é uma ficção científica e, em princípio, idêntica às ficções epistemológicas. Há uma identidade formal entre as ficções jurídi-

* Wittgenstein, Ludwig. In *Tractatus Logico-Philosophicus*. (Tradução do autor: “A lógica pervade o mundo, e seus limites são também os limites da lógica”.)

cas e as outras ficções científicas, no que respeita à ação racional e ao estado de imaginação, posto que sob a denominação de "ficção jurídica" reúnem-se diferentes e distintos fenômenos.

A ficção se caracteriza tanto por seu fim quanto por seu meio, ou seja, também pela via na qual se alcança esse mesmo fim, e esse fim é a cognição da realidade; seu meio é a falsificação ou contradição dessa mesma realidade que se quer conhecer, vale dizer, por artimanhas ou rodeios que levem a um ponto de articulação de determinado instituto jurídico, cujo fim ou sentido já se fixou.

A ficção é um meio para justificar um fim, meio lógico-formal de caráter epistemológico, a servir como instrumento de cognição de uma realidade (re)construída pela normatividade (*Tatbestand*), porém não necessariamente a realidade fática (*Tatsache*), posto que é a cognição da realidade conduzida pela ficção uma realidade fictícia?!

Se a ficção, nessa acepção, é um instrumento especial para compreender a realidade, então é só na consideração pelo Direito que uma realidade se desvia do que é; daí que uma ficção jurídica não se presta para uma cognição plena da realidade.

A ciência jurídica opera efetivamente com ficções, ainda que o tipo de ficções de que trata e o fato de que a maioria das assim chamadas "ficções jurídicas" por Vahinger não o sejam verdadeiramente. Existem ficções verdadeiras, ou seja, ficções epistemológicas da ciência jurídica. Ficções do pensamento dirigido a uma cognição do Direito.

São ficções da teoria jurídica as ficções que servem como apoio ou suporte para outros institutos jurídicos, *v. g.* pessoa jurídica, direito subjetivo, comoriência etc.

O sujeito de direitos, tanto faz pessoa física ou jurídica, resulta ser a personificação de um complexo de normas – a unidade de uma multiplicidade de normas –, vale dizer, do ordenamento jurídico como um todo ou de ordenamentos jurídicos parciais, a idéia de pessoa, tal como se utiliza no Direito moderno, seria um exemplo típico daquelas ficções, cujo complexo mecanismo de pensamento fora esclarecido por Vaihinger.

O conceito de sujeito de direitos deve contar, antes de tudo, entre aquelas ficções que Vaihinger designa como "personificativas" (originam-se pela tendência inata ao homem para a personificação antropomórfica que, desde sempre, lembrando aqui a mitologia greco-romana, tão a gosto do círculo de Viena e principalmente de Freud domina nosso aparato conceitual do mundo), daí que a *personna* do Direito (vale dizer, o titular do direito subjetivo reconhecido pela norma jurídica) corresponde ao dever (ser) do comportamento humano, demasiadamente humano.

As contradições surgem com o conceito de sujeito de direitos que Kelsen pretende que seja identificado com a norma jurídica (do "direito objetivo") e que é somente sua repetição; ora se o conceito de sujeito de direitos é obra do pensamento, e este se conduz por si mesmo até determinados conceitos imaginários, assim como a vista conduz a certas ilusões ópticas. Se reconhecemos como necessárias essas ilusões, se aceitamos conscientemente as ficções que se produzem por ele (as noções de igualdade, de liberdade, de dignidade humana etc.) e se, simultaneamente, as compreendemos, podemos tolerar as contradições que surgem como produto necessário de nosso pensamento, sempre e quando saibamos que são uma conseqüência necessária do mecanismo interno do órgão do pensamento; contudo, se existir uma contradição com a realidade, a ficção será sempre relativa em face dessa mesma realidade.

Nas ficções jurídicas parece ser necessária uma correção em face da realidade, posto que existe uma força desorientadora da ficção, que obnubila o pensamento científico do Direito; daí todo o cuidado com seu uso e aplicação.

As ficções podem ser de dois tipos: ficções da teoria jurídica (epistemológicas) e ficções da prática jurídica (*fictio iuris*). No que tange às ficções das quais se serve o legislador (*fictio legis*), ou seja, as ficções incluídas pela via legislativa dentro do ordenamento jurídico, não se pode falar, em rigor, de ficções nos termos de Vaihinger, sobretudo porque a ação normativa ou legislativa não constitui um processo mental, tendo em vista que seu fim não é cognitivo, porquanto resulta de um ato volitivo; a bem de ver, a distinção entre ficção e *praesumptio*, segundo Vaihinger, é que

> na *praesumptio* se sustenta uma hipótese, em que não se possa demonstrar o contrário (absoluta), ou mesmo que se possa demonstrar o contrário (relativa), ao passo que na ficção se tem uma *mentira* ou *absurdo* legal, em virtude de a norma dispor sobre uma situação hipotética já estabelecida *a priori*.

A ficção legal é, pois, o contrário da aceitação do enunciado de um fato, apesar da segura ocorrência fática de seu contrário. No entanto, um fato passível de cognição pelo Direito, não pelo legislador, que poderia criar ou inovar o ordenamento jurídico, seria uma ficção jurídica.

A equiparação absoluta entre a ficção legislativa e as ficções da matemática é um equívoco; a semelhança do método de ambas as ciências não se limita a seus conceitos fundamentais, senão que podem comprovar-se também nos procedimentos metódicos na totalidade do conjunto de relações de cada uma.

Na matemática, trata-se de subsumir as linhas curvas sob as retas, a fim de proporcionar maior vantagem para o cálculo delas; de outro modo, em Direito, trata-se de subsumir um caso particular sob as premissas da Lei, a fim de aplicar-lhe as sanções ou os benefícios cabíveis à espécie. Em ambos os casos, considera-se como dada essa situação não factível de ser produzida a realidade por essa fixação *a priori* dessa mesma realidade.

Vaihinger parece passar ao largo dessa diferença basilar de princípios de que existe entre os procedimentos mentais da matemática e das formulações do legislador. Efetivamente, em ambos os casos, há de se subsumir um caso concreto sob uma generalidade (aqui uma norma, ali um conceito), que não é suficientemente geral, nem suficientemente amplo para compreender o particular. Diante dessa situação, carece a pergunta: Que é que faz então o legislador? Simplesmente se responde que amplia o conteúdo da norma já preexistente no sistema do ordenamento, extende-a a um novo caso, sem ficção nem contradição com a realidade, apenas normatiza o caso com o sistema ao qual pertence, e o novo caso se comporta, com respeito à norma ampliada a sua relação de pertinência com o sistema, da mesma maneira como qualquer caso específico, no que diz respeito à norma criada para regulá-lo.

A possibilidade de uma ficção vingar vai depender da possibilidade de não sofrer uma contradição fortemente antagônica com o ordenamento, quando de sua aplicação pelo Direito; aliás, essas ficções reveladas pelo ordenamento pressupõem já a cognição do Direito, ou melhor, pressupõem que, no complexo ato de aplicação do Direito, ínsita está sua cognição da realidade.

Por outro lado, o dilema também não resolve a questão de saber se essas ficções na aplicação do Direito – que são idênticas aos casos de interpretação por analogia – também se assemelham às ficções epistemológicas, à medida que chegam a um resultado correto e justo.

Ainda que as ficções epistemológicas, conquanto sejam possíveis "juridicamente", não podem ser outras mais do que funções da cognição jurídica da realidade como tal. Vaihinger distinguiu entre teoria jurídica e *práxis* jurídica, queria dizer, ficções epistemológicas verdadeiras da CJE, das pseudoficções criadas pela *práxis* forense.

O princípio moral ou natural fundamental (do Direito) – *Pacta sunt servanda* –, pelo qual se deve cumprir o que foi acordado na avença (Direito privado) ou no tratado (Direito público), não é uma ficção da teoria geral do Direito, no âmbito da CJE, mas sim uma ficção ética de uma cosmovisão moral. Uma ciência jurídica – que pretende a cognição integral de seu objeto – só será possível se partir da concepção da soberania do Direito para além da soberania do Estado (o poder jurisdicializado). Queremos dizer que, ao se reconhecer o ordenamento jurídico como um sistema autônomo de normas (CJE), não submetido a nenhum outro, não é garantia de um Estado comprometido com os ideais de Justiça.

Não é raro o caso em que, por falta de discernimento metodológico, os juristas considerem a ficção como a relação verdadeira dos fatos com o Direito, o que é uma erronia, já verificada por Hägerström e pela Escola de Uppsala do realismo jurídico, muito embora a Escola sueca incorra no mesmo dogmatismo ao negar toda metafísica ao Direito.

O Direito paira na supra-realidade por ser produto da capacidade cultural do homem, do seu ser para seu dever-ser. A concepção kantiana do *sein und sollen* (incluindo-se o *dürfen* e o *können*) funda-se na moral como razão prática do imperativo categórico; com o dever-ser, a legalidade tem de se ver a braços com a legitimidade, o contrato com a *obligatio*, a moralidade social com a virtude pessoal; é o neokantismo de Marburg com sua moralidade subjetiva (Moralität) e moralidade objetiva (Sittlichkeit) na esfera da ação jurídica dos indivíduos.

As verdadeiras ficções da ciência jurídica explicam-se pelas ficções da natureza ou de outras ciências culturais (nos termos de Dilthey, inspirado por Schleiermacher) e as ficções da teoria geral do Direito ou da ciência jurídica não são especificamente jurídicas. Jurídico é o pensar e não o método empregado.

9. A CJE e a Política – O Direito Público e o Direito Privado

Se a natureza tivesse tantas leis
quantas as possui o Estado,
nem Deus poderia governá-la.
Lorde Acton

Lex est araneae tela, quia,
si in eam inciderit quid debile, retinetur;
grave autem pertransit tela rescissa.
*Sólon**

O Direito privado toma uma perspectiva horizontal e o Direito público uma perspectiva vertical em razão da competência atribuída pelas normas e por seu escalonamento hierárquico em função da *Grundnorm.*

Na CJE as relações eminentemente jurídicas são as relações de Direito privado, ao passo que as relações de Direito público são relações de poder, haja vista que o Direito público, sob a ótica de Kelsen, é a jurisdicização do poder do Estado: "... A essência do Estado reside no fato de que ele transforma o poder em Direito..." Daí o pleonasmo de se dizer "Estado de Direito" na CJE, já que o Estado é o poder ou o domínio devidamente normatizado, tanto que se há de adjetivar o substantivo: "Estado *Democrático* de Direito".

A diferença decisiva entre o público e o privado na CJE se radica na oposição dos modos formais de produção do Direito; os atos jurídicos do Estado e os atos ou negócios jurídicos dos particulares são manifestações de vontade valida-

* Sólon, legislador ateniense, segundo Plutarco. In *Solonis Vitae*, 5,4. (Tradução: "A Lei é como a teia da aranha, os pequenos são por ela retidos, mas os poderosos a rompem facilmente".)

mente amparadas pelo Dreito, imediatas no primeiro, mediatas no segundo; ambos, porém, têm seu fundamento de imputação no Estado, no que nada diferem, levando Kelsen a afirmar que, à luz da Teoria Pura, só há Direito público.

O Estado é uma ordem jurídica particular (Lei), como o Direito público é uma ordem jurídica particular (Leis e normas) e também o Direito privado é uma ordem jurídica particular entre pessoas (Lei entre as partes, contrato). Portanto, todos são *ordens jurídicas particulares em razão de sua fundamentação na competência constitucionalmente válida.*

Paradoxalmente, Kelsen tem sido acusado por seus detratores de ser o pai do positivismo legitimador das modernas ditaduras. Essas invectivas assestadas contra o pensador austríaco carecem de argumentos. Já desde 1913, com seu livro *Rechtsstaat und Staatsrecht* tem sido Kelsen um crítico do erro do Estado de Direito puramente legalista, ele próprio já combateu as evasivas conhecidas da *raison d'État,* questões fora do Estado usadas subjetivamente como legitimadoras da ação do mesmo Estado. Para ele, Estado de Direito só faz sentido em Direito público para explicar o sistema jurídico do poder pelo Estado; repito, *para explicá-lo e não para justificá-lo*, em sentido formal e não material, posto que, em sendo a ordem jurídica formalmente estática, dinamicamente é preenchida pela ordem social, contingente, variável, mutável, a soprar a "vida" dentro da CJE.

Ainda que Pareto (1848-1923) considere a distinção entre Direito, Estado e Moral desnecessária por não se ter encontrado um meio de separar esses três mundos de forma estanque: um ato passa do Direito à Moral e vice-versa, segundo a vontade e o capricho do legislador para impor o comando, como também o legislado trafega da Moral para o Direito e vice-versa, decorreria então uma zona grísea, cinzenta, onde se faz sentir a tradicional antinomia entre o Direito Privado (homem) e o Direito Público (cidadão), entre os comandos da Lei enquanto razão pública e os comandos da consciência pessoal enquanto razão privada, como se dessume das obras de Rousseau, quando o mestre suíço trata da questão da legalidade e da legitimidade.

A teoria do mínimo ético de Jeremias Bentham (1748-1832) e Jorge Jellinek (1851-1911), este último professor de Kelsen, em que as Leis são concebidas como preceitos morais práticos graduados pelo valor intríseco, o Direito é concebido como mínimo de moral declarado obrigatório para que a sociedade possa grassar; é o contratualismo da máxima "the greatest happiness to the greatest number is the foundation of morals and legislation" à ideia de que é possível a realização do máximo de utilidade com o mínimo de restrições pessoais; é uma perspectiva reducionista do Direito, que delimita o Direito a um simplismo moral do útil coletivo, de contrato social de mera composição do conflito de interesses a evitar o *bellum omnium contra omnes* hobbesiano, e só considera esse pensamento que os indivíduos renunciam a uma parte de suas liberdades naturais para garantirem o mínimo de convivência social, dado que o homem não é naturalmente um animal social, mas um animal a-social, individualista, um lobo do homem. São expressões distorsivas do Direito *pro ativo* pelo Positivismo, como forma de se preservar o conteúdo da norma jurídica *pura*; é uma teoria que serviu para a formação da concepção de Estado em Kelsen em sua fase americana, o sociologismo do mínimo ético serviria como uma justificativa axiológica de que a ideologia do Estado é minimamente preservada pela TPD, e de fato esse argumento serviu e serve para que a CJE reconheça como Estado de Direito àquele que seja formalmente positivo e ideologicamente utilitarista.

O formalismo positivista explica o porquê do reconhecimento pela CJE do antigo Estado Soviético como um Estado de Direito (e de outros artificialmente criados), ao contrário de várias correntes do meio do século XX, mormente, Mirkine-Guetzévitch, que consideravam o Estado Soviético um "Não-Estado". Nem tampouco se diga que o Estado de Direito para Kelsen identifica-se mais com o *rule of law* americano, já que para ele a *rule of law* não tem o condão de limitar o poder legislativo, nem exerce o controle direto de constitucionalidade pelo tribunal constitucional; sobre o assunto veja-se a discussão entre Kelsen e Hayek, na obra *Democracy and Socialism,*[100] ao tecer várias críticas ao patrício, autor do *The Road of Serfdom.*

Todavia, a tomada de consciência de Kelsen sobre o Estado como fato social, como organização político-jurídica e reflexo do social, foi um processo de convencimento de que seu estruturalismo lógico-formal de jurista *matemático*, concebido numa atmosfera lógico-racionalista do Direito, turvara-lhe a visão social do Direito, embaçara-lhe a percepção histórico-cultural da sociedade, a estrutura do normativismo obnubilara a função do Direito, sua função de ser a arte do bem e do justo, fato este

[100] *Conference on Jurisprudence and Politics*, The School, University of Chicago, 1955, p. 63.

amenizado por sua experiência sociológica americana, que ainda que não possa dar uma integral dimensão culturalista do Direito, colaborou para que ele considerasse o fato social como dado epistemológico do *sollen* (dever-ser) do Direito e do Estado.

Aliás e a propósito, o professor Miguel Reale, em epístola dirigida ao jusfilósofo peruano Domingo García Belaunde, datada de 17 de agosto de 2002, ao responder às indagações do eminente colega andino sobre as raízes do tridimensionalismo, bem sintetiza a concepção de Kelsen sobre o Estado e o Direito:

> Hans Kelsen, nos primórdios de sua Teoria Pura do Direito, ao mesmo tempo que beneficamente alargava o espectro do conceito de *norma jurídica*, libertando-nos do predomínio absoluto da *norma legal*, lançava as bases de um normativismo integral que implicava a identidade da Teoria do Direito com a Teoria do Estado, ou, por outras palavras, a redução da atividade política à atividade jurídica. Entendia ele que, somente desse modo, se alcançaria uma democracia como pura expressão da vontade popular, sem a interferência deformadora do poder governamental sempre sujeito a contínuos desmandos.
>
> De acordo com essas diretrizes, sua obra fundamental intitulada *Allgemeine Staatslehre* (Teoria Geral do Estado), publicada na Áustria, em 1925, era ao mesmo tempo de Direito e de Política, estabelecendo uma correlação ideal entre um e outro domínio, de tal modo que a democracia verdadeira, no fundo, seria expressão do Estado compreendido como um sistema unitário de normas jurídicas dotadas de coação, entendida esta como puro enlace lógico de subordinação das normas inferiores às superiores até uma *norma transcendental* que dava validade a todo o ordenamento normativo. "Se o Estado, escrevia ele, é a ordem jurídica, a Teoria do Estado tem de coincidir com a Teoria do Direito; do mesmo modo que a Política – doutrina do Estado justo – coincide com a Filosofia Jurídica – doutrina do Direito justo".
>
> Não era possível ir além dessa idealização do mundo jurídico, a qual era o resultado da abstração total do poder como um fato histórico até então sempre considerado um correlato do Direito, mas não identificado com ele... Ao publicar, em 1934, meu primeiro livro, *O Estado Moderno,* já ousava dele divergir, considerando o poder estatal um fato social e histórico, distinto do Direito, e, como tal, objeto da Ciência Política, dotada de metodologia própria.
>
> Em 1940 (...) nesse meio tempo dera-se uma significativa reviravolta na teoria de Hans Kelsen, que, por ser judeu, tivera de transferir-se para os

Estados Unidos da América. Em contato com o *Common Law,* que não se filia à corrente legalista européia, oriunda do Código de Justiniano, mas sim a uma experiência ao mesmo tempo costumeira e jurisprudencial, Kelsen, como grande homem de ciência que era, não podia deixar de reconhecer o papel que o fato social exerce na formação da norma jurídica, reescrevendo sua citada obra fundamental, já agora com o título expressivo *General Theory of Law and State,* publicada em 1946 pela *Harvard University Press*, conforme exemplar com dedicatória que muito me envaidece.

(...) se, por um lado, Kelsen adaptava sua obra básica às peculiaridades do *Common Law*, nem por isso abandonava seu normativismo essencial, que integrava em seu dever ser o fato social como um de seus motivos geradores.

Dava-se comigo um fato diverso, porquanto cada vez mais me parecia necessário ir além de Radbruch, não me limitando a vislumbrar na experiência jurídica a existência de três perspectivas: a do *fato* (objeto por excelência da Sociologia jurídica), a do *valor* do justo (objeto da Filosofia do Direito) e a da *norma* (objeto essencial da Ciência do Direito), tal como ainda pensava ao redigir *Fundamentos do Direito*, em 1940.

O que ocorreu foi minha progressiva convicção de que o *tridimensionalismo* deve ser por inteiro o mesmo para o jurista, o sociólogo e o jusfilósofo, com mudança apenas no enfoque do tema em apreço, ou, por outras palavras, que o jurista examina a norma jurídica em função do fato e do valor; o sociólogo, o fato social em função dos dois outros fatores; e o filósofo do Direito, o valor tendo em vista o fato e a norma.

A solução para essa forma de entendimento só encontrei quando tive a idéia de que *fato, valor e norma se dialetizam,* a meu ver, segundo a dialética de complementaridade, e não a de oposição aplicada por Hegel. Segundo o jusfilósofo espanhol Sanchéz De La Torre, antes dessa idéia de dialetização dos três apontados fatores, não se poderia falar, apropriadamente, em "Teoria Tridimensional do Direito".

Por outro lado (...) sem essa visão integral não se pode falar em *concreção jurídica*, da qual a teoria tridimensional é uma espécie, ao lado das doutrinas desenvolvidas por Engisch, Betti, Larenz e tantos outros jusfilósofos contrários a concepções jurídicas desvinculadas da práxis.

Ademais, foi o conceito de experiência que me reconduziu à remeditação do culturalismo (...) e suscitou o problema de um *a priori cultural*, sob inspiração tanto de Kant como de Husserl.

Estamos de acordo com o Professor, o estruturalismo normativo é necessário como suporte fático para a funcionalidade do Direito, sua função dimana da força cogente do ordenamento hierarquizado das normas. Certo é que não devemos confundir poder estatal com o Direito, mas ambos não deveriam ter o fim comum de promover a paz social? Somente a certeza jurídica colaboraria em definitivo para se garantir a paz social?

Poder e Direito não se confundem, mas se completam. Poder sem Direito é arbítrio e Direito sem Poder é o fogo que arde e não queima, evocando-se a sugestiva imagem de Ihering, se *lex facit regem* também é certo que *rex facit legem*, e ambos, Poder e Direito, são indissociáveis para a construção da paz social, no fundo, *lex et potestas sunt convertuntur*.

10. A CJE e o Direito Internacional

> No Direito internacional, para que haja Direito
> é mister que haja leis, e para que haja leis
> é mister que haja uma força em que elas se apóiem.
> Não pode existir um Direito Internacional
> até que haja sim uma força internacional que o apóie.
> *Lorde Cobridge*

Toda ciência postula a unidade de seu objeto. Para a CJE seu objeto é a norma jurídica e sua unidade seria sua universalidade.

Quando o mundo atingisse uma tal ordem, num tal grau e coesão, a ponto de submeterem-se todos (Estados e indivíduos), escalonadamente, a uma Norma Fundamental, numa espécie de República platônica, a uma *Civitas Dei* agostiniana ou *Civitas Sole* de Campanella, a uma *Utopia* de Tomás Morus... rumo àquela paz perpétua kantiana que apagaria a linha demarcatória da Norma Fundamental dos Estados nacionais, integrando-os por inteiro ao Direito internacional, o mundo seria monista.

A premissa da CJE é a de que os ordenamentos jurídicos nacionais encontram-se em relação de coordenação entre si e que seus âmbitos de validade estão juridicamente delimitados, a dissentir, doravante, a partir do momento em que Kelsen expõe a idéia de uma norma fundamental que preceda a essa coordenação, delimitando, destarte, os âmbitos de validade dos ordenamentos nacionais.

Kelsen foi o mentor dessa nova ordem mundial monista. A Teoria Pura com sua Norma Fundamental são a base sobre a qual se há de construir o Direito internacional do futuro, integrante, includente, normativo da comunidade internacional que o toma por válido e eficaz tanto interna quanto externamente ao Estado.

Northrop, em seu *The complexity of Legal and Ethical Experience* (Boston e Toronto, 1959), disseca o papel da Era atômica no Direito internacional, a mudança significativa do conceito do *bellum justum*, e ressalta a substituição gradual do Direito Positivo pelos princípios e regras do Direito Natural e do Sistema Romano para a construção do novo Direito internacional: "... this *jus naturae* must be taken in its original Greek and Roman Stoic meaning, as literally a law of nature verified by physics" (p. 12).

O monismo da CJE de Kelsen identifica o Direito interno com o Direito internacional, razão pela qual remetemos o caro leitor à Teoria Pura e às teorias jusfilosóficas que a fundamentam.

11. A CJE e as teorias jusfilosóficas

Bad Laws are the worst sort of tyranny.
*Edmund Burke**

A filosofia do Direito, seja pela complexidade do assunto, seja pela irremediável dissidência entre os autores, uma vez que a matéria, pelas dúvidas que suscita, ainda não logrou ser compendiada em moldes definitivos ou clássicos.

Cumpre-nos lembrar que Kelsen não foi um cultor da filosofia do Direito, mas da filosofia da Ciência Jurídica, assim entendida no séc. XIX. Dessa forma, percorremos os compêndios clássicos do Direito, dentre os mais abalizados,

* BURKE, Edmund. In *Speech at Bristol,* 1794.

para encontrarmos as origens da formação da Teoria Pura e da CJE, e encontramos muitas vacilações e contradições sobre o que seria Filosofia do Direito e Ciência Jurídica. Dentre aqueles que concebem o Direito como Ciência Jurídica destacamos Radbruch, sóbrio e preciso;[101] o metódico Hedemann, original e profundo;[102] o seguro e sobrecarregado Merkel;[103] o complexo e transcendente Roguin;[104] o romântico Bonnecase;[105] o translúcido Gaston May;[106] o sugestivo Sternberg;[107] o admirável, o impressionante B. Brugi, em seu enciclopedismo.[108] Nenhum deles, porém, afina seu sentir pelo do outro. Cada livro tem seu conteúdo próprio, cada autor, sua concepção própria da matéria. Nem os mais antigos, que também manuseamos, Filomusi Guelfi, com sua insuperável erudição;[109] o clássico Korkounov;[110] Del Giudice;[111] Montemayor;[112] Picard;[113] Lucien

---

[101] RADBRUCH, G. *Introduccion a la ciencia del derecho*, trad. esp. de Recasens Siches, 1930.

[102] HEDEMANN, Justus W. *Einführung in die Rechtswissenschaft,* 2ª ed., 1927.

[103] MERKEL, A. *Enciclopedia juridica*, trad. esp. de W. Roces, 1924.

[104] ROGUIN, E. *La science juridique pure*, 1923. Este autor, no volume 1, p. 597, distingue nitidamente a "ciência jurídica pura" da enciclopédia jurídica, encarada sob qualquer aspecto, inclusive o de introdução à ciência do Direito. Sua concepção de ciência jurídica pura se resume na seguinte fórmula: "A ciência jurídica pura é, pois, um conjunto de aplicações da lógica ao Direito, uma 'teoremática' de uma espécie particular, destinada a distinguir pela análise os elementos de que o direito se compõe e a perscrutar a natureza íntima das diversas especializações e combinações desses fatores. Ela tem por fim dar clareza e rigor ao estudo de todas as manifestações a que o direito dá lugar" (*Op. cit.*, vol. 1, p. 580). Mencionaremos ainda, do mesmo ROGUIN, *La règle de droit*, 1889.

[105] BONNECASE, Julien. *Introduction à l'étude du droit*, 2ª ed., 1931.

[106] MAY, Gaston. *Introduction à la science du droit*, 3ª ed., 1932.

[107] STERNBERG, Theodor. *Introduccion a la ciencia del derecho*, trad. esp. de José Rovira y Ermengol, 1930.

[108] BRUGI, B. *Introduzione enciclopedica alle scienze giuridiche e sociali nel sistema della giurisprudenza*, 5ª ed., 1928.

[109] GUELFI, Filomusi. *Enciclopedia giuridica*, 6ª ed., 1910.

[110] KORKOUNOV, N. M. *Cours de théorie générale du droit*, trad. franc. de Tchernoff, 1903.

[111] DEL GIUDICE, P. *Enciclopedia giuridica*, 3ª ed. de Pietro Vaccari, 1927.

[112] MONTEMAYOR, Giulio de. *Primo abozzo d'una giuridica*, 1914.

[113] PICARD, Edmond. *Le droit pur*, 1910.

Brun;[114] Lerminier;[115] Vareilles-Sommières;[116] Fouillée;[117] Beudant;[118] Beaussire;[119] Roussel;[120] Namur;[121] Bélime;[122] Eschbach;[123] Austin;[124] Trendelenburg;[125] e Ahrens;[126] nem eles lograram o desejado acordo sobre o objeto da filosofia ou da Ciência do Direito. Os planos são vários, como vários os métodos.

E o mesmo dissídio se patenteia entre nossos clássicos, dos quais: Queiroz Lima;[127] Hermes Lima;[128] Álvaro Belford;[129] Helvécio de Gusmão;[130] Vieira Fernandes Netto;[131] e Adaucto Fernandes.[132]

Participa, sob esse aspecto, das incertezas que reinam com relação à filosofia do Direito, da Ciência do Direito no que diz respeito ao comportamento humano sob a ótica do ordenamento.

Como o nome claramente o indica, a filosofia do Direito é a parte da filosofia que, especialmente, concerne ao Direito.[133] Considerando-se, de uma maneira geral, a filosofia como o estudo dos primeiros princípios, dos mais ge-

---

[114] Brun, Lucien. *Introduction à l'étude du droit,* 2ª ed., 1887.

[115] Lerminier, E. *Philosophie du droit*, 3ª ed., 1853. Apesar de seu título, a obra de Lerminier, por seu cunho histórico e pela contextura de seu plano, pode ser considerada como um ensaio de introdução ao estudo do direito.

[116] Vareilles-Sommières. *Les principes fondamentaux du droit*, 1889.

[117] Fouillée, A. *L'idée moderne du droit*, 7ª ed., 1913.

[118] Beudant, Charles. *Le droit individuel et l'État, Introduction à l'étude du droit*, 3ª ed., 1920.

[119] Beaussire, Emile. *Les principes du droit,* 1888.

[120] Roussel, Adolphe. *Encyclopédie du droit*, 2ª ed., 1871.

[121] Namur, P. *Cours d'encyclopédie du droit ou Introduction à l'étude du droit*, 1875.

[122] Bélime, W. *Philosophie du droit ou Cours d'introduction à la science du droit*, 1869.

[123] Eschbach. *Introduction générale à l'étude du droit*, 3ª ed., 1856.

[124] Austin, John. *Lectures of jurisprudence*, 3ª ed. rev., 1869.

[125] Trendelenburg, A. *Dritto naturale sulla base dell'etica*, Roma, 1873.

[126] Ahrens, A. *Encyclopédie juridique*, trad. franc. de A. Chauffard, 1880.

[127] Lima, Eusébio de Queiroz. *Princípios de sociologia jurídica*, 3ª ed., 1933.

[128] Lima, Hermes. *Introdução à ciência do direito*, 10ª ed., 1983.

[129] Berford, Álvaro. *Introdução à ciência do direito*, 1935.

[130] Gusmão, Helvécio de. *Introdução à ciência do direito*, 1931.

[131] Ferreira Netto, Vieira. *Introdução à ciência do direito*, 1935.

[132] Fernandes, Adaucto. *Introdução à ciência do direito*, 1937.

[133] Del Vecchio, G. *Lezioni di filosofia del diritto*, 4ª ed., 1952, p. 1.

rais, isto é, encarando-a como a disciplina das generalidades, como a ciência dos conceitos fundamentais, na frase de Sternberg,[134] verificamos que esses sumos princípios podem referir-se tanto ao conhecimento como à ação, e daí a distinção vulgarmente adotada entre filosofia teorética, ou especulativa, e a filosofia prática, também denominada ética geral, abrangendo o Direito e a moral propriamente dita.

A necessidade de simplificação, aqui, aconselhou-nos a adotar esta singela mas perfeita e clara explicação de Del Vecchio,[135] fugindo, assim, às múltiplas e intrincadas controvérsias que suscitaria o assunto, cada vez menos pacificado, como incidentemente já o indicamos, no que diz respeito ao objeto próprio da filosofia em geral e da filosofia do Direito em particular, relativamente a seus métodos de pesquisa e, igualmente, no que concerne ao sentido ou finalidade dessa ciência.

Basta-nos, portanto, aqui, assinalar com Giuseppe Carle que por filosofia do Direito sempre se entenderam as mais altas especulações em torno ao Direito, a seu fundamento, a sua finalidade.[136] À filosofia do Direito se apresenta, assim, a frase do Professor Miceli como uma ciência superior às demais disciplinas jurídicas particulares, tendo por fim conseguir, em torno ao direito, um grau de conhecimento de ordem mais elevado, o mais elevado grau de conhecimento sintético que se possa alcançar.[137]

É a manifestação daquela tendência bipolar do conhecimento, assinalada por Sternberg, exprimindo-se primeiro na exposição dos fenômenos, depois na subordinação aos conceitos, na subordinação a um ponto de vista mais elevado, sendo de notar que o objeto das várias ciências filosóficas particulares não se distingue do objeto das respectivas ciências positivas, podendo, assim,

---

[134] Sternberg, Theodor. *Introduccion a la ciencia del derecho*, trad. esp. de José Rovira y Ermengol, 1930, p. 188.

[135] Del Vecchio, G. *Lezioni di filosofia del diritto*, introd., n. 1.

[136] Carle, Giuseppe. *La filosofia del diritto nello Stato moderno*, vol. 1, 1943, p. 2.

[137] Miceli, Vicenzo. *Principii di filosofia del diritto*, 2ª ed., 1928, p. 2. O Professor Miceli acrescenta: "A filosofia do Direito é o saber unitário em torno ao Direito, baseado em seu fundamento filosófico" (*Loc. cit.*).

qualquer um discorrer filosófica ou positivamente sobre o mesmo objeto, diversificando tão-somente a maneira de tratá-lo ou de encará-lo.[138]

Em uma só palavra se poderia tudo resumir, dizendo-se que a filosofia do Direito é o estudo do Direito conduzido ou orientado sob o aspecto filosófico, isto é, sob o ponto de vista da filosofia, pois existe uma unidade moral do homem e, conseqüentemente, uma necessária unicidade de valoração. Daí que o ideal do Direito se consistiria em passar-se do imperativo (heterônomo) à norma, quando a consciência moral do sujeito faz seu o imperativo, aceitando-o (tarefa que compete à liberdade, à autonomia ética da pessoa). O filósofo Leclercq considera que o objetivo da moral é determinar as regras pelas quais o homem atingirá seu perfeito desenvolvimento ou seu fim; o objetivo do Direito, por seu turno, seria o de dirigir as atividades dos homens na vida social, de maneira a que esta os ajude a atingir o fim que lhes assinala a moral; ora, se a moral é o ponto de vista do indivíduo, o ponto de vista do Direito é a ordem social.

Esboçada, por essa forma, a noção da filosofia do Direito,[139] é manifesto que nenhuma outra disciplina se mostra tão apta, como ela, a fornecer um conhecimento geral do Direito, abandonadas as particularidades técnicas de cada ramo, desprezadas as características peculiares ao momento histórico que determinou a feição própria de cada sistema de Direito Positivo, alçando-se a mais amplos estudos em que o fenômeno jurídico apareça em sua íntima unidade, na pureza e universalidade de seu conceito. Por ser ela, precisamente, a ciência das ciências jurídicas, nenhuma outra poderá, por definição, alcançar aquele grau de generalidade e de abstração que constitui, privativamente, o objeto de seus temas.

---

[138] STERNBERG, Theodor. *Introduccion a la ciencia del derecho*, trad. esp. de José Rovira y Ermengol, 1930, p. 188 e 189.

[139] O estudo das controvérsias suscitadas pela noção em geral de filosofia do Direito, por seu objeto e por seus métodos se encontrará perfeitamente esclarecido na obra já citada de VANNI, "Il problema della filosofia del Diritto", in *Saggi di filosofia sociale e giuridica*, vol. 2, p. 5ss. Em MICELI, *Principii,* prefácio e capítulo 1. Em DEL VECCHIO, *Lezioni*, introd., p. 1ss. Em CARLE, *La filosofia del Diritto,* volume 1, cap. 1. E em STERNBERG, *Introduccion*, § 14.

Síntese das mais altas, a mais completa de todas em sua universalidade, a filosofia do Direito satisfaz plenamente àquelas exigências apontadas de uma integração dos conhecimentos particulares, fornecendo uma visão harmônica e científica do Direito.

Compete ao jusfilósofo (re)espiritualizar o Direito Positivo. O neo-hegeliano Alberico Gentile, inspirado nas idéias de seu mestre, dispõe que na história, onde toda a vida espiritual se atualiza, o Direito coloca-se entre a moral de onde surge e a moral para onde se dirige; e a cada momento da história, fixa-se um momento de moralidade, que resolve uma situação jurídica para fazer (re)nascer de suas cinzas outra nova. Mais ainda: como diz Eric Weil, a moral faz nascer a concepção de um Direito Universal, de um Direito Natural. Um Direito Natural entendido como aquele Direito ao qual o próprio filósofo se submete, mesmo que o Direito Positivo não o obrigue. Para os não hegelianos, adeptos do cientificismo individualista de cariz metodológico de um Karl Popper, bem enraizado num liberalismo ético, a decisão moral última, isto é, aquela que deve vir dela mesma sem ser ulteriormente fundamentada, como a efetiva medida da verdade, suaviza-a a metodologia hermenêutica do cariz de Gadamer, em que, no caso do Direito, estaríamos numa zona de fronteira entre a razão (λογος) e a experiência moral (ετηος), entre a substancialidade do ser e a subjetividade da consciência.

Radbruch, estudando as grandes correntes da filosofia do Direito, mostra que foi o positivismo, declarando anticientífica toda a contemplação valorativa, que inspirou a criação da Teoria Geral do Direito, que viria substituir a filosofia do Direito.

Não se poderá, segundo essa doutrina, ir além, ultrapassando os dados da experiência, e, assim, os "cientistas" do Direito procurarão, conscientemente, limitar-se à investigação empírica do direito vigente.[140]

A Teoria Geral do Direito constitui, por essa forma, um andar acima no estudo da realidade jurídica. Investiga quais os conceitos jurídicos mais gerais e comuns a todas as disciplinas jurídicas; expõe, comparativamente, para além

140 RADBRUCH, Gustav. *Filosofia do direito*, trad. port. de Cabral de Moncada, 1974, p. 35.

da ordem jurídica nacional, os conceitos aparentados das diferentes ordens jurídicas; perscruta, finalmente, para além do Direito, suas relações com os outros domínios da cultura.[141]

É, mais ou menos, a lição de Vanni[142] e de Miceli,[143] mostrando o desenvolvimento dessa tendência, na Inglaterra, sob o influxo da chamada escola analítica de jurisprudência, salientando-se John Austin e, na Alemanha, por obra de alguns estudiosos da enciclopédia jurídica, o conhecidíssimo Adolpho Merkel.

Korkounov sustenta um tanto exageradamente que a antiga literatura jurídico-filosófica cada vez mais se mostra em decadência, vendo-se, em geral, agora substituída pelas pesquisas concernentes às questões gerais do Direito. Essas pesquisas incidem sobre o estudo dos elementos históricos e positivos, desprezando a velha preocupação de encontrar a solução de graves problemas jurídicos numa ciência de caráter metafísico; considera, portanto, caduca e abandonada a concepção que se tinha da finalidade dos estudos jurídico-filosóficos, pertencendo o futuro, segundo ele, à filosofia do Direito, exclusiva e cientificamente compreendida como Teoria Geral do Direito.[144]

Assim, segundo Korkounov, a Teoria Geral do Direito estuda, sobretudo, o Direito Positivo sob o ponto de vista técnico e lógico, destacando os princípios gerais do Direito, o laço que os une, a essência da organização social, reduzindo-os aos princípios gerais da atividade humana na sociedade e no Estado. Essa ciência, escreve ele, é a pedra angular do sistema da jurisprudência, ligando num todo suas partes distintas e seu conteúdo variável.[145]

---

141 Radbruch, Gustav. *Filosofia do direito*, trad. port. de Cabral de Moncada, 1974, p. 35.

142 Vanni. *Lezioni di filosofia del diritto*, 3ª ed., 1908, p. 22ss. Entende, aliás, Vanni que, assim concebida a Teoria Geral do Direito, não pode constituir uma verdadeira filosofia do direito, uma vez que esta não se deve limitar a unificar os resultados das várias ciências jurídicas, ou os princípios comuns dos diversos sistemas de direito positivo (*Lezioni*, p. 23).

143 Miceli. *Principii*, prefácio e capítulo II. Acha também Miceli que tal ciência não pode substituir a filosofia do direito, por ser uma ciência parcial e limitada e não uma ciência superior (p. 21).

144 Korkounov, N. M. *Cours de théorie générale du droit*, trad. franc. de Tchernoff, 1903, p. 42.

145 Korkounov, N. M. *Cours de théorie générale du droit*, trad. franc. de Tchernoff, 1903, p. 43.

Da aplicação exclusiva do método positivista, primeiro na ciência política e depois na ciência jurídica, decorre necessariamente o afastamento de certo número de questões, cuja solução implica, por natureza, a possibilidade de um juízo de valor que, embora não independente da contemplação dos fenômenos, entretanto, ultrapassa esses fenômenos, uma vez que esses fatos não poderiam jamais servir de fundamento às valorações.[146]

A filosofia do Direito, para cumprir sua tarefa tradicional, precisa ultrapassar os fenômenos, entrando os domínios da metafísica, enxergando, portanto, a possibilidade, segundo a própria etimologia da expressão "metafísica", de alguma coisa além da realidade humana, ou em razão dela porque também metafísica. Só assim ela poderá responder às grandes perguntas que inquietam e preocupam o espírito do homem.

A Teoria Geral do Direito assume posição diferente em face desses problemas. Com seus métodos de investigação positiva, atendo-se exclusivamente à realidade fenomênica e concreta, não poderia e nem pretende ela afrontar semelhantes questões que conscientemente afasta do campo de suas cogitações, limitando-se a resolvê-las de maneira exclusivamente descritiva.

Se da filosofia do Direito ou da Teoria Geral do Direito, o fato é que a Teoria Pura tira certo número de conceitos fundamentais também indispensáveis à compreensão de sua concepção normativa.

Da mesma forma que para a TPD a sociologia jurídica não poderá ser considerada como uma estranha importuna, reconhecido como está que o Direito não se deverá estudar em abstrato, como uma ideologia vã, mas como um fato social e, portanto, ligado às ciências sociais em tão indissolúvel nexo que, separá-los, fora versar no domínio da irrealidade e da fantasmagoria.[149]

---

[146] RADBRUCH, Gustav. *Filosofia do direito*, p. 17. O Professor Le Fur exprime semelhante conceito, embora sob forma diferente, afirmando que "não há juízos de valor sem metafísica" (*Archives de philosophie du droit et de sociologie juridique*, 1932, n. 1 e 2, p. 202).

[147] KORKOUNOV, N. M. *Cours de théorie générale du droit*, trad. franc. de Tchernoff, 1903, p. 45.

[148] LARNAUDE, F. Prefácio, em *Cours de théorie générale du droit de Korkounov*, p. XII.

[149] BRUGI, Biaggio. *Introduzione*, cap. 1, § 1.

Cada uma dessas ciências tem seu objeto próprio e que, portanto, é encarado, senão sob um ponto de vista exclusivista, ao menos de maneira precípua, constituindo assunto de explanações completas e particulares.

Kelsen gozava dos imprescindíveis conhecimentos gerais indispensáveis, filosóficos, de ciência social e técnico-jurídicos, necessários aos estudos especializados das várias disciplinas particulares do Direito, cujo conjunto, desde logo, se lhe antolha, compreendia ele as idéias mestras em que assenta o grande edifício do Direito, sua formação, seu desenvolvimento e os fundamentos gerais em que repousa.

Impregnado do estudo da filosofia do Direito, principalmente pelo pensamento filosófico dos gregos, manifestando-se primeiro nas várias escolas cosmogônicas, em que, com relação ao problema capital da Justiça, se destaca a escola itálica ou pitagórica, encerrando-se esse período pré-socrático com o aparecimento dos sofistas, através de cujas arengas perambulatórias começam verdadeiramente a repontar as questões concernentes à ética em geral, assunto que chamava particularmente a atenção de Kelsen, bem como toda a filosofia racionalista alemã. O criticismo kantiano pretendendo estabelecer novas bases ao conhecimento, a diferença fundamental da razão prática.

O idealismo de Hegel e sua concepção dialética. O Direito encarado sob o prisma da dialética hegeliana é uma constante em suas obras mais especulativas. A polêmica em relação à escola histórica, especialmente a dos juristas alemães, com Hugo, Savigny e Puchta, desprezando o idealismo transcendente e o transcendental, considerando o Direito em suas formas reais evolutivas e fazendo-o derivar das entranhas da nação, como produto espontâneo da consciência popular. O ponto de vista de Ihering, combatendo precisamente essa formação espontânea, em que o Direito evolui placidamente, como flui um rio, saudando na luta pelo direito o verdadeiro fator de seu desenvolvimento. Suas contribuições filosóficas concernentes ao Direito, salientando especialmente o elemento finalístico e considerando-o essencialmente uma norma coativa de conduta, são também elementos filosóficos da obra do mestre vienense.

Léon Duguit, o grande agitador de todos os problemas concernentes quer ao Direito público, quer ao Direito privado, com sua teoria do direito objetivo, tese de vastíssima envergadura, modificando uma série de noções correntes sobre o Direito, em geral, e sobre o Estado; a figura de Gustavo Radbruch, o ilustre Professor de Heidelberg, estadista experimentado, preciso, claro e acessível, com aquela sua sugestiva concepção antinômica do direito, destacando os três elementos fundamentais, justiça, finalidade, segurança ou positividade, que com tanta felicidade incute e facilita a noção ou o conceito do Direito e o papel que representa na sociedade. Nada disso passou despercebido nos estudos de Kelsen.

O problema do neojusnaturalismo, que é o grande problema fundamental da filosofia do Direito. É quase que a conseqüência das explanações anteriores, pois que todas giram em torno dessa questão. É a luta moderna entre o positivismo jurídico e o idealismo persistente. É com esse caráter nitidamente filosófico, que não pode ser postergado, sob pena de abdicação espiritual ao puro tecnicismo, que o Direito deve sempre se confrontar.

Pois então, é em Kelsen, em seu inesgotável universo, que o estudo da norma jurídica verificaria sua forma (seu imperativo e generalidade); sua força obrigatória (o problema da coação); seu Órgão peculiar (o Estado); seu campo próprio (relações externas entre os homens); sua função específica (função de garantia); seu conteúdo (sistema de fins) e seu controle (o controle concentrado de constitucionalidade).

A forma do preceito é seu imperativo, pois que a Lei procede, na frase de Del Vecchio, por fixação de tipos e por sua força obrigatória na sanção específica da norma, isto é, na coação organizada e aplicada pelo Estado.

Surgem aqui os problemas gerais sobre como obriga o Direito, considerando os dois momentos da sanção, enquanto força psíquica ou força física; o problema sobre o fundamento da obrigatoriedade da Lei, a questão sobre por que obriga o Direito; a pendência sobre si, a coação como elemento essencial ao preceito jurídico.

Com referência a seu Órgão peculiar, isto é, o Órgão que empresta à norma jurídica seu valor ou sua força, a simples demonstração de que a evolução jurídica e política enfeixou nas mãos do Estado semelhante poder, confiandolhe a tutela do Direito.

Relativamente a seu campo próprio, o estudo das relações humanas constitui o objeto de determinações jurídicas e o ângulo sob o qual o Direito encara essas relações, considerando-as sob seu aspecto externo e abandonando, em princípio, a pura intenção do agente.

No que diz respeito a sua função específica, esta não pode ser outra senão conseqüência de um longo processo histórico-evolutivo, uma função de garantia, assegurando certo número de condições indispensáveis e fundamentais na vida em comum.

Quanto a seu conteúdo, a filosofia do Direito trata de estabelecer os fins sociais visados pelo mesmo Direito, surgindo a discriminação entre os fins gerais ou comuns e os fins particulares. De toda maneira a filosofia do Direito vai informar à Ciência Jurídica, seja de que natureza for, que sua finalidade é o homem em sua perspectiva integral.

Ordem moral – Ordem jurídica ______________________	Homem
Ordem natural – Ordem divina ______________________	Homem

Como objeto do conhecimento científico, a natureza é um sistema de fatos ligados uns aos outros por relações de causa e efeito, independentes de toda vontade humana. O Direito e a moral, ao revés, são sistemas de normas criadas por uma vontade humana e estabelecem relações fundadas sobre o princípio da imputação entre as condutas humanas que se quedam sob seu âmbito.

Sob a perspectiva pós-moderna, o jusnaturalismo moderno considera que o Direito é o complexo de condições internas e externas, dependentes da liberdade humana e necessárias para a realização do destino individual e social do homem e da humanidade. Ao Direito cabe, pois, delimitar e garantir a esfera de ação jurídica de cada homem, dentro da qual cada um é livre para desenvolver como quiser sua atividade, pois cabe ao Direito subministrar ao homem as condições necessárias para que este consiga seu fim individual e garantir para isso sua livre atividade. Porém, importa que a liberdade de um seja limitada pela liberdade dos outros; e para que a esfera de liberdade de cada um seja a mais larga que é possível, é mister que todos os homens trabalhem não só por seu desenvolvimento individual, senão também pelo da vida social plena em que a Justiça reine soberana.

O valor jurídico é sempre valor extrínseco que uma ação tem para os outros ou para a coletividade de todos os outros, ao passo que o valor moral é o valor intrínseco da própria ação. A escolástica costuma dizer a esse respeito que a moral é *ab agendi*; o Direito *ad alterum;* Pufendorf considera o constrangimento social como a característica que separa o Direito da Moral, contra Hugo Grócio, para quem o Direito se identifica com a Moral.

Leibniz (que partiu da distinção entre Direito e Moral pela Definição do *Corpus Juris, D. 1.,1,10, 1 ou Inst. de Justiniano: 1,1,3*), para quem o Direito e a Moral são funcionantes para o fim último da Justiça, estabelece uma gradação do Bem: num primeiro grau, equivalente ao *honeste vivere*, temos aquilo que ele considera como a Justiça universal, em relação com Deus e correspondente à piedade, abarcando todas as virtudes e tendo por fim a salvação; já num segundo patamar, correspondente ao *suum cuique tribuendi*, segue-se a Justiça distributiva, em relação com a humanidade, para além da *aequitas* da *jusrisprudentia* para a *caritas* cristã; e, ao fim e ao cabo, uma terceira etapa, correspondente ao *neminem laedere*, o Direito Positivado, objetivo, a reger a vida em sociedade, assim, que a Justiça inclui a caridade e a sabedoria, tendo o Direito e a Moral sua origem em Deus, que pela reta razão (*recta ratio*) é Lei insculpida no coração dos homens, como o pressentiu Licurgo e no-lo revelou São Paulo Apóstolo.

Deus	*Pietas* (Piedade)	*Honeste vivere*
Humanidade	*Caritas* (Caridade)	*Suum cuique tribuere*
Sociedade	*Jus* (Direito)	*Neminem laedere*

Carlos Cossio opina que, se o Direito é conduta humana intersubjetiva, na interferência de vários sujeitos entre si, já a moral se dará na interferência entre várias ações possíveis do mesmo sujeito, das quais uma só é lícita e as outras, ilícitas. Por seu turno, Del Vecchio, numa linha neokantiana, considera que o juízo moral vem do interior para o exterior, ao passo que a valoração jurídica vai do exterior para o interior.

Para a TPD é na coercitividade da norma jurídica que está a distinção entre o Direito e a moral: uma distinção entre o Direito e a moral não pode encontrar-se naquilo que as duas ordens sociais prescrevem ou proíbem, mas na forma (formalismo lógico) como elas prescrevem ou proíbem determinada conduta humana. Assim, enquanto o Direito é uma *ordem normativa* que procura obter determinada conduta humana ligando à conduta aposta um ato de coerção socialmente organizado, já a moral é uma ordem *social* que não estatui sanções externas formais, isto é, sanção decorrente de ato ilícito (juridicamente positivado na condição de norma jurídica válida, eficaz e, portanto, efetiva; o intento de se identificar Direito e Justiça é a tentativa de se identificar, política e ideologicamente, determinada ordem social; uma análise detalhada da temática da Justiça e do Direito natural, na perspectiva científica positivista, deve revelar, antes de tudo, seu caráter político e ideológico, já que a Ciência Jurídica em Sentido Estrito (CJE) se declara incompetente para afirmar se um dado Direito Positivo é justo ou injusto.

A natureza, portanto, é o que é, assim como se apresenta, ao passo que o Direito e a moral prescrevem a partir da realidade o que deve ser.

Ao liberar a Ciência Jurídica em sentido Estrito (CJE) da idéia de Justiça, foi intento de Kelsen apartar as tendências ideológicas que intentavam apresentar o Direito Positivo como justo e, portanto, situar o saber teórico do Direito dentro da corrente epistemológica que pretende a neutralidade ideológica dos paradigmas científicos.

A CJE enquanto ciência não pode responder a essa pergunta, em virtude da impossibilidade de respondê-la cientificamente. Os juízos de índole moral, na medida em que são apresentados como critérios de legitimação de um dever de obediência a um ordenamento jurídico, encontram-se por seu turno, fundamentados em uma suposta (e fictícia) identificação com a moral e a Justiça.

Kelsen sustenta que os juízos de valor, expressados através das normas de justiça, não podem incidir teoricamente como fundamento de validez das normas jurídicas, nem podem ser afirmados no interior da ciência jurídica como qualidade a elas inerente.

Resulta daí a proposição de Kelsen para superar o que ele considerava como uma insuficiência do pensamento jurídico do século (XIX) e do anterior também (XVIII), posto que, segundo ele, podem distinguir-se dois tipos de ciências: as da natureza e as da sociedade.

A ciência da natureza estaria regida pelo princípio da causalidade, ao passo que a sociedade estaria regida pelo princípio da imputação.

A Teoria Pura do Direito (TPD) seria, neste sentido, uma teoria dirigida para explicar as condições de produção das significações normativas (seu objeto central), para que haja, então, uma Ciência Jurídica em sentido Estrito (CJE). É preciso que se proponham as noções de sanção e Órgão como princípios categóricos aptos para determinar, em relação às outras ciências sociais normativas, as diferenças específicas do objeto temático da CJE.

12. A CJE e o Direito Subjetivo

On ne se lasse pas de changer les institutions,
ne pouvant changer les hommes!.
*L. Arréat**

No sentido estrito da Ciência Jurídica, o Direito tem um caráter normativo, ou seja, é tomado por um conjunto de normas coercitivamente impostas pelo Estado para reger a vida em sociedade, conquanto tomado em seus vários amplos sentidos, pode ser considerado como um interesse (Ihering) ou uma vontade (Savigny) tutelados pelo Direito.

Não é possível remontar os conceitos de Direito subjetivo e Direito objetivo pela subsunção a um conceito único, porque foi somente por abstração que a doutrina foi, a pouco e pouco, comprovando a idéia dos Direitos subjetivos correlacionados com a idéia do ordenamento jurídico como seu supedâneo de validade e eficácia.

* ARRÉAT, L. In *Réflexions et Maximes*, n. 18.

A noção de sujeito de Direito ou de pessoa está estreitamente vinculada a de Direito subjetivo, posto que somente a pessoa é titular de Direitos; pessoa física ou natural de um lado e pessoa jurídica do outro, confome a construção pandectística do Direito Civil.

O sistema romano repele essa construção artificiosa de pessoa, os romanos não conheciam a categoria pessoa jurídica, o nível de abstração é deveras alto que chega a atribuir titularidade a objetos inanimados (bens) e a negar ao nascituro ou à pessoa por nascer essa mesma titularidade. Para o sistema romano do Direito como arte do Bem e do Justo, só existe a pessoa humana como centro e fim e todo o Direito.

Para a Teoria Pura, o poder jurídico chamado de Direito subjetivo é da mesma natureza daquele poder (*Rechtsmacht*) conferido ao juiz, conferido pelo Direito objetivo de "criar" o Direito; portanto, esse poder não seria Direito, mas sim a norma (fundamental) que "faz" o poder jurídico e não o poder jurídico que "faz" a norma.

Kelsen nos apresenta uma estrutura lógica e metodológica do conceito de Direito subjetivo, mas não indica seu conteúdo específico; não deriva do mundo dos valores absolutos, senão de uma noção metodológica da validade do sistema jurídico. Juspublicista que era, Kelsen tratou o problema dos direitos subjetivos sob o signo da estatalidade ou unicamente pelo Direito objetivo e não como categoria imanente ao homem.[150]

---

[150] A concepção pandectista é a de que "... os Direitos subjetivos existem há muito tempo na história, muito antes mesmo da conscientialização de uma ordem estatal. Eles se fundam na personalidade do indivíduo e no respeito que eles sabem obter e impor a sua pessoa mesma e a seus bens. É pela abstração somente que se construiu, a pouco e pouco, uma concepção dos Direitos subjetivos existentes na noção de ordem jurídica. É, pois, uma idéia tão anacrônica quanto inexata a de crer que os Direitos subjetivos não seriam mais do que a emanação do Direito objetivo" (Tradução do autor. Dernburg, Heinrich. *System des Römischen Rechts. Der Pandekten acht, umgarbeitet Auflage*. Berlin, 1911, p. 65), o que para Kelsen representava "... a idéia de que os Direitos subjetivos resultam do estado de coisas efetivo, que são imanentes aos estados de coisas; é o paralogismo típico do jusnaturalismo que infere um dever-ser de um ser" (*Allg. Theorie der Normen.* Nota 85).

Sob a perspectiva da CJE a pessoa, seja ela física ou natural, moral ou jurídica, designa um centro de imputação de direitos e obrigações, na medida em que se compreende a pessoa como um conjunto de normas.

O fato da TPD ser negativista dos Direitos subjetivos,[151] posto que não admite considerar o homem como sujeito de Direitos, nem a existência de direitos sem titular, *v. g.* caso do nascituro e da herança jacente; contudo, há uma saída hermenêutica, na medida em que o homem é considerado como elemento continente para o conteúdo das normas jurídicas que regulam sua conduta; entretanto, o perigo real existe de que a CJE desconsidere o homem em sua dignidade, tendo em vista que o sistema não exclui a carga propositiva ou valorativa na aplicação da norma. O conceito jurídico positivo de pessoa como sujeito de Direito, a expressar uma unidade de pluralidade de direitos e deveres, não implica necessariamente na desvalia da dignidade humana, haja vista a heteronomia, a gnoseologia, a carga deôntica da norma, que é bifronte, capaz de alongar-se ou de reduzir-se ao mínimo previsto na norma. *Eis a razão pela qual o núcleo indevassável da dignidade da pessoa humana necessária e imperiosamente ser o princípio fundamental do ordenamento jurídico, muito embora esse fato não impeça que a CJE afaste a natureza sacrossanta da vida humana, e autorize atrocidades em nome do mesmo princípio da dignidade humana, como no caso do aborto, do aborto anencefálico ou da eutanásia.*

Se uma norma jurídica, pois, integra um ordenamento determinado, dele dependendo até sua norma fundamental para a validez de seu ser e do dever (ser), o significado de pessoa humana passa a ser condicionado a esse ordenamento, não sem perder de vista a norma hipotética fundamental do sistema e inspiradora de seu funcionamento; daí que, em última análise, o conteúdo

---

[151] Hägerström e seus partidários da Escola de Uppsala (*op. cit*) rejeitam as noções de obrigação jurídica e de Direito subjetivo por o terem por *místicos:* "The notion of legal duty cannot be defined by reference to any fact, but has a mystical basis, as is the case with right" (p. 8). Chamar de místico o conteúdo do dever-ser do Direito subjetivo, decorrente do poder jurídico do ordenamento (*Rechtsmacht*), é desconhecer realidade (intelectual) do Direito e, pior ainda, da natureza humana.

de determinada norma para cada pessoa humana há de fundamentar-se nos valores sobre a dignidade humana na qual esta mesma sociedade considere fundantes de sua existência.

No que tange à formação da norma pela CJE, leva-se em conta a forma, sem ignorar seu conteúdo axiológico, a depender da natureza da matéria à qual se quer dar significação jurídica em cada sociedade particular que, por via de regra, há de se revelar na produção da norma, a saber:

– Normas gerais: O costume ou o processo legislativo formal.

– Normas de efeitos concretos: A decisão judicial ou o ato administrativo, ou ainda o ato jurídico entre particulares, o *pacta sunt servanda.*

A *iuris dictio*, o ato de "dizer o Direito", não tem o caráter simplesmente declarativo que sugere e que ainda são afirmados em certas teorias, para as quais o Direito se encontra já totalmente contido na norma geral (Lei fundamental) e no tribunal, mormente a Corte Constitucional que nada mais faria do que verificar sua existência e validade.

A jurisdição tem um caráter claramente constitutivo, a relação entre o fato ilícito e a sanção não é estabelecida pela lei senão de uma maneira abstrata e geral; se pretende individualizá-la e concretizá-la, precisar-se-á de um ato jurisdicional que estabeleça uma norma jurídica individual (*inter partes et in casu*) e que constitua uma nova etapa no processo de criação e determinação do Direito.

Se de um lado a Constituição, pela *viva vox legis* de seu Tribunal Constitucional, reconhece não somente a validez das leis constitucionais *et infra,* senão também, em certo sentido, aquelas que não o são, essa pretendida inconstitucionalidade não é uma contradição lógica para a CJE, mas sim uma condição fixada pela Constituição para a iniciação de um procedimento que, por via de regra, tende a ser a suspensão de sua eficácia ou um comando a determinado Órgão para que a suspenda.

O único ponto pacífico entre (quase) todos os teóricos ou filósofos do Direito consiste na consideração da disciplina jurídica como uma disciplina científica, ainda que não sejam concordes com o objeto dela, o objeto do Direito, nem ainda com relação ao método apropriado para estudá-lo. Certo é que na atual quadra coexistem diversas e opostas, senão antagônicas, teorias jurídicas, *v. g.* jusnaturalismo, juspositivismo, realismo, tridimensionalismo, sociologismo, teoria egológica, teorias marxistas, teorias críticas, econômicas, alternativistas etc.

Para fins didáticos e de classificação, podem-se conceber dois grandes grupos, o das teorias normativistas ou positivas e o das teorias humanistas (sociais), em que pese esta divisão não ser estanque, posto que eles se interpenetram em seus conceitos fundamentais. Na verdade, a diferença reside basicamente no ponto de vista pelo qual é tomado o fenômeno jurídico; daí se reputarem normativistas – o formalismo, a teoria pura, a escola analítica e humanista, o jusnaturalismo, a teoria egológica de Carlos Cossio, a teoria tridimensional de Miguel Reale, o sociologismo norte-americano, o realismo europeu (escandinavo), e até anti-humanistas como o materialismo histórico marxista ou grammsciano

Nós entendemos que os princípios e os valores do sistema romano são a solução de complementaridade ao sistema jurídico positivo, a integração dos dois sistemas para um *tertius genus* que correspondesse ao homem integralmente e o realizasse socialmente.

Ao formular a Teoria Pura, Kelsen atinara para o fato de que o discurso jurídico até então estava repleto de mistificações, hipóteses, estereótipos, metáforas e argumentos ideologicamente compensatórios, como "ordem pública, abuso de Direito, lacuna da Lei, *raison d'État* etc., de aplicação mecânica no meio social.

Outra categoria mistificadora é a do "juiz neutro"; leva-se em conta que o juiz deve aplicar a lei ao caso concreto, declarando, constituindo, condenando, a fim de construir a norma para o caso concreto, para o bem agir segundo a eqüidade; é natural que ele sopese uma dada situção objetivamente considerada, conforme idéias que são subjetivas, *v. g.* condicionamentos socioeconômicos, ideológicos, culturais etc. Se a norma jurídica é heterônoma, também o juiz o é, na medida em que ele a aplica.

O legado epistemológico de Kelsen descansa em sua fervorosa defesa de uma visão científica, analítica e desmistificadora do Direito, donde a necessidade de sempre se repensar sobre seu objeto, a norma jurídica e o próprio ato de conhecimento normativo.

Kelsen trouxe-nos uma estrutura analítica de enorme riqueza filosófica e assinalou para a necessidade de não se confundirem as estruturas lógicas e metodológicas da norma no campo temático da explicação com as estruturas axiológicas e políticas do campo da justificação da mesma norma.

O enfoque kelseniano feriu mortalmente a idéia de que existem atos intrinsecamente maus, Direitos e Deveres intrinsecamente justos; Direitos subjetivos inerentes à personalidade humana, que se dizem derivados de uma ordem natural preestablecida, o que, numa leitura aparente, choca o jurista de maior sensibilidade. Entretanto, reside aí a grande força da Teoria Pura, justamente no fato de não mais condicionar a própria existência do ordenamento jurídico a idéias subjetivas que o legitimem; sua existência dá-se no plano da legalidade (ser) da norma, conquanto o conteúdo axiológico variável (dever) ou propositivo da norma há de se localizar no plano do dever (ser), cujo sentido e alcançe é dado pela própria sociedade submetida à norma jurídica em questão.

Não há normas jurídicas sem raízes sociais, da mesma forma que não pode haver vida comunitária (*Gemeinschaft*) ou social (*Gesellschaft*) sem uma normatividade institucionalizada.

13. A ciclotimia da formação da norma jurídica

Bonae leges malis ex moribus procreantur.
*Macróbio**

Pode-se dizer que o sistema normativo é fechado do ponto de vista da CJE, quanto ao escalonamento prescritivo do *sein*-ser; aberto quanto ao plano do *sollen*-dever (ser); e propositivo, dado que fechado enquanto sistema lógico e aberto enquanto sistema valorativo/descritivo do conteúdo axiológico da norma.

---

* Macróbio. In *Saturnalia*, II, 13. (Tradução do autor: "Boas leis nascem dos maus costumes".)

Outros conceitos jurídicos fundamentais que se encontram em Kelsen são: ato ilícito; sanção; norma primária e secundária; direito subjetivo e órgão.

AA (Ato antijurídico ou ato jurídico ilícito) ______________ S (Sanção)
DJ (Dever jurídico) ________________________ DS (Dever subjetivo)
AA______________________ S > Norma primária ou genuína (Kelsen)

DJ – Dever jurídico > Norma secundária, construção teórica ou doutrinária derivada da norma jurídica primária (*A Teoria Egológica* de Carlos Cossio entende norma primária e secundária opostamente a Kelsen, apesar de conflito aparente, posto que Cossio também é formalista).

Vale dizer que para Kelsen o objeto do Direito é um objeto lógico, qual seja a norma jurídica; neste conceito é que se concebe a Ciência Jurídica em sentido Estrito (CJE).

A lógica de Kelsen reside no fato de o antecedente gerar o conseqüente pela causalidade, ou seja, o ato de coerção devido quando da ocorrência do antecedente, posto que a base da lógica formalista está na sanção (jurídica). É a teoria dos círculos secantes que remonta a Bentham em seu diagrama de Venn aplicado ao Direito, porém já Bentham havia concebido o modelo em círculos concêntricos, a distinguir as normas jurídicas, morais e religiosas pelo resultado da infração dessas condutas, com especial relevo para a norma jurídica que possui sanção *estatal* a diferençá-la das demais normas.

Daí que só há norma jurídica se houver sanção estatal; sem o que não há Direito, há norma moral ou religiosa, norma de foro íntimo (Jellineck) a contrapor-se à norma de foro externo, passível de sanção pelo Direito. Sanção esta que poderá ser vinculada plenamente, quando não se pode eximir de sua incidência, *v. g.* homicídio, roubo, furto; ou vinculada alternativa, quando a conduta comporta mais de uma sanção e o agente pode, discricionariamente, optar por qual comportamento se conduzirá, *v. g.* num caso de passageiro em estado grave de saúde num carro, o motorista pode optar entre "furar" os sinais para salvar a vida do doente ou obedecer às normas de trânsito e, ao demorar e provocar a morte da vítima, ser declarado culpado por sua morte.

O ilícito ou ato antijurídico está na *conduta* e não no *atributo pessoal* ou apanágio ontológico do ser (físico ou jurídico) – *conduta* esta que deve estar descrita/prescrita pela norma ser/dever emanada do Órgão Estatal competente.

Eis aí a razão pela qual determinados sistemas jurídicos na história recente do mundo, *v. g.* comunismo, nazismo, apartheid, terrorismo religioso etc., baseavam, e muitos ainda baseiam, a legalidade de seus atos estatais contra determinada nação, raça, religião, cultura ou ideologia, por entenderem que essas características são atributos do destinatário das normas sem que se verifique a *conduta*. Desnecessário dizer que a tipicidade do estado da pessoa humana em vez da *conduta* leva inexoravelmente à elaboração de normas que, ao descreverem *condutas* condizentes com a exteriorização dos atos das pessoas, cujos atributos pessoais não são considerados ilegais até aquele momento, passam a ser infração a uma norma estatal.

A propósito, o nazi-fascismo, ao buscar a impossível legitimação de seus atos legais contra as raças e culturas não arianas, deu uma interpretação fascista a uma proposição de conteúdo axiológico que, multissecularmente, vinha como um ideal de Justiça e não como uma justificação de bárbaro genocídio. Referimo-nos ao dístico ou moto do campo de concentração de Buchenvald, presenciado por este autor na floresta da Turíngia – *Jeden das Seine* – que encima o portão de entrada do referido campo que, nada mais, nada menos, é a tradução alemã do *suum cuique tribuere* de Gaio e de Justiniano para conceituar a Justiça de dar a cada um o que é seu!

Para a CJE a coerção se identifica com a sanção. A coerção, neste sentido, entende-se como a privação de certos bens sem o consentimento do titular, bem aí como valor patrimonial real e pessoal (*lato-sensu*), patrimônio jurídico, *v. g.* liberdade, propriedade, saúde, honra etc., ou ainda expectativa de Direitos, *v. g.* nascituro, condições incorporativas de Direitos etc. A coerção para ser legítima há de ser devida, ou seja, há de haver um antecedente como causa/imputação do conseqüente, do contrário é não devida, ou seja, carece de legitimidade. Ela é devida quando a norma emana de Órgão competente do Estado, ou melhor, quando praticada pelo agente legitimamente investido no cargo/função pelo Órgão estatal. Eis aí a diferença de um carrasco contratado pelo Estado para aplicar a pena de morte. Ele num pesado "dia de trabalho" executa 10 pessoas e não comete crime algum, ao passo que, se este mesmo verdugo, ao chegar a sua casa, exaurido de seu mortal ofício, vier a flagar sua esposa em adultério e matá-la, cometerá homicídio. Ou ainda o que vai efetivamente diferençar a conduta do meliante que extorque um incauto cidadão do fiscal que "extorque" o patrimônio do contribuinte contra sua vontade, segundo a resposta de Kelsen, é o agir segundo a norma jurídica (o fiscal) ou contra ela (o meliante), submetendo-se a sua sanção pelo Órgão Estatal (processo e prisão).

Em rigor, os dois únicos juízos de valor que a CJE poderia pronunciar teoricamente são aqueles que comprovam a conformidade ou a oposição entre determinado ato jurídico ou *conduta* e uma norma jurídica (se a norma é boa ou má, justa ou injusta, corresponde a um juízo valorativo interpretativo).

A nosso ver, um pouco de Kelsen afasta-se da jusfilosofia, ao passo que ir além dele significa volver para a pedra angular de toda a sua construção filosófica. Há de se ter em mente que o jusnaturalismo, intuído dos antigos e revelado pela Cristandade, lançou as bases remotas para os jusnaturalistas da *Aufklärung*: Thomasius, Leibniz, Puffendorf, Kant e muitos outros que, no limiar da era propriamente científica do Direito, proporcionaram com a madureza de suas doutrinas as condições culturais e as possibilidades teóricas para que o gênio de Hans Kelsen definitivamente criasse o arquétipo científico do Direito. Aliás, a paternidade das ciências sociais é uma marca do círculo vienense: Freud na psicanálise e Ferdinand de Saussure na Lingüística.

Se o ideal de Justiça é conteúdo propositivo da norma jurídica, conhecer o seu dever-ser orientado para a idéia de Justiça é de suma importância, posto que todo o Direito está a serviço desse ideal.

O professor Miguel Reale registrou no *Festschrift* pelo octogésimo aniversário do Prof. Camargo Vidigal, no artigo oitavo, a sua impressão sobre a problemática da justiça e o positivismo normativo, *passim*, *verbis*:

> Meu propósito, com efeito, não é delinear algumas das mais significativas doutrinas sobre a justiça, visando determinar seu *conceito* ou *idéia,* conforme distinção feita por Kant entre um e outro; o conceito como afirmação de algo suscetível de comprovação experiencial e a idéia como expressão pela razão de algo dotado de força regulativa, mas não possível de prova. O que pretendo é antes verificar como, ao longo da história, o problema da justiça foi posto e estudado.

Quando surgiu a problemática do justo como um *campo autônomo* de conhecimento? Esse foi o resultado de milênios da experiência humana, até o momento em que o homem, sem negar de antemão a divindade, procurou situar-se perante ela, ou seja, teve a intuição primeira de possuir *algo de próprio,* não obstante o supremo poder dos deuses.

Antes desse momento insondável de autoconsciência espiritual, a justiça jazia adormecida no plano divino, aventando Cassirer a hipótese de que a primeira idéia de uma *ordem justa ou harmônica* (idéias de início intercambiáveis) teria sido inspirada pela ordem dos astros, pela periodicidade da visão regular do Sol ou da Lua.

Obedecer à ordem cósmica era seguir a ordem justa, de tal modo que a justiça não era senão uma modalidade da ordem posta pelos deuses. Themis e Diké eram a personificação da ordem divina, a que os seres humanos deviam obediência, não podendo a justiça ser senão *um fato,* ou melhor, *fado,* que é o fato envolto no mistério.

Pode-se, pois, *conjeturar* (no sentido que dou a esta palavra) que, antes de tudo, a justiça imperou como *algo de objetivo,* independente da *subjetividade humana.* Pode-se dizer também que a multimilenar história da justiça é a do *conflito* ou *dialética* entre o que nela há de *subjetivo* ou *objetivo,* como se verá.

É que a *idéia* de justiça se confunde com o *ideal de justiça,* envolvendo sempre elementos *subjetivos* e *objetivos,* cuja prevalência depende, no fundo, da concepção que se tem do homem e do cosmos, do significado de *seu* pensar e de *seu* querer em confronto com o que, *objetivamente,* deve ser pensado e querido. Daí a dificuldade do tema, mas, por maiores que sejam os obstáculos opostos a nosso propósito de desvendá-la, e ainda mesmo quando proclamamos desconsoladamente a impossibilidade de chegar até ela pelas vias da razão, devendo contentar-nos com meras intuições de caráter emocional, como declara, por exemplo, Hans Kelsen, o maior jurisfilósofo do século passado, nem por isso desaparece nossa aspiração no sentido de que haja atos justos que dignifiquem a espécie humana. É que, se não conseguimos defini-la, nem por isso podemos viver sem ela.

Por outro lado, acontece que a justiça nunca se põe como um problema isolado, válido em si e por si, porque sempre se acha em essencial correlação com outros da mais diversa natureza, desde os filosóficos aos religiosos, dos sociais aos políticos, dos morais aos jurídicos, conforme o demonstra sua vivência ao longo da história, estando sempre inserida em distintos conjuntos de interesses e de idéias.

Nem podia ser de outra forma, tratando-se de uma das questões basilares da história, a qual, depois dos estudos de Vico, Spengler, Toynbee, Teilhard de Chardin e tantos outros, não pode ser vista segundo uma continuidade linear, mas sim como o desenrolar, nem sempre seqüencial, de *ciclos culturais* diferentes, com diversificadas estruturas material e ideal, nas quais Fernand Braudel soube encontrar distintas *durações,* a que deu o nome de *conjunturas.*

Ora, cada ciclo ou conjuntura histórico-cultural possui sua experiência da justiça, sua maneira própria de realizá-la *in concreto* como eqüidade, o que leva a maioria dos pesquisadores a concluir que, ao invés de indagar de uma *idéia universal* de justiça, melhor será tentar configurar, no plano concreto da ação, o que seja *justo.*

Compreende-se, assim, que a primeira noção fundamental de justiça, a platônica, tenha resultado da compreensão que Platão tinha do universo como conjunto de arquétipos ideais, não criados pelo homem, mas antes por ele recebidos como complexo de diretrizes a serem seguidas. Partindo da afirmação basilar de que "não há justiça sem homens justos", Platão, em última análise, via a justiça como a imperativa adequação da conduta humana à ordem ideal do cosmos, constituindo ela a *lei suprema* da sociedade organizada como Estado. Em linguagem moderna diríamos que, a seu ver, não se poderia conceber *direito sem justiça,* assim como não se poderia pensar em sociedade sem Estado, tudo se devendo fazer para realizar uma ordem jurídico-política justa; sem a qual o homem se divorciaria dos mandamentos divinos.

Essa subordinação da idéia de justiça a uma prévia visão do universo e da vida, nós a vemos também nos ensinamentos seguintes de Aristóteles, que foi quem, pela primeira vez, estabeleceu os parâmetros em função dos quais deve ser situada a problemática da justiça.

Com efeito, ao procurar determinar as bases estáveis *da polis,* ou seja, da organização política, Aristóteles parte da idéia de *natureza (Physis)*, na qual enquadra a *natureza humana* ponto de partida imediato de sua concepção. Em seu entendimento, o ser humano é, em si e por si mesmo, um ente que *é o que é* (visão ontológica) e que, ao mesmo tempo, *implica o que tem de ser* (visão deontológica). É, em suma, uma realidade diferente das dos demais seres, por ser-lhe imanente *um fim a realizar.* Esse fim que ele denomina *bem é* o objeto da *Ética,* que se desdobra em estudo do *bem individual* e em estudo do *bem social ou político.* Nesse quadro valorativo é que surge a idéia de *justiça* como *conformidade ao bem,* tanto individual como social ou político, uma vez que, até então, não havia sido feita a distinção entre o social e o político.

O importante é salientar que nessa compreensão está implícito o que depois seria denominado o "valor da igualdade" entre os seres humanos, para ser possível atribuir, proporcionalmente, *o bem que cabe a cada um* dos membros da coletividade. Aqui cabem duas observações. A primeira é a de que Aristóteles, homem de seu tempo (ninguém é superior à sociedade a que pertence), não estendia a toda a espécie humana sua idéia de igualdade, admitindo a escravidão; e a segunda é a de que ele via a igualdade mais como *proporcionalidade,* a reger as duas formas fundamentais de justiça, a *distributiva* e a *corretiva,* aquela como relação do todo para com as partes *(em proporção geométrica)* e esta como relação das partes entre si, conforme atos de vontade e, como tal, tanto por tanto, em proporção *aritmética.*

Convictos estamos de que o conceito de *justiça* não constitui uma *idéia a se,* mas sim uma idéia sempre incerta numa visão eidética complexiva ou, por outras palavras, em uma *Weltanschauung* ou *cosmovisão,* confirmada pelo mundo romano, cujo direito se desenvolve em consonância com o pensamento de Aristóteles e dos estóicos, os quais davam ênfase à natureza, que, a seu ver, devia ser obedecida necessariamente.

Pois bem, o que os romanos, notadamente com Cícero, nos dão de novo é a idéia de *ratio naturalis,* isto é, a conexão íntima entre *natureza* e *razão,* o que não é de se estranhar em se tratando de um povo que foi, sem dúvida, o fundador do Direito como ciência autônoma.

Quando Cícero fala em *recta ratio,* ou *os juristas romanos,* a propósito do direito, insistem na exigência de atender a *natura congruens, é* toda uma cosmovisão social e política englobante que se nos antolha, na qual a justiça só podia ser vista como resultante de nosso poder de querer, o que era próprio de um povo voluntarista como o romano. Esse entendimento estava, aliás, em consonância com a crítica de Cícero ao naturalismo fatalista dos estóicos, proclamando que, apesar de tudo, algo está em nosso poder de decidir *(aliquid est in nostra potestate).*

Com o advento do Cristianismo, ocorre uma verdadeira revolução da subjetividade, prevalecendo a atitude ou disposição de ser justo sobre a aspiração de ter uma idéia precisa de justiça. Continua esta, porém, a ser vista em um quadro superior de idéias, já agora subordinado a uma visão teológica, a partir do princípio de um Deus criador, do qual emana a harmonia do universo.

É nessa visão global que se situa a teoria da justiça de Santo Tomás de Aquino, não concordando com Bobbio, quando diz que Santo Tomás nada teria acrescido a Aristóteles. Em primeiro lugar, parece-me que o autor da *Summa Teológica,* ao tratar da justiça, apresenta-nos o conceito de igualdade mais como *proportio ad alterum,* a partir da idéia nuclear de *analogia entis, o* que era impossível em uma concepção naturalista como a de Aristóteles, cujo Deus não é criador, mas um *motor imóvel* que atua como suprema força atrativa e harmoniosa do cosmos.

Além disso, ao lado das justiças *distributiva* e *comutativa* (termo que, depois, prevaleceu, em vez de *corretiva),* Santo Tomás, como bom teólogo, acrescenta o que as criaturas devem ao Criador, referindo-se, por analogia, ao que as partes devem ao todo, segundo a *justiça legal,* a qual, no mundo contemporâneo, dominado pelo economismo, é vista sobretudo *como justiça fiscal,* exigida dos contribuintes.

Apontada a conexão entre *visão de justiça* e *cosmovisão,* compreende-se que, quando o homem do Humanismo e do Renascimento produziu uma inversão de 180 graus na compreensão do mundo, vendo-o a partir de si mesmo e não a partir de Deus (hoje buscamos os demais 180º, retornando ao ponto inicial, *sic*), o tratamento do problema da justiça tenha logo sentido uma inflexão no sentido de suas deliberações individuais no seio da sociedade. Nada mais lógico, nesse contexto histórico, do que o advento da *idéia contratualista,* apresentando as deliberações da vontade como fonte da própria sociedade humana e, por conseguinte, das relações justas que nelas devem existir.

É claro que, nesse contexto, o contrato social e seus consectários assumem a feição que resulta da concepção que se tem do homem. Para Hobbes, cujo realismo o leva a ver o homem como lobo de outro homem, a convenção somente pode ter por fim a preservação da ordem e da paz graças ao fortalecimento sobrepessoal do poder estatal; para Rousseau, ao contrário, otimista quanto à bondade natural dos homens, o contrato social é a base de uma comunidade democrática. Por esses motivos, no primeiro caso, a justiça é concebida como constante fidelidade ao Leviathan todo-poderoso, ao passo que, no segundo, tem o objetivo de assegurar o livre exercício de direitos iguais a quantos decidiram viver em sociedade. O *jusnaturalismo* – ou concepção de um Direito Natural legitimador do Direito Positivo – abrange diversas formas de composição de vontades entre os indivíduos e os grupos sociais e durou nada menos do que três séculos, culminando na Revolução Francesa. Nele a idéia de justiça variou segundo distintas composições dos interesses em jogo, primando ora a *liberdade,* segundo *pendores subjetivos,* ora a *igualdade* vinculada a esta ou àquela outra *razão objetiva ou utilitarista.*

Daí a preocupação de Kant de superar o plano empírico no qual se defrontavam esses contrastes, a fim de atingir uma regra de justiça de validade universal. Note-se que refiro à idéia e não ao *conceito* kantiano de justiça, atento a sua fundamental distinção entre conceito e idéia, a que já fiz referência.

Algo de novo surgia com Kant na dramaturgia da justiça, alçando ele ao plano transcendental – que se não confunde com o da transcendência – no qual a justiça se impõe como um imperativo da razão, segundo duas regras que se complementam: "Age de modo a tratar a humanidade, em sua pessoa como na de outrem, sempre como fim, jamais como simples meio" e "age segundo uma máxima que possa valer ao mesmo tempo como lei de sentido universal". Somente assim, a seu ver, poderá haver um acordo universal de liberdade, base de uma comunidade universal.

Como se vê, Kant não cuida de definir a justiça, ao contrário do que faz com o direito, preferindo inseri-la no sistema de sua visão transcendental da vida ética, o que vem, mais uma vez, confirmar minha tese de que a justiça somente pode ser compreendida em uma visão abrangente de valor universal, tal como já o fizera Leibniz alhures.

Ora, se Kant se elevara a uma idéia universal de justiça, pareceu a Hegel, na primeira metade do século XIX, que ele o fizera de maneira formal ou abstraía, à margem da experiência social e histórica, em cujo processo vai se modelando, constantemente, o que deve ser considerado justo.

Para quem, como Hegel, o que é real é racional e o que é racional é real, não há como distinguir entre conceito e idéia de justiça, constituindo ambos uma unidade concreta que se realiza dialeticamente através da história, compondo interesses opostos dos indivíduos e dos grupos, em uma escala ascendente de valores ideais que culminam, a seu ver, na ordem juridico-política do Estado.

Essa concepção historicista da justiça iria ressurgir, como veremos, no século passado, mas com um sentido novo, devido ao papel que a Axiologia ou Teoria dos Valores iria exercer na compreensão dos fenômenos culturais.

Antes, porém, houve uma reação contra a visão idealista da justiça de Hegel, a qual não satisfazia às aspirações de *positividade* que dominaram as inteligências quando entrou em declínio o idealismo hegeliano, e foi dada mais atenção à *sociedade* civil, cuja natureza e estrutura passaram a ser estudadas como ponto de partida da teoria do direito e da justiça.

A compreensão da justiça iria sofrer, com efeito, profunda alteração com o advento da *era positivista,* tomada esta expressão em sentido lato, abrangendo tanto a posição de Comte como a de Spencer, tanto a de Haeckel como a de Stuart Mill.

Os positivistas, em diversas maneiras de compreender a sociedade, tratam do problema da justiça como fato social, ora como expressão da *consciência coletiva,* ora como composição de interesses ou de utilidades, ora como natural resultado da *evolução histórica* segundo leis consideradas determinantes. A concepção marxista da justiça não deixa de ser, a seu modo, positivista, como um ideal a ser alcançado através da luta de classes em prol do triunfo do proletariado, em um processo histórico determinado apenas por valores econômicos.

No fundo, cada positivista elege *o fato* de sua predileção e o converte em parâmetro da justiça: igualdade ou paridade de direitos; *participação igual* ao que é útil ao indivíduo e às classes sociais; *solidariedade* entre os indivíduos e os grupos; liberdade de iniciativa para o maior número etc. Têm os positivistas, por conseguinte, variável entendimento sobre o que seja *sociedade* justa, mas todos coincidem em seu propósito de determiná-la em função de leis causais suscetíveis de comprovação pela experiência.

Lembramos que, a cavaleiro dos séculos XIX e XX, quando se exauriram as correntes empiristas e se sentiu a necessidade de indagar dos pressupostos ideais da experiência, houve significativa volta a Kant, com natural repercussão na Filosofia do Direito e, por conseguinte, na problemática da justiça.

Exemplos dessa orientação temos com as teorias de Rudolf Stammler e Giorgio Del Vecchio. O primeiro, neokantiano da Escola de Marburgo, optou pelo retorno à idéia de Direito Natural, mas como *Direito Natural de conteúdo variável,* ou seja, como uma forma se abstraía capaz de abranger e condicionar o incessante desenvolvimento dos fatos sociais segundo uma regra universal de igualdade. Nessa concepção a justiça passa a significar "a livre coordenação das liberdades iguais", sendo o fato econômico seu conteúdo essencial.

Já Del Vecchio, numa tentativa de conciliar Kant com o Direito Natural tradicional de fonte tomista, prefere distinguir entre duas formas de *bilateralidade* ou *alteridade,* uma de ordem gnoseológica, que seria a da Ciência do Direito, e outra de ordem deontológica, que seria propriamente a da teoria da justiça.

Essas duas doutrinas marcaram um passo decisivo no sentido da compreensão *axiológica* do direito e da justiça, resultante do impacto que teve na filosofia em geral o advento da *Teoria dos Valores,* abrindo campo ao *culturalismo jurídico* de Larsk e Radbruch.

A teoria tridimensional do Direito, em cujo contexto o que importa não é a definição da justiça – dependente sempre da cosmovisão dominante em cada época histórica –, mas sim seu processo experiencial através do tempo, visando realizar cada vez mais o valor da igualdade, em razão da pessoa humana, valor fonte de todos os valores.

À luz desse entendimento, a idéia da justiça implica a de outros valores essenciais, como a de liberdade ou solidariedade, exigindo um regime político capaz de garantir sua pacífica realização, o que somente pode corresponder à democracia, o que é proclamado por jurisfilósofos alheios ao culturalismo, como é o caso, por exemplo, de Hans Welzel e John Rawls, aquele adepto de uma concepção axiológica do Direito Natural, este empenhado em conciliar Kant com o pragmatismo que tem sido a diretriz dominante da filosofia anglo-americana.

Pode-se afirmar que, nesse contexto, a justiça se apresenta como condição transcendental da realização dos demais valores, tendo Nicolai Hartmann a considerado um *valor elementar,* por ser a base sem a qual os demais valores, inclusive o ecológico, não poderiam desenvolver-se de forma coordenada e harmônica em uma comunidade de homens livres. E por tal razão que, em meu curso de *Filosofia do Direito,* qualificamos a justiça como *valor franciscano,* vendo nela um *valor-meio,* sempre a serviço dos demais valores para lhes assegurar seu adimplemento, em razão da pessoa humana que é o *valor-fim.*

Demonstração, porém, de que existe perene correlação entre justiça e igualdade é a recorrência, nas últimas décadas do século passado, da idéia contratualista, provocada pela teoria do jurisfílósofo norte-americano John Rawls. Entende ele que se é absurdo pensar em um contrato como origem da sociedade, é plausível admitir-se que, originariamente, os homens teriam sido todos iguais, sendo legítimo, pois, o ideal de igualdade. Integrado numa cultura pragmática como a de seu país, Rawls entende, porém, não ser injusta a existência de uns mais ricos do que outros, desde que todos concomitantemente melhorem a própria situação, vigorando a democracia como condição de paz e mútuo desenvolvimento. Não creio que se possa melhor ajustar o problema da justiça às contingências da sociedade capitalista.

As teorias até agora lembradas – e muitas outras perspectivas que foram omitidas em razão de refugirem ao escopo deste livro – vêm confirmar o dito inicialmente sobre a justiça como uma idéia sempre enquadrada em uma visão geral do universo e da vida *(Weltanschauung),* sujeita às mutações históricas, na concreção do processo histórico-cultural.

Essa vinculação da justiça à história resulta da natureza mesma do homem, que é um ser histórico, ou seja, não apenas um ente que "está aí" (como uma coisa), mas que, ao contrário, continuamente se transcende visando realizar os valores que lhe são imanentes e dos quais ele adquire consciência ao longo do processo histórico, conferindo-lhes a força de invariantes axiológicas, como se fossem inatos.

Se, como Ortega Y Gasset o demonstra, "o homem é sua circunstância", compreende-se a natureza ao mesmo tempo circunstancial e histórica da justiça, tomando-se transparente a complementaridade destas duas asserções: "o Direito Positivo pressupõe a Justiça como condição de sua legitimidade"; e "a Justiça põe o Direito Positivo como condição de sua realizabilidade" (...)".

Fazemos coro com o saudoso mestre, dizendo, ademais, que o homem, ser social, tem em sua sociabilidade, aqui entendida como capacidade ou qualidade para viver em comunidade (*Gemeinschaft*) e num estádio mais avançado em sociedade (*Gesellschaft*), o centro de sua existência e de seu Direito. Aliás, o homem é ser social, no que o termo tem de sociológico, e não ser sociável, no que o termo tem de leviano.

Que Kelsen tenha sido um gênio da ciência do Direito, é fato inegável, se gênio do bem ou do mal, é questão que depende do Direito de cada povo...

14. A ciclotimia do Direito*

É mais fácil imaginar um sistema do que elaborar uma teoria.

Georges Buffon

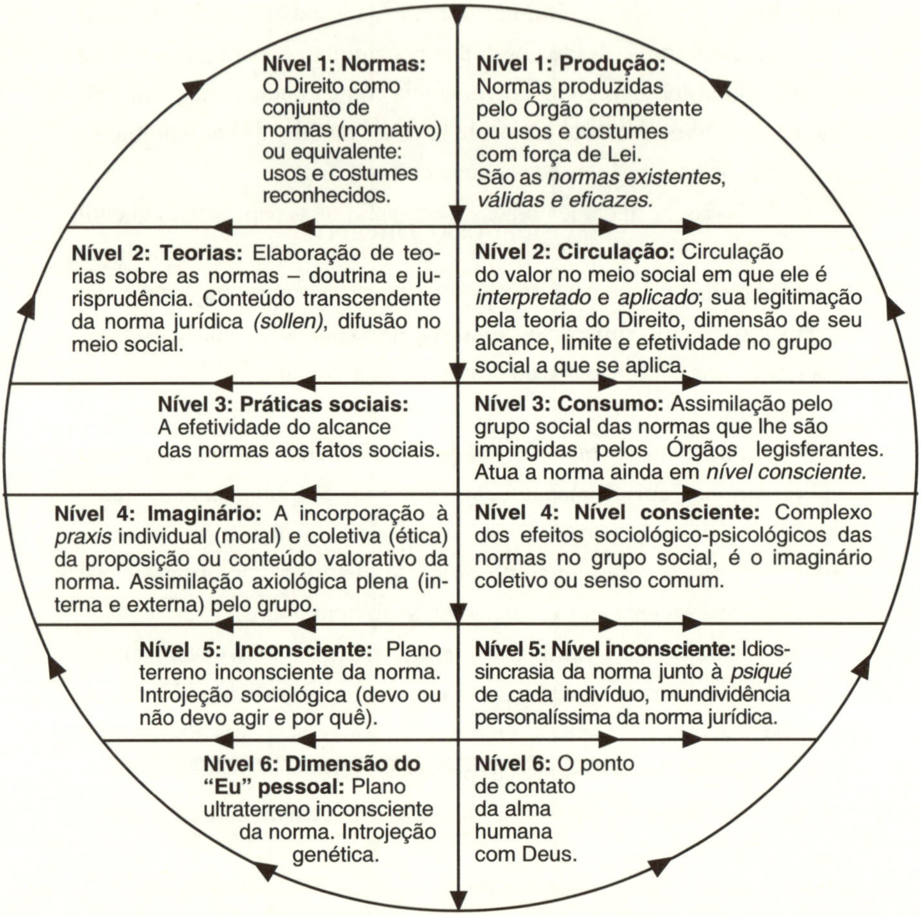

* Gráfico elaborado pelo autor.

Ou ainda:

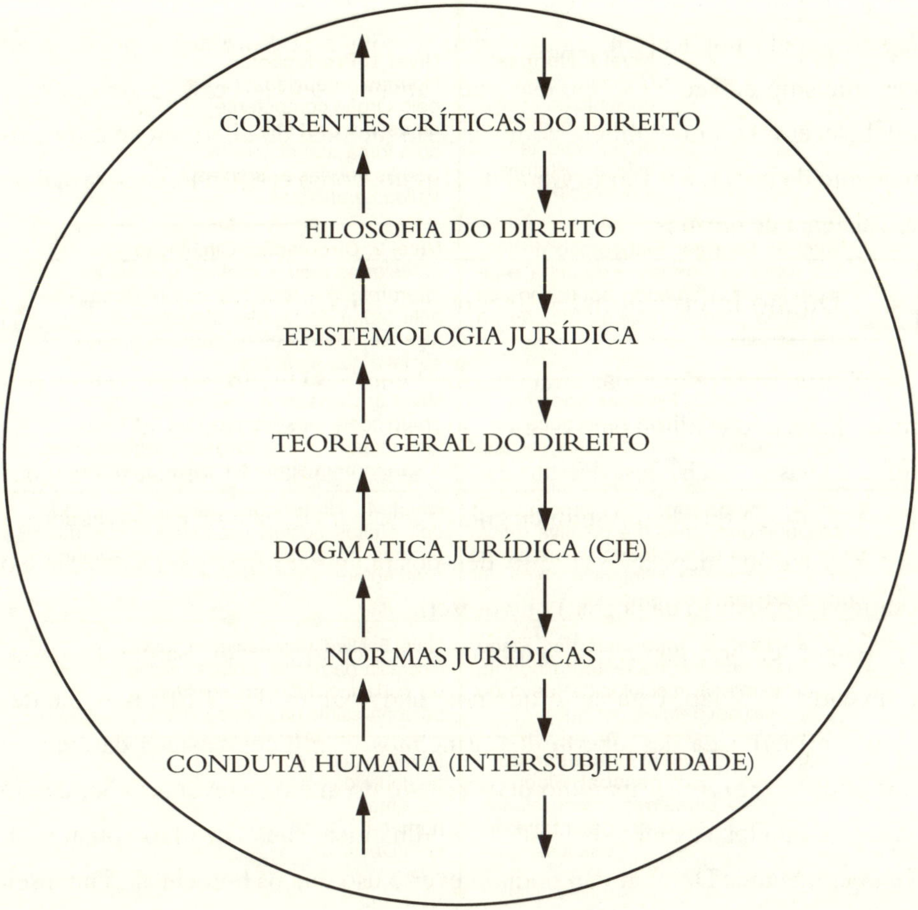
CORRENTES CRÍTICAS DO DIREITO
FILOSOFIA DO DIREITO
EPISTEMOLOGIA JURÍDICA
TEORIA GERAL DO DIREITO
DOGMÁTICA JURÍDICA (CJE)
NORMAS JURÍDICAS
CONDUTA HUMANA (INTERSUBJETIVIDADE)

Kelsen quis elevar à categoria de conhecimento científico o conhecimento jurídico, pioneiro a pensar logicamente o Direito, buscando sua "pureza" num sistema normativo ideal.

O objeto do Direito é a norma jurídica, em todos os sentidos, inclusive universal (vide sua vida e obras como internacionalista). Mais do que se falar em positivismo ou normativismo, há de se falar num *formalismo epistemológico* gerado por Kelsen, cuja origem remota está em Kant e próxima ao cientificismo do séc XIX (em especial Laband, Von Gerber e G. Jellinek), e estabelecer o Direito Público, como critério racional de distribuição e funcionamento do poder, e a Teoria Geral do Direito, como critério lógico-formal de um sistema de normas.

Direito Internacional + Escola de Viena + Lógica = Kelsen

Kelsen sempre quis dar uma unidade lógica ao Direito, assim como o primeiro homem que olhou para o céu e, ao deslumbrar-se diante da pletora de estrelas e suas constelações, decidiu dar-lhe uma organização lógica, mapeando-lhe os pontos, a fim de servirem de guia seguro para o viajante e o navegador.

Kelsen, ao "mapear" o Direito, deu-nos um guia: irmos para a direção e o sentido (proposição da norma) que quisermos.

E por lembrarmos o céu, lembramos seu conquistador. Santos Dumont, o inventor do avião. Está certo que hoje não voamos de *14-Bis*, mas lhe devemos o mérito da descoberta dos princípios científicos básicos da aviação que puderam fazer um aparelho mais pesado do que o ar levantar vôo, dando início ao fabuloso avanço da técnica aerodinâmica, cada vez mais sofisticada. Ora bem, Santos Dumont não podia prever o uso que os homens dariam a seu invento (o desgosto foi tanto que ele se suicidou no Guarujá, em 1932), nem tampouco o nível de sofisticação e complexidade que alcançaria conquistando o espaço e os demais planetas e galáxias impensáveis.

Da mesma forma que Santos Dumont não pode ser responsabilizado pelas erronias da natureza humana, tampouco Kelsen pelos regimes totalitários que se valeram do sistema normativo. Sobre a estrutura lógica do "edifício" kelseniano, e notem que a lógica como ciência é inerente à natureza humana, soem os modernos ordenamentos jurídicos ser construídos com a peculiar "arquitetura" de cada lugar; daí encontrarmos o modelo normativo na Europa, nos E.U.A., no Canadá, no Brasil, na Índia etc. É o Kelsen redivivo sincronicamente ao lado do Kelsen diacrônico da Teoria Pura do Direito.

A teoria pura se constituiria como o "esqueleto" que suporta, que dá unidade e coesão aos "corpos" dos homens, mantendo-os num "sistema" orgânico, e sua configuração básica, o esqueleto, é a mesma para todos os homens, cuja vida ou "espírito" (proposição normativa) insuflado nesses corpos é que vai animá-los a viver valorativamente (axiologicamente), conforme o livre-arbítrio de cada um (ou de cada povo).

Enfim, não se deve olvidar o velho ditado espanhol de que o inventor do canhão não é responsável para onde o apontam.

Afinal, que vem a ser a Teoria Pura do Direito? A Teoria Pura do Direito é uma teoria do Direito Positivo em geral e não de um direito em particular ou de um sistema jurídico particular.

É uma Teoria Geral do Direito e não uma interpretação de tal ou qual ordem jurídica em particular; procura determinar o que é e como se forma o Direito sem se perguntar como deveria ser ou como deveria formar-se.

Destarte, para descrever seu objeto, quer se trate do Direito em geral ou de uma ordem jurídica em particular, assim como o Direito internacional ou o Direito nacional de um Estado, a Ciência jurídica formula o que chamamos de "regras de direito", que não necessariamente recorrem ao princípio da causalidade, mas a vários outros, dada a heteronomia da norma; enquanto que a norma jurídica em sentido estrito, portanto *autônoma*, não explica o princípio da causalidade entre os fatos jurídicos.

Do ponto de vista da CJE, a "regra de direito" está para a ciência do Direito assim como a "lei causal" está para a ciência ou ciências naturais; vale dizer, é o instrumento mediante o qual a CJE descreve seu objeto, constituído por normas jurídicas criadas e aplicadas como um marco epistemológico do qual parte o ordenamento jurídico.

Nesse sentido é que se diz que a "regra de direito" é um ato de conhecimento, identificado com o *sein*, o ser da norma (descritivo), enquanto norma jurídica em sentido estrito, ao passo que a proposição (ou a norma jurídica em sentido amplo) é tomada como um ato ou manifestação de vontade (prescritivo); portanto, desta inter-relação entre o *sein* e o *sollen* é que resulta a norma jurídica em sentido amplo, a prescrever ou a autorizar uma conduta determinada, daí se dizer que o Direito (no sentido desse conjunto de normas) constitui, modifica, extingue ou, ainda quanto ao alcance, amplia ou restringe determinada conduta humana.

A imputação de sanção a um ato (jurídico) ilícito decorre justamente dessa desconformidade de *conduta* do agente em face de uma norma jurídica. Se a um ato ilícito segue-se-lhe uma sanção, é porque a norma jurídica que lhe dá validade e eficácia prescreve ou autoriza a aplicação dessa mesma sanção quando praticada essa *conduta* considerada ilícita, o ato ilícito.

Para a CJE, o ato ilícito não é a causa da sanção, nem tampouco é este seu efeito; a CJE não pretende uma explicação causal das condutas humanas às quais se aplicam as normas jurídicas, em que pesem as relações humanas estarem "reguladas" por elas.

Por isso é que quando uma ciência é considerada "normativa" significa que seu papel circunscreve-se a descrever as normas e as relações sociais que elas estabelecem. Para a ciência normativa, uma sociedade é uma ordem normativa (moral, religiosa, política, *jurídica*). O Direito é visto do ponto de vista *estático*, o que não quer dizer que a Teoria Pura despreze ou ignore a *dinâmica* propositiva da norma, ao revés, Kelsen aborda o assunto na própria obra.

Para a CJE uma norma distingue-se em seu aspecto tripartite, ou seja, em sua existência, validade e eficácia, profundamente inter-relacionadas, porém distintas, conquanto se possa dizer que, em rigor, a validez de uma norma não é outra coisa senão seu modo particular de existir, ou seja, uma norma positiva "existe" quando é válida; já que, para que ela exista, é necessário que haja sido criada por um ato jurídico que transcorra em determinado âmbito espácio-temporal (validez espacial, temporal, material e circunstancial).

15. A norma jurídica fundamental (NJF), norma hipotética fundamental (NHF) ou norma fundamental gnoseológica (NFG)

ψυχη η πολεως η πολιτεια.
*Isócrates**

Vexata quaestio da Teoria Pura, na maioria das vezes, pelo uso de expressões polissêmicas, equívocas, uma vez que se encontra a mesma terminologia para expressar conceitos significativamente diferentes. Trata-se não só de um problema filosófico, mas também de um problema de metalinguagem.

Desde que o homem passou a viver em comunidade ou sociedade, viu-se regido por Leis, e quando se propôs a estudá-las, também teve de inventar critérios que o permitissem conhecê-las ordenada e sistemicamente.

Para Kelsen,

> somente a hipótese de uma norma fundamental permite conferir um sentido jurídico aos materiais empíricos que se apresentam ao exame do jurista e considerá-los formando um sistema de normas.

A norma fundamental indica como se cria um ordenamento ao qual corresponde, em certa medida, a conduta efetiva dos indivíduos por ela regidos. A noção de norma fundamental e a de pureza dos conceitos jurídicos são recursos lógicos e metodológicos que Kelsen introduziu para sustentar a validade de um sistema jurídico que fosse universal e eterno do ponto de vista científico. Porém, ele nunca pretendeu que essa estrutura lógico-universal do ordenamento se projetasse sobre o conteúdo axiológico do Direito, quer fosse para afastá-lo, quer fosse para engessá-lo, numa percepção histórico-dogmática do fenômeno jurídico. A ordem político-social, portanto, não se deveria (con)fundir com a ordem jurídica normativa.

---

* Isócrates. In *Areop.*, p. 14ss. (Tradução do autor: "A Constituição é a alma dos Estados".)

Kelsen vale-se de dois vocábulos para expressar duas idéias distintas: *Grundnorm* e *Ursprungnorm*, que se distinguem por seu significado. *Ursprungnorm* é a norma originária, norma-fonte, enquanto que *grundnorm* é a norma jurídica fundamental, termo polissêmico, hipotético, princípio de conhecimento elaborado a partir do neokantismo da Escola de Magderburg. E nos textos de Kelsen variam conforme o contexto (com-texto) da idéia expressada, tanto do ponto de vista diacrônico (Kelsen Europeu, Kelsen Americano), como do ponto de vista sincrônico atual.

Somente a hipótese de uma norma fundante básica ou de uma norma fundamental permite conferir um sentido jurídico aos materiais empíricos que se prestam ao exame do jurista e considerá-los integrantes de um sistema de normas; é a hipótese que permite à Ciência Jurídica considerar o Direito como um sistema de normas válidas.

Se para Kelsen o objeto do Direito é a norma jurídica e o ordenamento jurídico funda-se nesse sistema de normas, torna-se de precípuo interesse para o jurista ou cientista do Direito conhecer o que vem a ser uma norma jurídica fundamental. Ressaltamos, portanto, quatro possibilidades de interpretação da norma jurídica fundamental:

1. A norma jurídica fundamental como norma originária, primeira, ponto de partida pelo qual se pode pensar (e justificar) o Direito, pressuposto gnoseológico, lógico-transcendental (Kant), dinâmico, norma hipotética que permite conferir um sentido jurídico à matéria empírica que se apresenta diante do jurista ou cientista do Direito, causa remota fundante do sistema, daí estar acima dele, e com ele não se confundir. A proposição (dever-ser) é puramente metafísica, ultraterrena, pressuposta e condição última (ou primeira, a depender do ponto de vista) de toda possibilidade de conhecimento do Direito (pressuposto gnoseológico).

2. A norma jurídica fundamental como fonte comum de normas de determinado ordenamento jurídico, pressuposto epistemológico, lógico-imanente a um dado sistema, estático, norma fundamental que constitui a

unidade do sistema, é a causa próxima fundante de todo o sistema. A proposição (dever-ser) é sociológico-cultural, constrói-se a partir do universo sociocultural do povo que com ela se identifica, já pertence ao sistema (pressuposto epistemológico).

3. A norma jurídica fundamental como norma superior de um dado sistema, a servir de fundamento de validade para as normas inferiores, poder constituinte originário ou derivado para estabelecer normas jurídicas válidas, num sentido muito próximo ao da norma constitucional, porém com ela não se confunde, já que o campo temático do Direito constitucional é analítico em relação à Constituição (pressuposto positivo).

4. A norma jurídica fundamental como o primeiro texto ou Constituição, fruto do labor do primeiro Órgão constituinte, a constituir o liame temporal explicador dos textos subseqüentes (pressuposto constitucional).

Tem-se então uma pirâmide, segundo a interpretação da *Grundnorm*:

Ursprungnorm: Norma fundamental, norma fundante básica, norma hipotética fundamental, norma fundamental gnoseológica, pressuposto lógico-transcendental, norma originária; norma primeira, campo do valor justo/injusto ou verdadeiro/falso. Princípio dos princípios, jusnaturalismo racionalista, lógico-formal, formalismo jusnaturalista (conceito 1 e 2).

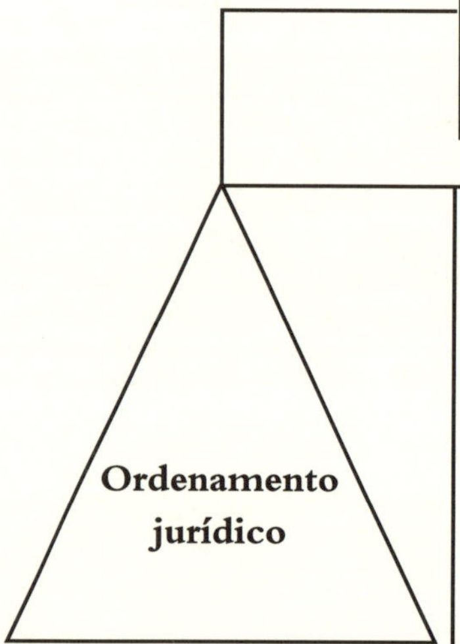

Grundnorm: Norma fundamental, norma fundante básica, norma fundamental epistemológica, pressuposto lógico-imanente do sistema, campo do valor formalista-lógico, qual seja validade ou invalidade da norma jurídica (corresponde aos conceitos 3 e 4, que neste ponto se confundem, posto que, mais das vezes, a *Grundnorm* do sistema apóia-se em documento histórico-formal, qual seja a Constituição ou o que a ela seja equivalente).

Ou ainda numa interpretação sistêmica:

NJF > NJ > CONJUNTO DE NJ > ORDEM JURÍDICA > DIREITO INTERNACIONAL > **NJF**

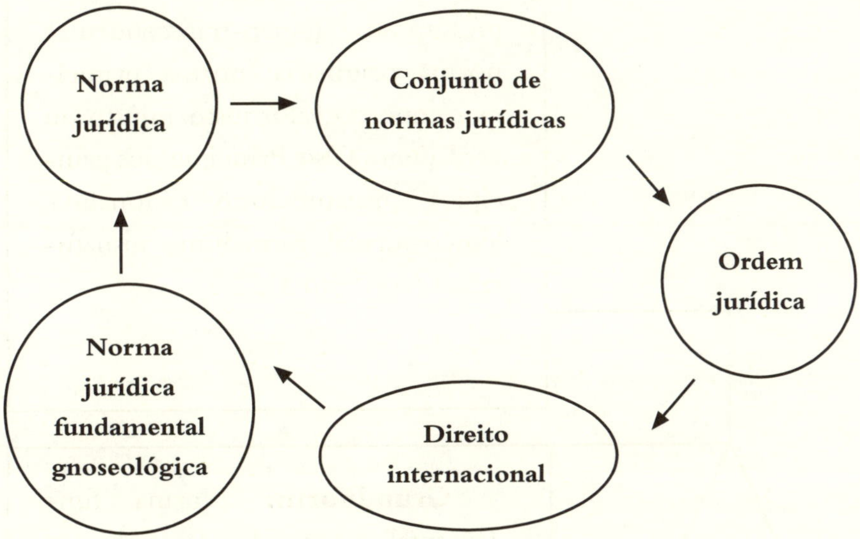

VI. A norma jurídica kelseniana em perspectiva privatística: o novo Código Civil Brasileiro

... Eu lia, cada manhã, duas ou três páginas do Código Civil,
a fim de ser sempre natural...
*Stendhal**

A teoria escalonada das normas de Adolf Merkl, dileto discípulo de Kelsen, a conceber o Direito Positivo por sua produção e aplicação dinâmica no sistema de fundamentação ou "autorização normativa", exposto no capítulo anterior, também se irradia no aspecto privatístico do âmbito de atuação da norma.

Ora bem, se o Direito Positivo é autopoiético e heterônomo, significa dizer que a cadeia sucessória do mundo normativo nasce com a norma hipotética fundamental que produz e aplica a Constituição (pelo poder constituinte), que produz e aplica as normas superiores (poder legislativo: leis), que produz e aplica as normas inferiores (poder executivo: decretos, regulamentos), que produz e aplica a norma jurídica ao caso concreto (poder judiciário: sentenças), que produz e aplica a norma jurídica privada (contratos), a que os particulares se obrigam, e assim por diante... É a dinâmica da técnica social específica.

A determinação constitucional para as relações privadas faz-se na e pela norma jurídica centralizadora do Direito Privado – o Código Civil. Apesar de o

* STENDHAL. *Correspondande de Stendhal.* Tomo III, Lettre addressé à M. Honoré de Balzac.

centro integrativo axiológico do Direito Positivo ser a Constituição, a tessitura da solidariedade social encontra no Código Civil o centro aplicativo e interpretativo aos casos concretos dos princípios e valores de proteção e promoção da dignidade da pessoa humana. Aliás e a propósito, a eficácia horizontal dos direitos fundamentais conjuminadas às leis especiais e setoriais formam o sistema privatístico de produção e aplicação dos valores existenciais da sociedade na concretude das relações privadas.

Teoria escalonada de Kelsen

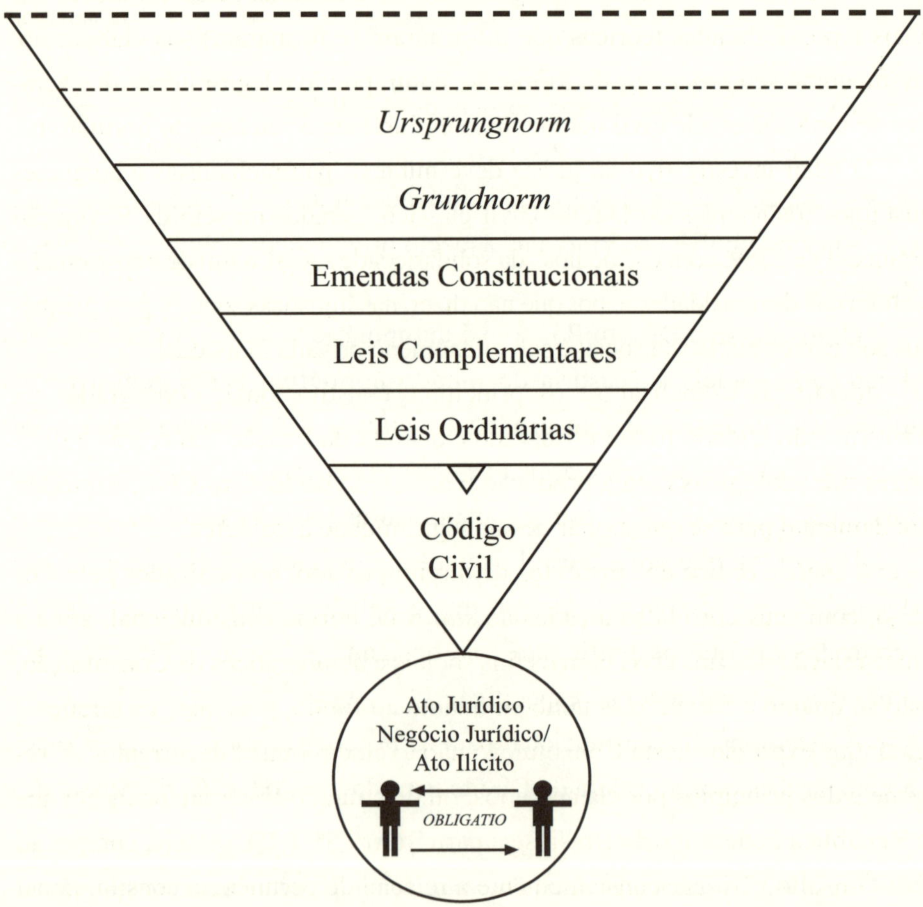

O contexto político da pós-modernidade e seu inexorável sistema aberto da positividade se completam pelos princípios, valores e regras constitucionais. A completude sistêmica do antigo Direito Civil, espelho do Estado liberal e conservador, não mais se coaduna à vinculação imediata dos particulares aos direitos fundamentais.

O Código é uma realidade legal e sua legitimidade se dá na medida de sua reconstrução axiológica para a realização dos direitos fundamentais e para a concretização de um Estado Social de Direito, reorientado pelo princípio da dignidade humana e alinhavado ao pacto social de uma sociedade igualitária, justa e fraterna, na linha da mutabilidade de um Direito Civil renovado, cuja mobilidade é a única certeza que pode garantir um mínimo de instrumentalidade constitucional para o exercício da plena cidadania e erradicação da pobreza.

A efetividade social do Código há de ser entendida pelas condições sociais e possibilidades teóricas que informaram (e formaram) sua elaboração, assim como seu *processus* de formação, contrapondo a legitimidade dos vetores de uma sociedade civil democrática e pluralista a seu aspecto normativo.

O olhar investigativo do jurista deve mirar os patrimonialistas e burgueses institutos tradicionais do Direito Civil clássico, gerados no seio da Revolução Francesa de 1789, com os "óculos" da solidariedade social, a fim de transformar a cultura das desigualdades e, por que não dizer, das injustiças sociais, para prismá-los sob a ótica publicista social e sob o fenômeno privado individual.

Identificar e analisar se os princípios constitucionais consagrados na Constituição Cidadã foram observados, quando da fixação das regras e diretrizes metodológicas para a produção e aplicação do Código Civil, é questão fundamental para se questionar de sua legitimidade axiológica.

A análise crítica dos institutos de direito privado, normatizados pelo Código, com seus correlatos alçados ao *status* de norma constitucional, afina a inter-relação dos fins civis com os fins sociais e democráticos da Constituição, não só quanto à forma, mas também quanto ao fundo, pois que "os direitos e garantias expressos nesta Constituição não excluem outros decorrentes do regime e dos princípios por ela adotados, ou dos tratados internacionais em que a República Federativa do Brasil seja parte" (Art. 5º, § 2º), ou seja, cumpre ao jurisconsulto verificar constantemente a relação de pertinência constitucional do Código como viés representativo do modelo social nas relações privadas.

Um novo horizonte transparadigmático, repersonalista e pró-ativo do modelo Civil Constitucional, plasmado nas complexidades dialógicas contra a lógica retributiva capitalista da burguesia liberal, é o caminho para que a força normativa da Constituição espraie-se pela personalidade, pela empresa, pelas titularidades, pela família, pelo trânsito jurídico, pelos espaços públicos compartilhados, pelo biodireito, pelo direito da cidade e espaços urbanísticos e por todos os demais tocados pelo Direito Privado.

A arquitetura principiológica universal dos sistemas de Direito Privado tem como fundamento de validade e funcionalidade a realização dos valores e princípios constitucionais, em que os institutos têm de ser constantemente revalidados à luz da Constituição, para além de seu tempo e de seu espaço geopolítico, como no caso da função social do direito de propriedade, da função social da posse, da superfície, do direito de habitação, da retrovenda ou da supressão da prisão civil na alienação fiduciária em garantia. O grau de densidade às inovações sociais decorrentes dos direitos e garantias fundamentais é determinante para a existência dos institutos privados no ordenamento jurídico.

Uma vez que uma leitura racional (e social) do sistema só é possível para além da ótica privatística e sob a ótica constitucional, consabido que a legitimidade fundante dos direitos públicos subjetivos tem fundamento de validade próximo ou imediato na Lei Civil, cujo supedâneo primeiro de validade reside na fonte remota ou mediata da *Lex Legum*, pedra angular de todo o sistema.

E não somente o Direito Civil tem *sedes materiae* na Constituição do Brasil, mas também *todos os ramos do direito nela o têm*. Todavia, ela tem suas restrições e seus limites nos Direitos Fundamentais, cuja primeira (e maior) restrição está no princípio geral da reserva legal do art. 5º, inciso II, bem como noutras dele analogamente decorrentes, *v. g.* o inciso XII (inviolabilidade do sigilo postal, telegráfico, telefônico e de dados), inciso XIII (liberdade de exercício profissional) e XV (liberdade de locomoção), assim como o que salta aos olhos pela expressão recorrente do "na forma da lei" (art. 5º, inciso VI), "nas hipóteses e na forma que a lei estabelecer" (art. 5º, inciso XII), "atendidas as qualificações profissionais que a lei estabelecer" (art. 5º, inciso XIII), "nos termos da lei" (art. 5º, inciso XV), "salvo nas hipóteses previstas em lei" (art. 5º, inciso LVIII). Ao revés, se o constituinte originário não recorreu às restrições ou vedações "conforme a lei", valeu-se dos conceitos jurídicos indeterminados (*Umbestimmtgesezbegriffe*), a fim de conformar o campo semântico e hermenêutico dos direitos individuais fundamentais, assim como acontece com a expressão *função social* (art. 5º, inciso XXIII), que permeia todo o texto constitucional e todo o texto do novel Código Civil, que, frisemos, foi precursor da função social como balizadora dos institutos jurídicos, por haver o anteprojeto contemplado expressamente a função social muito antes do advento da Constituição de 5 de outubro de 1988.

A força normativa da Constituição, na forte expressão de Hesse, legitima-se pelo procedimento infraconstitucional, nomeadamente quanto ao direito privado, já que pressupõe normas relativas ao direito de propriedade, à propriedade intelectual, às obrigações, às sucessões etc. Desta feita somente se pode cogitar de efetividade a garantia constitucional desses direitos mediante regras materiais e processuais necessárias, adequadas e proporcionais *stricto sensu* ao uso desses direitos, conforme os cânones constitucionais, sob pena de as normas fundamentais das relações privadas quedarem-se letra morta quanto a seu exercício pleno e inafastável – "a lei não excluirá da apreciação do Poder Judiciário lesão ou ameaça a direito" (art. 5º, XXXV da C.F.).

Decorre desse raciocínio a vedação constitucional que impõe limites materiais para os direitos e para as garantias individuais (art. 60, § 4º da CRB), haja vista que a supressão pura e simples dessas normas integrantes dos institutos consolidados em sede legal pode lesar não apenas a garantia institucional objetiva, mas também o direito público subjetivo, constitucionalmente tutelado, mormente no tocante aos chamados direitos com âmbito de proteção estrita ou marcadamente normativo (R*echtsnormgeprägter Schutzbereich*), uma vez que sua efetividade constitucional é assegurada mediante a normação ordinária.

> O novo Código Civil é um fato na vida de cada brasileiro, não um fato cultural comum, mas um fato legislativo invulgar. Vale dizer, em se tratando do *corpus* estável das normas jurídicas de direito privado, possui ele uma complexidade onto-histórica própria do sistema, entendido aqui sistema na concepção de Kant: "conjunto unitário formado sob uma idéia de diferentes conhecimentos",[1] e no sentido que lhe empresta Savigny: "conexão interna que liga todos os institutos jurídicos e as regras jurídicas numa grande unidade",[2] em que para o notável jurista do *Volksgeist*, a ordenação e a unidade da diversidade das relações jurídicas são elementos do sistema.[3]

À guisa de ilustração, lembramos que a idéia da substituição do Código conservador de 1916 é antiga. A inciativa, propriamente dita, da elaboração de um novo Código Civil coube ao governo do Presidente Jânio Quadros, cujo Ministro da Justiça Oscar Pedroso d'Horta indicou em 1961 o Professor Orlando Gomes para a elaboração de um anteprojeto de Código Civil, inviabilizado em razão da renúncia do presidente da República, ainda no Governo João Goulart. O Ministro da Justiça João Mangabeira retomou os trabalhos em outubro de 1962 e apresentou seu anteprojeto em março de 1963. Este anteprojeto foi submetido a uma Comissão Revisora, da qual participaram, junto com o autor, o Professor Orlando Gomes, o Ministro Orosimbo Nonato e o Professor Caio Mário da Silva Pereira. O anteprojeto foi entregue em 28 de setembro de 1963 ao então Ministro da Justiça Milton Campos, já no Governo Castelo Branco, conforme nos informa o próprio Orlando Gomes no livro "A Reforma do Código Civil" (Publicações da Universidade da Bahia, 1965). Contudo, a idéia da cisão em dois códigos, um para a parte geral e especial e outro específico para as obrigações, bem como variegados aspectos do projeto, foi objeto de muitas críticas e o projeto então abandonado.

O ponto de partida relevante para a historiografia do processo de formação do novo código foi a constituição da "Comissão Elaboradora e Revisora do Código Civil", em maio de 1969, coordenada pelos professores Miguel Reale, este na qualidade de supervisor; pelo Professor José Carlos Moreira Alves, encar-

---

[1] Kant, Immanuel. *Kritik der Reinen Vernunft*, Gesammelte Werke, v. II, 1998, p. 695.

[2] *System*, v. I, § 33, p. 214.

[3] Canaris. *Systemdenken*, §1º , I, p. 12.

regado da redação da parte geral; Agostinho de Arruda Alvim, encarregado da redação do direito das obrigações; Sylvio Marcondes, encarregado da redação relativa ao direito da empresa; Erbert Chamoun, encarregado da parte dos direitos reais; Torquato Castro, do direito das sucessões; e Clóvis do Couto e Silva, encarregado da elaboração da parte relativa à família. O Professor Miguel Reale ficou encarregado da coordenação dos trabalhos parciais e da sistematização do anteprojeto, acabando por concluir a parte relativa ao Direito das Obrigações e ao Direito da Empresa em razão do falecimento de Agostinho Alvim e Sylvio Marcondes. Em 18 de junho de 1974 foi publicado o anteprojeto, encaminhado pelo então Ministro da Justiça Armando Falcão como projeto de Código Civil ao presidente Ernesto Geisel, que doravante o encaminhou ao Congresso Nacional, na Mensagem Presidencial n. 160, de 16 de junho de 1975, registrado sob o n. 634/75 em sua casa de origem, a Câmara dos Deputados.

Eis aí o início do processo legislativo do novo código, processo de decantação e sistematização das várias emendas apresentadas, propostas e discutidas que, ao fim e ao cabo de um processo dialético complementar, em que o individual e o social complementaram-se, foram as emendas harmonizadas ao projeto original, mantendo-o como um sistema de *corpus* único. Esse processo de harmonização social do texto original vem a ser comprovado pela própria historiografia do processo legislativo; tramitou por 25 anos; recebeu 1.063 emendas na Câmara Federal, que o aprovou em 1984; remetido para o Senado Federal recebeu mais 322 emendas pela Comissão Especial, tendo sido aprovado pela Câmara Alta em 1997. O projeto foi debatido nas agências de cultura e mais ainda no próprio Congresso Nacional. Houve evolução histórico-dogmática dos conceitos estabelecidos originariamente no projeto, principalmente em razão da superveniência da Constituição de 1988. O *aggiornamento* do projeto foi levado a cabo graças à colaboração técnico-jurídica (não remunerada) feita em todo o projeto pelos membros remanescentes da "Comissão Elaboradora e Revisora", nomeadamente o Professor Miguel Reale e Professor José Carlos Moreira Alves, conjunta e simultaneamente com o trabalho parlamentar da comissão especial (CESP), dos relatores-gerais (Câmara: Deputado Ernâni Sátiro; e Senado: Senador Josaphat Marinho) e das comissões parciais para cada uma das seis partes do projeto.

Do saudoso senador baiano, a quem se deveu o impulso ao Projeto na Câmara Alta, destacamos de seu parecer que:

... O Direito Civil sempre careceu de unidade, uma vez que era dominado por excessivo particularismo, até nas diversas partes de um mesmo Estado", segundo assinala Solari (*Filosofia del Derecho Privado*, Editorial Depalma, Buenos Aires, 1946, I, p. 59). Dado o desenvolvimento das relações em geral, com as mudanças na economia, a ampliação da indústria e do comércio, tornava-se necessário um direito que disciplinasse fatos e vínculos sem tamanha multiplicidade de regras. O propósito inovador era no sentido de instituir uma ordem normativa revestida de unidade. "A formação de um direito privado comum, sobre bases romanas, preparou o caminho à unificação", informa também Solari, que acrescenta: "A codificação resume os esforços seculares dos príncipes, dos jurisconsultos e dos filósofos para reduzir a uma unidade material e formal a legislação civil" (*Op. cit*., p. 76). Se os autores salientam, de ordinário, a influência das fontes germânicas, do direito natural e das idéias individualistas, nesse processo, é sempre a sistematização do direito privado o objetivo primordial da mudança, fato que se verifica desde os albores do século XVIII.

Mas foi no começo do século XIX, quando a legislação assume a "forma de códigos", sendo o Código Civil francês – o Código Napoleão – o marco da transformação, que "suprimiu, de um só golpe, o direito então em vigor", na observação incisiva de Georges Ripert (*Les Forces Créatrices du Droit, Lib. Gén. de Droit et de Jurisp.*, Paris, 1955, p. 348-349). O Código Civil francês, de 1804, e os que lhe sobrevieram – o Alemão, BGB, de 1896, o Suíço, de 1881-1907 – influíram no direito de outros povos, inclusive fora do continente europeu, afirmando a nova orientação política e técnica de legislar.

Após um período de largo prestígio, os Códigos foram acusados de exagerar o "positivismo legislativo" e, afinal, de "envelhecimento", diante das modificações intensas e constantes no conjunto da vida. Henri, León e Jean Mazeaud comentaram, em 1955, sobre a França, que, "em conseqüência das transformações do direito após 1804, o Código Civil não traduziu mais o estado do direito positivo francês. Certas leis foram incorporadas ao Código mediante alterações ou acréscimos às vezes incorretos; outras, mais numerosas, não se situaram na codificação, e lhe modificam o espírito. Finalmente – acentuaram –, a interpretação dada pela jurisprudência mudou o sentido de numerosos artigos do Código". Em função disso, lembraram que em 1904, na época do centenário, houve tentativa de inovação – *faire oeuvre nouvelle* –, sem êxito, como também após a Liberação, em 1948, fracassou outra iniciativa de reforma – *on projeta à nouveau une réfonte du Code Civil.* Em face dos obstáculos, ponderaram que talvez fosse conveniente renunciar "ao vasto projeto de 1948" e aproveitar alguns dos estudos técnicos como "base de mais modestas reformas" (*Leçons de Droit Civil*, Editions Montchrestien, Paris, 1955, T. I, p. 78).

Sublinhe-se que até os dias que correm não se operou reforma sistematizada do Código francês. Parece mesmo cada dia mais difícil essa revisão, à vista da estrutura e do individualismo do Código, das leis especiais que o modificaram e do "espírito novo das leis civis", que Edmond Bertrand examina com relação, nomeadamente, à família, à propriedade imobiliária e à empresa (*L'Espirit Nouveau des Lois Civiles*, Economica, Paris, 1984). Em estudo publicado em 1986, Christian Atias pondera que "nenhum contrato de alguma importância prática pode subsistir sem sua lei especial. Nenhum procedimento verificado na sociedade pode ser deixado sem estatuto legislativo próprio. O 'direito comum da França' desaparece 'em face da multidão dos direitos especiais'" ("Une crise de legitimité seconde", in *Droits*, Revue Française de Théorie Juridique, 4, 1986, p. 21-33, cit. p. 27). Sobre o Código Civil italiano, o professor Piero Schlesinger, em estilo bastante sóbrio e sem lhe negar "il carattere totalizzante", reconhece que o têm superado normas constitucionais e leis especiais (*leggi speciali*). Exemplificando, cita a lei de 1983, que ab-rogou o capítulo sobre adoção especial, inscrito no Código de 1967 ("Código Civile e Sistema Civilistico: Il nucleo codicistico ed i suoi satelliti", in *Rivista de Diritto Civile*, Ano XXXIX, n. 4, 1993, p 403-413, cit.p. 406 e 410). Contudo, não há em absoluto unimidade na matéria, tanto que, num célebre passo de Jean Carbonnier, "o legislador que compreende que sua obra vive, e não quer imobilizá-la, deve delinear os textos além de seu próprio pensamento". Dessa forma preserva o que o mesmo autor chama de a "dinâmica" da lei, essencial a um código, pois, para ele também, "codificar é modificar", e "a modificação não se concebe senão no sentido de aperfeiçoamento constante" ("Essais sur les Lois", in *Repertoise du Notariat Defrénois*, 1979, p. 249 e 299). Dentro desse espírito sensível às transformações foi elaborado o Código italiano de 1942, "caratterizato da un alto grado di flessibilità" e só excepcionalmente consagrando "volonta imperative", segundo observa Franco Piga (*Pubblico e Privato nelle dinamica delle istituzioni,* Giuffrè Editore, 1985, p. 117 e 119).

Não é despiciendo lembrar que a relativa longevidade dos Códigos Civis deve-se a sua capacidade recipiendária do Direito Natural com o Direito Positivo historicamente considerado, *v. g.* o octogenário Código de 1916, o centenário Código Civil Burguês (BGB), o "Código de todos os franceses" recém-saído de seu bicentenário, e não se há de dizer que estamos a tratar dum fenômeno oitocentista, só na segunda metade do século XX temos o Código Civil português, o neerlandês, o peruano, o chileno, o uruguayo etc.

A transpessoalidade da concepção do Código Civil de 2002 por um grupo de jurisconsultos conscientes da perenidade histórico-cultural do direito privado, mormente da vertente romano-germânica, foi decisiva para sua coerência sistêmica ao ordenamento, muito embora e sob muitos aspectos esteja sujeito a duras críticas.

As diretrizes gerais e metodológicas norteadoras da empreitada codificadora foram previamente fixadas pela Comissão; o *aggiornamento* do código civil haveria de seguir as idéias jusculturalistas do Professor Miguel Reale, orientando-se os trabalhos pelos princípios da eticidade, operalidade e socialidade. São do próprio Miguel Reale, em seu parecer final, as palavras que ora transcrevemos.

> ... A iniciativa de um novo Código Civil não surgiu de repente. Foi, ao contrário, conseqüência de duas tentativas anteriores que já demarcaram as condições que deveriam ser evitadas ou, então, complementadas.
>
> Em primeiro lugar, abandonou-se a idéia de dividir o Código Civil, elaborando-se, em separado, um Código das Obrigações. A quase unanimidade de nossos juristas repudiou a proposta de um Código Civil decepado e sem sentido de unidade, condenando a eliminação da Parte Geral, tradicional em nosso Direito, desde a Consolidação das Leis Civis, graças ao gênio criador de Teixeira de Freitas.
>
> Como responsável pela codificação, não vacilei no sentido de preferir uma sistematização ampla, embora partindo do Código em vigor. Como já disse, foi fixado o critério de preservar, sempre que possível, as disposições do código atual, porquanto, de certa forma, cada texto legal representa um patrimônio de pesquisa, de estudos, de pronunciamentos de um universo de juristas. Há, por conseguinte, todo um saber jurídico acumulado ao longo do tempo, que aconselha a manutenção do válido e eficaz, ainda que em novos termos. Por outro lado, é inegável que o código atual obedeceu, repito,

como era natural, ao espírito de sua época, quando o individual prevalecia sobre o social. É, por isso, próprio de uma cultura fundamentalmente agrária, em que predominava a população rural e não a urbana. A mudança do Brasil no presente século foi de tal ordem que o código não poderia deixar de refletir essas alterações básicas, uma vez que o Código Civil não é senão a constituição da sociedade civil. Como costumo dizer, e repito, o Código Civil é a constituição do homem comum.

É preciso, porém, corrigir, desde logo, um equívoco que consiste em dizer que tentamos estabelecer a unidade do Direito Privado. Esse não foi o objetivo visado. O que na realidade se fez foi consolidar e aperfeiçoar o que já estava sendo seguido no País, que era a unidade do direito das obrigações. Como o Código Comercial de 1850 se tornara completamente superado, não havia mais questões comerciais resolvidas à luz do Código de Comércio, mas sim em função do Código Civil. Na prática jurisprudencial, essa unidade das obrigações já era um fato consagrado, o que se refletiu na idéia rejeitada de um código só para reger as obrigações, consoante projeto elaborado por jurisconsultos da estatura de Orozimbo Nonato, Hahnemamm Guimarães e Philadelpho de Azevedo. Não vingou também a tentativa de, a um só tempo, elaborar um Código das Obrigações, de que foi relator Caio Mário da Silva Pereira, ao lado de um Código Civil, com a matéria restante, conforme projeto de Orlando Gomes. Depois dessas duas malogradas experiências, só restava manter a unidade da codificação, enriquecendo-a de novos elementos, levando em conta também as contribuições desses dois ilustres jurisconsultos.

A opção pela unidade das obrigações nos levou a alterar a ordem da matéria. O código atual, como é próprio da sociedade de natureza agrária, começa com o Direito de Família, passando pelo Direito de Propriedade e das Obrigações, até chegar ao das Sucessões.

Nosso projeto, após a Parte Geral – na qual se enunciam os direitos e deveres gerais da pessoa humana como tal e se estabelecem pressupostos gerais da vida civil – começa, na Parte Especial, a disciplinar as obrigações que emergem dos direitos pessoais. Pode-se dizer que, enunciados os direitos e deveres dos indivíduos, passa-se a tratar de sua projeção natural, que são as obrigações e os contratos.

É extensa essa disciplina das obrigações, dado o tratamento unificado das obrigações civis com as obrigações empresariais, termo que preferimos adotar, pois a atividade econômica não se assinala mais, hoje, por atos de comércio, tendo uma projeção muito mais ampla, sendo igualmente relevantes os de natureza industrial ou financeira.

Em seguida ao Direito das Obrigações, passamos a contar com uma parte nova, que é o Direito de Empresa. Este diz respeito a situações em que as pessoas se associam e se organizam a fim de, em conjunto, dar eficácia e realidade ao que pactuam. O Direito de Empresa não figura, como tal, em nenhuma codificação contemporânea, constituindo, pois, uma inovação original.

Daí se passa ao Direito das Coisas, sendo o Direito Real visto em razão do novo conceito de propriedade, com base no princípio constitucional de que a função da propriedade é social, superando-se a compreensão romana quiritária em função do interesse exclusivo do indivíduo, do proprietário ou do possuidor. Em seguida ao Direito das Coisas é que vem o Direito de Família e, posteriormente, o Direito das Sucessões. Houve, por conseguinte, uma alteração relevante na estrutura do código, a qual não encontra símile na codificação dos demais países.

Quando começamos nosso trabalho, tínhamos idéias de conservar, quando possível, consoante já foi dito, as disposições do código atual. Mas, à medida que os trabalhos foram desenvolvendo-se, foi revelando-se a possibilidade de nos mantermos inteiramente fiéis a essa diretriz inicial. É que problemas novos exigem formulação nova, sendo a linguagem inseparável do conceito. Preferiu-se uma linguagem nova, mais operacional e adequada a precisa interpretação das normas referentes aos problemas atuais. Há, portanto, um sentido de atualidade ou de contemporaneidade ínsito no projeto, inclusive no tocante à linguagem, eliminados que foram arcaísmos e superados modos de dizer.

O "sentido social" é uma das características mais marcantes do projeto, em contraste com o sentido individualista que condiciona o Código Civil ainda em vigor. Seria absurdo negar os altos méritos da obra do insigne Clóvis Bevilácqua, mas é preciso lembrar que ele redigiu sua proposta em fins do século passado, não sendo segredo para ninguém que o mundo nunca mudou como no decorrer do presente século, assolado por profundos conflitos sociais e similares.

Se não houve a vitória do socialismo, houve o triunfo da "socialidade", fazendo prevalecer os valores coletivos sobre os individuais, sem perda, porém, do valor fundante da pessoa humana. Por outro lado, o projeto se distingue por maior aderência à realidade contemporânea, com a necessária revisão dos direitos e deveres dos cinco principais personagens do Direito Privado tradicional: o proprietário, o contratante, o empresário, o pai de família e o testador.

Nosso empenho foi no sentido de situar esses direitos e deveres no contexto da nova sociedade que emergiu de duas guerras universais, bem como da revolução tecnológica e da emancipação plena da mulher. É por isso, por exemplo, que acabei propondo que o "pátrio poder" passasse a denominar-se "poder familiar", exercido em conjunto por ambos os cônjuges em razão do casal e da prole.

Em virtude do princípio de socialidade, surgiu também um novo conceito de posse, a posse-trabalho, ou posse "pro labore", em virtude da qual o prazo de usucapião de um imóvel é reduzido, conforme o caso, se os possuidores nele houverem estabelecido sua morada, ou realizado investimentos de interesse social e econômico. Por outro lado, foi revisto e atualizado o antigo conceito de posse, em consonância com os fins sociais da propriedade.

O Código atual peca por excessivo rigorismo formal, no sentido de que tudo se deve resolver através de preceitos normativos expressos, sendo pouquíssimas as referências à eqüidade, à boa-fé, à justa causa e demais critérios éticos. Esse espírito dogmático-formalista levou um grande mestre do porte de Pontes de Miranda a qualificar a boa-fé e a eqüidade como "abencenrragens jurídicas", entendendo ele que, no Direito Positivo, tudo deve ser resolvido técnica e cientificamente, através de normas expressas, sem apelo a princípios considerados metajurídicos. Não acreditamos na geral plenitude da norma jurídica positiva, sendo preferível, em certos casos, prever o recurso a critérios ético-jurídicos que permita chegar-se à "concreção jurídica", conferindo-se maior poder ao juiz para encontrar-se a solução mais justa ou eqüitativa.

O novo Código, por conseguinte, confere ao juiz não só poder para suprir lacunas, mas também para resolver, onde e quando previsto, de conformidade com valores éticos, ou se a regra jurídica for deficiente ou inajustável à especificidade do caso concreto.

Como se vê, ao elaborar o projeto, não nos apegamos ao rigorismo normativo, pretendendo tudo prever detalhada e obrigatoriamente, como se na experiência jurídica imperasse o princípio de causalidade próprio das ciências naturais, nas quais, aliás, se reconhece cada vez mais o valor do problemático e o do conjetural.

O que importa uma codificação é seu espírito; é um conjunto de idéias fundamentais em torno das quais as normas se entrelaçam, se ordenam e se sistematizam.

Em nosso projeto não prevalece a crença na plenitude hermética do Direito Positivo, sendo reconhecida a imprescindível eticidade do ordenamento. O código é um sistema. Um conjunto harmônico de preceitos que exige a todo instante recurso à analogia e a princípios gerais, devendo ser valorizadas todas as conseqüências da cláusula *rebus sic stantibus*. Nesse sentido, é posto o princípio do equilíbrio econômico dos contratos como base ética de todo o Direito Obrigacional.

Nesse contexto, abre-se campo a uma nova figura, que é a da resolução do contrato como um dos meios de preservar o equilíbrio contratual. Hoje, praticamente só se pode rescindir um contrato em razão de atos ilícitos. O direito de resolução obedece a uma nova concepção, porque o contrato desempenha uma função social, tanto como a propriedade. Reconhece-se, assim, a possibilidade de se resolver um contrato em virtude do advento de situações imprevisíveis, que inesperadamente venham alterar os dados do problema, tornando a posição de um dos contratantes excessivamente onerosa.

Esse reconhecimento vem estabelecer uma função mais criadora por parte da Justiça em consonância com o princípio de eticidade, cujo fulcro fundamental é o valor da pessoa humana como fonte de todos os valores. Como se vê, o novo código abandonou o formalismo técnico-jurídico próprio do individualismo da metade deste século, para assumir um sentido mais aberto e compreensivo, sobretudo numa época em que o desenvolvimento dos meios de informação vem ampliar os vínculos entre os indivíduos e a comunidade.

O terceiro princípio que norteou a feitura desse nosso projeto – e vamos limitar-nos a apenas três, não por um vício de amar o trino, mas porque não há tempo para tratar de outros, que estão de certa maneira implícitos nos que estou analisando – o terceiro princípio é o "princípio da operabilidade". Ou seja, toda vez que tivemos de examinar uma norma jurídica, e havia divergência de ser enunciada de uma forma ou de outra, pensamos no ensinamento de Ihering, que diz que é da essência do Direito sua realizabilidade: o Direito é feito para ser executado; Direito que não se executa – já dizia Ihering em sua imaginação criadora – é como chama que não aquece, luz que não ilumina. O Direito é feito para ser realizado; é para ser operado. Por que, no fundo, o que é que nós somos – nós advogados? Somos operadores do direito: operamos o Código e as leis, para fazer uma petição inicial, e levamos o resultado de nossa operação ao juiz, que verifica a legitimidade, a certeza, a procedência ou não de nossa operação. O juiz também é um operador do Direito; e a sentença é uma renovação da operação do advogado, segundo o critério de que julga. Então, é indispensável que a norma tenha operabilidade, a fim de evitar uma série de equívocos e de dificuldades que hoje entravam a vida do Código Civil.

Darei apenas um exemplo. Quem é que, no Direito Civil brasileiro ou estrangeiro, até hoje, soube fazer uma distinção nítida e fora de dúvida entre prescrição e decadência? Há as teorias mais cerebrinas e bizantinas para se distinguir uma coisa de outra. Devido a esse contraste de idéias, assisti, uma vez, perplexo, num mesmo mês, a um Tribunal de São Paulo negar uma apelação interposta por mim e outros advogados, porque entendia que nosso direito estava extinto por força de decadência; e, poucas semanas depois, ganhávamos, numa outra Câmara, por entender-se que o prazo era de prescrição, que havia sido interrompido! Por isso, o homem comum olha o Tribunal e fica perplexo. Ora, quisemos pôr um termo a essa perplexidade, de maneira prática, porque o simples é o sinal da verdade, e não o bizantino e o complicado.

Preferimos, por esses motivos, reunir as normas prescricionais, todas elas, enumerando-as na Parte Geral do Código. Não haverá dúvida nenhuma: ou figura no artigo que rege as prescrições, ou então se trata de decadência. Casos de decadência não figuram na Parte Geral, a não ser cinco ou seis hipóteses em que cabia prevê-la, logo após, ou melhor, como complemento do artigo em que era especificamente aplicável.

Qual é o tratamento dado à decadência? Há, por exemplo, o direito do doador de revogar a doação feita por ingratidão. Aí, o prazo é tipicamente de decadência. E então a norma vem acoplada à outra: a norma de operabilidade está jungida ao direito material. Como vemos, cada norma de decadência está acoplada ao preceito cuja decadência deve ser decretada. De tal maneira que, com isso, não há mais possibilidade de alarmantes contradições jurisprudenciais.

O critério da operabilidade leva-nos, às vezes, a forçarmos um pouco, digamos assim, os aspectos teoréticos. Vou dar um exemplo para mostrar que prevalece, às vezes, o elemento de operabilidade sobre o elemento puramente teorético-formal. Qual é o prazo de responsabilidade de um construtor pela obra que ele entregou numa empreitada de material e de valor, ou seja, de mão-de-obra e com fornecimento de material? É um prazo de cinco anos – um prazo extenso. Porém, estabelecemos que, não obstante, a aparência de uma norma prescritiva, ela devia ser colocada como norma de decadência, para que não houvesse dúvida na jurisprudência, nem dúvida na responsabilidade, outro a fazer face àquilo que assumiu como obrigação contratual.

Isto posto, o princípio da operabilidade leva também a redigir certas normas jurídicas, que são normas abertas, e não normas cerradas, para que a atividade social mesma, em sua evolução, venha a alterar-lhe o conteúdo através daquilo que denomino "estrutura hermenêutica". Porque, em meu modo de entender, a estrutura hermenêutica é um complemento natural da estrutura normativa. E é por isso que a doutrina é fundamental,

> porque ela é aquele modelo dogmático, aquele modelo teórico que diz o que os demais modelos jurídicos significam.
>
> Estão verificando que tivemos em vista esses três princípios, e outros também que levam em conta a concreção humana. Poderia acrescentar aqui o "princípio da concretitude", que, de certo modo, está implícito no de operabilidade. *Concretitude* é palavra que tem sido às vezes discutida: há quem queira concretude. Mas, se nós formos ao Dicionário Aurélio, veremos que ele não registra "concretude" e sim "concretitude", assim como há "negritude", "plenitude" e assim por diante, segundo o espírito de nossa língua.
>
> Concretude, que é? É a obrigação que tem o legislador de não legislar em abstrato, para um indivíduo perdido na estratosfera, mas, quanto possível, legislar para o indivíduo situado: legislar para o homem enquanto marido; para a mulher enquanto esposa; para o filho enquanto um ser subordinado ao poder familiar. Quer dizer, atender às situações sociais, à vivência plena do Código, do direito subjetivo como uma situação individual; não um direito subjetivo abstrato, mas uma situação subjetiva concreta. Em mais de uma oportunidade se terá ocasião de verificar que o Código preferiu, sempre, essa concreção para a disciplina da matéria.

Neste outro passo, o Coordenador da Comissão assim comenta o projeto e sua redação final, *verbis*:

> ... Foi criada, em 1969, uma "Comissão Revisora Elaboradora do Código Civil", na esperança de ser aproveitada a maior parte do Código Civil de 1916. Todavia, verificou-se logo a inviabilidade desse desiderato, não podendo deixar de prevalecer a reelaboração, uma vez que a experiência, ou seja, a análise progressiva da matéria, veio revelando que novos princípios ou diretrizes deveriam nortear a codificação. Por outro lado, em se tratando de um trabalho sistemático, a alteração feita em um artigo ou capítulo repercute necessariamente em outros pontos do projeto.

Daí ficarem assentes estas diretrizes:

a) Preservação do Código vigente sempre que possível, não só por seus méritos intrínsecos, mas também pelo acervo de doutrina e de jurisprudência que em razão dele se constituiu.

b) Impossibilidade de nos atermos à mera revisão do Código Beviláqua, dada sua falta de correlação com a sociedade contemporânea e as mais significativas conquistas da Ciência do Direito.

c) Alteração geral do Código atual no que se refere a certos valores considerados essenciais, como o de eticidade, de socialidade e de operabilidade.

d) Aproveitamento dos trabalhos de reforma da Lei Civil, nas duas meritórias tentativas feitas anteriormente, por ilustres jurisconsultos, primeiro por Hahneman Guimarães, Orozimbo Nonato e Philadelpho de Azevedo, com o anteprojeto do "Código das Obrigações"; e, depois, por Orlando Gomes e Caio Mário da Silva Pereira, com a proposta de elaboração separada de um Código Civil e de um Código das Obrigações, contando com a colaboração, neste caso, de Sylvio Marcondes, Theóphilo de Azevedo Santos e Nehemias Gueiros.

e) Firmar a orientação de somente inserir no Código matéria já consolidada ou com relevante grau de experiência crítica, transferindo-se para a legislação especial aditiva o regramento de questões ainda em processo de estudo, ou que, por sua natureza complexa, envolvem problemas e soluções que extrapolam do Código Civil.

f) Dar nova estrutura ao Código, mantendo-se a Parte Geral – conquista preciosa do Direito brasileiro, desde Teixeira de Freitas –, mas com nova ordenação da matéria, a exemplo das mais recentes codificações.

g) Não realizar, propriamente, a unificação do Direito Privado, mas sim do Direito das Obrigações – de resto já uma realidade operacional no País – em virtude do obsoletismo do Código Comercial de 1850 – com a conseqüente inclusão de mais um Livro na Parte Especial, que, de início, se denominou "Atividades Negociais" e, posteriormente, "Direito de Empresa".

Essa estrutura não sofreu alteração nas duas Casas do Congresso Nacional, não obstante as inúmeras emendas oferecidas ao projeto original n. 634, enviado pelo Governo em 1975, após estudo pela Comissão Revisora das mudanças ou propostas aditivas feitas por juristas de todo o País, bem como por entidades de classe e até mesmo por leigos em Direito. A todas as sugestões foi dada a devida atenção, de tal modo que, em virtude, sobretudo, das modificações havidas na Câmara dos Deputados e no Senado Federal, o Projeto n. 118/84, aprovado finalmente na Câmara, acha-se plenamente atualizado, inclusive quanto às inovações introduzidas pela Constituição de 1988 no concernente ao Direito de Família, como oportunamente se exporá.

Procurou-se superar o apego do Código atual ao formalismo jurídico, fruto, a um só tempo, da influência recebida a cavaleiro dos séculos XIX e XX, do Direito tradicional português, decorrente do trabalho empírico dos glozadores, e da Escola germânica dos pandectistas, dominada pelo tecnicismo instituicional haurido na admirável experiência do Direito Romano.

Não obstante os méritos desses valores técnicos, não era possível deixar de reconhecer, em nossos dias, a indeclinável participação dos valores éticos no ordenamento jurídico, sem abandono, é claro, das conquistas da técnica jurídica que com aqueles se deve compatibilizar.

Daí a opção, muitas vezes, por normas genéricas ou cláusulas gerais, sem a preocupação de excessivo rigorismo conceitual, a fim de possibilitar a criação de modelos jurídicos hermenêuticos, quer pelos advogados, quer pelos juízes, para contínua atualização dos preceitos legais.

Nesse sentido, temos, em primeiro lugar, o art. 113, na Parte Geral, segundo o qual

> os negócios jurídicos devem ser interpretados conforme a boa-fé e os usos do lugar de sua celebração.

E mais este:

> Art. 187. Comete ato ilícito o titular de um direito que, ao exercê-lo, excede manifestamente os limites impostos por seu fim econômico ou social, pela boa-fé ou pelos bons costumes.

Lembramos como outro exemplo o Artigo 422, que dispõe quase como um prolegômeno a toda a teoria dos contratos, a saber:

> Art. 422. Os contratantes são obrigados a guardar, assim na conclusão do contrato, como em sua execução, os princípios de probidade e boa-fé.

Freqüente é no Projeto a referência à probidade e à boa-fé, assim como à correção (*corretezza*), ao contrário do que ocorre no Código vigente, demasiado parcimonioso nessa matéria, como se tudo pudesse ser regido por determinações de caráter estritamente jurídico.

É constante o objetivo do novo Código no sentido de superar o manifesto caráter individualista da Lei vigente, feita para um País ainda eminentemente agrícola, com cerca de 80% da população no campo.

Hoje, vive o povo brasileiro nas cidades, na mesma proporção de 80%, o que representa uma alteração de 180 graus na mentalidade reinante, inclusive em razão dos meios de comunicação, como o rádio e a televisão. Daí o predomínio do social sobre o individual.

Alguns dos exemplos dados já consagram, além da exigência ética, o imperativo da socialidade, como quando se declara a função social do contrato na seguinte forma:

> Art. 421. A liberdade de contratar será exercida em razão e nos limites da função social do contrato.

Por essa razão, em se tratando de contrato de adesão, estatui o art. 422 o seguinte:

> Art. 422. Quando houver no contrato de adesão cláusulas ambíguas ou contraditórias, dever-se-á adotar a interpretação mais favorável ao aderente.

No caso de posse, superando as disposições até agora universalmente seguidas, que distinguem apenas entre a posse de boa e a de má-fé, o Código leva em conta a natureza social da posse da coisa para reduzir o prazo de usucapião, o que constitui novidade relevante na tela do Direito Civil.

Assim é que, conforme o art. 1.238, é fixado o prazo de 15 anos para a aquisição da propriedade imóvel, independentemente de título e boa-fé, sendo esse prazo reduzido a dez anos "se o possuidor houver estabelecido no imóvel sua moradia, ou nele realizado obras ou serviços de caráter produtivo".

Por outro lado, pelo art. 1.239, bastam cinco anos ininterruptos para o possuidor, que não seja proprietário de imóvel rural ou urbano, adquirir o domínio de área em zona rural não superior a cinqüenta hectares, tornando-a produtiva por seu trabalho ou de sua família, tendo nele sua moradia. Para tanto basta que não tenha havido oposição.

O mesmo sentido social caracteriza o art. 1.240, segundo o qual, se alguém "possuir, como sua, área urbana até duzentos e cinqüenta metros quadrados, por cinco anos ininterruptos, e sem oposição, utilizando-a para sua moradia e de sua família, adquirir-lhe-á o domínio, desde que não seja proprietário de outro imóvel".

Um magnífico exemplo da preponderância do princípio de socialidade é dado pelo art. 1.242, segundo o qual

> adquire também a propriedade do imóvel aquele que, contínua e incontestavelmente, com justo título e boa-fé, o possuir por dez anos.

Esse prazo é, porém, reduzido a cinco anos

> se o imóvel houver sido adquirido onerosamente, com base em transcrição constante do registro próprio, cancelada posteriormente, desde que os possuidores nele tiverem estabelecido sua moradia, ou realizado investimento de interesse social e econômico.

Não vacilo em dizer que tem caráter revolucionário o disposto nos parágrafos 4º e 5º do art. 1.228, determinando o seguinte:

> § 4º – O proprietário também pode ser privado da coisa se o imóvel reivindicado consistir em extensa área, na posse ininterrupta e de boa-fé, por mais de cinco anos, de considerável número de pessoas, e estas nela tiverem realizado, em conjunto ou separadamente, obras e serviços considerados pelo juiz de interesse social e econômico relevante.
>
> § 5º – No caso do parágrafo antecedente, o juiz fixará a justa indenização devida ao proprietário; pago o preço, valerá a sentença como título para a transcrição do imóvel em nome dos possuidores".

Como se vê, é conferido ao juiz poder expropriatório, o que não é consagrado em nenhuma legislação.

Muito importante foi a decisão tomada no sentido de estabelecer soluções normativas de modo a facilitar sua interpretação e aplicação pelo operador do Direito.

Nessa ordem de idéias, o primeiro cuidado foi eliminar as dúvidas que haviam persistido durante a aplicação do Código anterior.

Exemplo disso é o relativo à distinção entre prescrição e decadência, tendo sido baldados os esforços no sentido de se verificar quais eram os casos de uma ou de outra, com graves conseqüências de ordem prática.

Para evitar esse inconveniente, resolveu-se enumerar, na Parte Geral, os casos de prescrição, em *numerus clausus*, sendo as hipóteses de decadência previstas em imediata conexão com a disposição normativa que a estabelece. Assim, por exemplo, após o artigo declarar qual a responsabilidade do construtor de edifícios pela higidez da obra, é estabelecido o prazo de decadência para ser ela exigida.

Por outro lado, pôs-se termo a sinonímias que possam dar lugar a dúvidas, fazendo-se, por exemplo, distinção entre associação, destinada para indicar as entidades de fins não econômicos, e sociedade, designada para as de objetivos econômicos.

Não menos relevante é a resolução de lançar mão, sempre que necessário, de cláusulas gerais, como acontece nos casos em que se exige probidade, boa-fé ou correção (*corretezza*) por parte do titular do direito, ou quando é impossível determinar com precisão o alcance da regra jurídica. É o que se dá, por exemplo, na hipótese de fixação de aluguel manifestamente excessivo, arbitrado pelo locador e a ser pago pelo locatário que, findo o prazo de locação, deixa de restituir a coisa, podendo o juiz, a seu critério, reduzi-lo, ou *verbis*:

> Art. 575. Parágrafo único. Se o aluguel arbitrado for manifestamente excessivo, poderá o juiz reduzi-lo, mas tendo sempre em conta o seu caráter de penalidade.

São previstas, em suma, as hipóteses, por assim dizer, de "indeterminação do preceito", cuja aplicação em concreto caberá ao juiz decidir, em cada caso ocorrente, à luz das circunstâncias ocorrentes, tal como se dá, por exemplo, quando for indeterminado o prazo de duração do contrato de agência e uma das partes decidir resolvê-lo mediante aviso prévio de noventa dias, fixando tempo de duração incompatível com a natureza e o vulto do investimento exigido do contratante, cabendo ao juiz decidir sobre sua razoabilidade e o valor devido, em havendo divergência entre as partes, consoante dispõe o art. 720 e seu parágrafo único.

Somente assim se realiza o direito em sua concretude, sendo oportuno lembrar que a teoria do Direito concreto, e não puramente abstrato, encontra apoio de jurisconsultos do porte de Engisch, Betti, Larenz, Esser e muitos outros, implicando maior participação decisória conferida aos magistrados.

Como se vê, o que se objetiva alcançar é o Direito em sua concreção, ou seja, em razão dos elementos de fato e de valor que devem ser sempre levados em conta na enunciação e na aplicação da norma.

Nessa ordem de idéias, merece menção o § 1º do art. 1.240, o qual estatui que, no caso de usucapião de terreno urbano,

> o título de domínio e a concessão de uso serão conferidos ao homem ou à mulher, ou a ambos, independentemente do estado civil.

Atende-se, assim, à existência da união estável, considerada nova entidade familiar.

Observamos, finalmente, que a Comissão optou por uma linguagem precisa e atual, menos apegada a modelos clássicos superados, mas fiel aos valores de correção e de beleza que distinguem o Código Civil vigente.

Não cremos ser necessário desenvolver argumentos justificadores da manutenção da Parte Geral, que é da tradição do Direito pátrio, desde Teixeira de Freitas e Clóvis Bevilácqua, independentemente da influência depois consagradora da tese pelo Código Alemão de 1900. Bastar-nos-á lembrar a resistência oposta pela grande maioria de nossos juristas quando se quis elaborar um Código Civil, por sinal que restrito, sem a Parte Geral, destinada a fixar os parâmetros do ordenamento jurídico civil. É ela que estabelece as normas sobre as pessoas e os "direitos da personalidade", que estão na base das soluções normativas, depois objeto da Parte Especial. Merece encômios essa providência de incluir disposições sobre os direitos da personalidade, uma vez que a pessoa é o valor-fonte de todos os valores jurídicos.

Outra iniciativa louvável foi a disciplina específica dos negócios jurídicos, que são os atos jurídicos de mais freqüente ocorrência, expressão por excelência da fonte negocial ao lado das três outras fontes do direito, as leis, os usos e costumes e a jurisprudência.

Quanto à Parte Especial, preferiu-se seguir uma seqüência mais lógica, situando-se o Direito das Obrigações como conseqüência imediata do antes estabelecido para os atos e os negócios jurídicos. Não é demais acentuar que há disciplina conjunta das obrigações civis e mercantis, o que, repitimos, já constitui orientação dominante em nossa experiência jurídica, em virtude do superamento do vetusto Código Comercial de 1850. Com efeito, já o Direito Comercial se baseia no Código Civil.

Do Direito das Obrigações se passa ao Livro que trata do Direito de Empresa, o qual, a bem ver, se refere a toda a vida societária, com remissão à legislação especial sobre sociedades anônimas e sobre cooperativas, por abrangerem questões que extrapolam da Lei Civil.

Quanto ao termo Direito de Empresa, cabe assinalar que, graças a uma figura de metonímia, ou, por melhor dizer, de sinédoque, está aí a palavra empresa significando uma parte pelo todo que é o Direito da Sociedade. Fomos levados a essa opção, por se cuidar mais, no citado Livro, da sociedade empresária, estabelecendo apenas os requisitos gerais da sociedade simples, objeto da diversificada legislação relativa aos múltiplos tipos das sociedades não empresariais.

Passa-se, a seguir, a tratar da disciplina do Direito das Coisas, do Direito de Família e do Direito das Sucessões.

No que se refere ao Direito de Família, merece realce a distinção feita, por iniciativa de Clóvis Couto e Silva, entre o Direito Pessoal e o Patrimonial de Família, o que veio trazer mais limpidez ao texto. O regramento da união estável ficou para o final, para ser apreciado sob os dois mencionados aspectos, obedecido rigorosamente o disposto na Constituição.

Cabe-nos lembrar que, aprovado o Projeto na Câmara dos Deputados e enviado ao Senado, foram neste apresentadas cerca de 400 emendas, a maior parte pertinentes ao Direito de Família, de autoria do saudoso senador Nelson Carneiro.

Com a convocação da Assembléia Nacional Constituinte, entendeu o Senado de suspender a tramitação do Projeto do Código Civil para aguardar possíveis alterações nessa matéria. Na realidade, porém, ocorreram mudanças substanciais tão-somente no Direito de Família, instaurando a igualdade absoluta dos cônjuges e dos filhos, com a supressão do pátrio poder, que, por sugestão minha, passou a denominar-se "poder familiar".

É claro que essas alterações importaram na emenda de vários dispositivos, substituindo-se, por exemplo, pelo termo "ser humano" a palavra genérica "homem" anteriormente empregada. Mais importante, porém, foram as novas regras que vieram estabelecer efetiva igualdade entre os cônjuges e os filhos, inclusive no pertinente ao Direito das Sucessões.

Nesse sentido, o cônjuge passou a ser também herdeiro, em virtude da adoção de novo regime geral de bens no casamento, o da comunhão parcial, corrigindo-se omissão existente no Direito das Sucessões.

Por outro lado, o Projeto vem disciplinar melhor a união estável como nova entidade familiar, que, de conformidade com o § 3º do art. 226 da Constituição, só pode ser entre o homem e a mulher. Com a redação dada à matéria, não há confusão possível com o concubinato, visto que, nos termos da citada disposição constitucional, a lei deve facilitar a conversão da união estável em casamento.

Não é demais ponderar que, no tocante à igualdade dos cônjuges e dos filhos, o disposto na nova Carta Magna representou adoção das emendas oferecidas pelo senador Nelson Carneiro, o que facilitou o pronunciamento da Câmara Alta ao depois completado pela Câmara dos Deputados, graças à oportuna alteração do Regimento do Congresso Nacional.

Considerando-se seus pressupostos filosóficos, histórico-sociais, bem como suas diretrizes metodológicas, é que se deve interpretar e aplicar a lei civil, sem nunca perder de vista seu *poder social* funcionante, espinha dorsal do *novus corpus*.

O parecer do Professor Miguel Reale lembra-nos Carlos Maximiliano, em seu clássico "Hermenêutica e Aplicação do Direito", ao deitar por terra a parêmia medieval do *in claris cessat interpretatio*. Aliás, sobre a interpretação dizia o velho Clóvis Beviláqua que "... interpretar a lei é revelar o pensamento que anima suas palavras",[4] colhida, como excelente romanista que era, em Celso, "*Scire leges non hoc est verba earum tenere, sed vim ac potestatem*" (D.1,3,17). É com esse espírito, conforme no-lo diz São Paulo, *littera occidit sed spiritus autem vivificat,* que se deve proceder à interpretação dos dispositivos do código civil, buscando não somente se aferrar de modo mecânico, no sentido aparente e imediato que resulta da conexão verbal, mas indagar com profundeza o pensamento legislativo, descendo da superfície verbal ao conceito íntimo que o texto encerra, desenvolvendo-o no paradigma valorativo dos princípios e direitos fundamentais.

A nosso ver, a força legitimadora que sustenta o novo Código é sua natueza jusfilosófica radicada no sistema romano. Entendemos que a Comissão elaboradora do novo Código soube agregar, mercê da cultura jurídica de seus integrantes, a *érgon* do sistema, entendida aqui como a arquitetura principiológica universal do sistema de direito privado, com a *energéia*, entendida aqui no sentido do vitalismo bergsoniano, como o "espírito" *(Geist)* inerente aos multisseculares institutos/categorias do direito privado, capaz de torná-los autônomos à *ratio* de sua criação, à *occasio* de seu tempo e de seu espaço geopolítico, como no caso do Direito das obrigações, do Direito de propriedade, da superfície, do Direito de habitação, da enfiteuse, da retrovenda ou da alienação fiduciária em garantia.

A compreensão do dualismo jânico do sistema, das duas forças interativas, chamamos de *érgon* a força centrípeta agregadora do sistema e de *energéia* a força centrífuga potencialmente inversa à posição estática do sistema, fomentadora da atividade criadora dos institutos. Ao se entrechocarem, funcionam como um motor a gerar a *dynamis* produtiva do sistema privatístico, fornecendo a "energia" reclamada pela sociedade para o "consumo" de suas necessidades intersubjetivas.

Nas criações originais, a *energéia* da atividade criadora precede à *dynamis* fundante do arquétipo ou *érgon*, completando e atualizando o sistema, ou

---

[4] *Teoria Geral do Direiro Civil*, Editora Forense, Rio de Janeiro, p. 48.

seja, um fato social pode (e deve), por meio de sua atividade criadora, converter-se num modelo do qual se podem deduzir normas que o construirão juridicamente, e se essas normas são deduzidas do fato, então podem converter-se novamente em potência criadora, a *energéia,* a gerar novamente a *dynamis* do sistema.

Humboldt, não o naturalista, mas seu irmão mais velho, filósofo e filólogo,[5] adepto da chave aristotélico-interpretativa dos fenômenos culturais, cita Leonardo da Vinci como exemplo. Suponhamos que Leonardo crie ou invente algo novo, absolutamente original, não feito antes por ninguém. Algo que tampouco o próprio Leonardo soubesse de antemão ou dominasse sua técnica ou procedimento. Pois bem, esse novo, criado originalmente pela primeira vez pelo mestre da Mona Lisa, em sua atividade criadora-*energéia*, uma vez que já tenha sido criado, poderá ser tomado como modelo por seus discípulos para obras (produtos) ulteriores, inclusive pode mesmo ser aprendido pelo próprio Leonardo, que pode assumir sua criação como técnica ou procedimento para futuras obras dentro desse modelo-*érgon*, gerando uma contínua *dynamis* de sua arte através do tempo. Daí a atividade criadora do homem-*energéia* preceder o próprio modelo-*érgon* e sua conseqüente *dynamis*, com o adjetivo que se lhe queira apor, *dynamis* cultural, social, política, econômica, histórica e jurídica.

A dinâmica jurídica do sistema é apanágio da própria história (externa e interna, na medida em que o fato social conduz ao fato jurídico) do direito, e há de se notar que esse produzir original da *energéia* no sistema-*érgon* é de tal ordem que não se repete o já produzido, *v. g.* a proteção da posse, a usucapião, o reconhecimento dos laços consangüíneos, a hipoteca, a enfiteuse, a superfície, a fidúcia, a tutela e a curatela, as criações dos magistrados romanos pelo *jus honorarium* etc.

Dentro desse modelo/paradigma privatístico, de natureza atemporal e inespacial, construído histórico-culturalmente desde os romanos, que já o pressentiam como categoria (ciência) autônoma, foi assim desse sentir da

---

[5] Humboldt, Wilhelm von. *Gesammelte Werke*, vol. 3, Flitner & K. Giel, 1836, Berlin, p. 368-757.

dimensão arquetípica-*érgon* e sinérgica-*energéia* do direito privado, seja por dedução lógica ou por intuição intelectiva dos cônscios professores, membros da comissão, que pôde o texto final do projeto adquirir um grau de densidade e ao mesmo tempo de porosidade celular. Não aquela porosidade em que criam os antigos poder atravessá-la elementos deletérios ao citoplasma que causavam a morte por acidez da célula, não; aqui convém a semelhança da porosidade do modelo Singer-Nicholson, porosidade seletiva da membrana, capaz de preservar as estruturas do citoplasma, repelindo o que lhe é estranho a sua natureza.

Por amor à imaginação, tomemos o modelo atômico, não aquele compacto de Demócrito, mas o de Rutherford, em que a mobilidade dos elétrons na camada de valência não altera seu número atômico, que, em sendo móvel, mantém a integridade do elemento.

Continuemos, pois, na linha de preparação do novo Código. Preparado o projeto, seguiu-se-lhe a submissão ao Congresso Nacional em sua mais que vintenária tramitação. Dessarte pôde o projeto incorporar os muitos anseios sociais reclamados pela sociedade organizada em razão da heteronomia ínsita ao processo legislativo, de forma a consolidar em seu texto às exigências sociais coetâneas um *Código autopoiético* (Wilhelm Canaris), que permite o *continuum* devenir social do direito civil, respeitando a escala evolutiva própria, cuja *timeline* nem sempre é linear, mas que se apresenta, no corte epistemológico da contemporaneidade, como norma aberta aos valores e princípios-regra da norma fundante maior.

Eis aí o vitalismo imanente ao novo Código Civil e transcendente a ele mesmo, a *energéia* de seus institutos gerados dentro do *érgon* do sistema assegura a *dynamis* do modelo/paradigma civilístico, que se revela não como um sistema fechado de normas apriorísticas de direito subjetivo abstrato, mas sim de um sistema aberto, heterônomo e autopoiético, que considera primeiramente as situações subjetivas concretas ou, na linguagem de Pontes, o suporte fático — *fattispecie* ou *tatbestand* — para só então qualificá-lo pelos valores hermenêuticos aplicáveis conforme o paradigma constitucional.

Um exemplo de abertura paradigmática é a da competência atribuída ao juiz para valorar o caso concreto, para o qual já se recorria à eqüidade e aos princípios gerais do direito quando da lacuna legal – LICCB art. 4° e art. 126 do CPC. Isso significativamente melhorou e ampliou essa prerrogativa do magistrado, ao antecipar o *judicial review* pelo *judicial preview*, aperfeiçoando um instituto que remonta ao célebre artigo 1° do Código Civil Suíço de 10 de dezembro de 1907:

> La loi régit toutes les matières auxquelles se rapportent la lettre ou l'esprit de l'une de ses dispositions.
>
> A défaut d'une disposition légale applicable, le juge prononce selon le droit coutumier et, à défaut d'une coutume, selon les règles qu'il établirait s'il avait "a faire acte de legislateur.
>
> Il s'inspire des solutions consacrées par la doctrine et la jurisprudence.[6]

A vantagem sobre o dispositivo da Lei Helvética em comento é a de que, em vez de dar ao juiz a liberdade incondicionada do legislador, sua liberdade fica condicionada a fins sociais e exigências do bem comum *delimitadas pelo legislador constituinte quando da elaboração do Texto Constitucional*. Disso resulta que a interpretação e a aplicação da norma ao caso concreto, ainda que importem sempre em sua recriação pelo Juiz, não restam submetidas ao livre-arbítrio do magistrado, mas vinculadas, em última análise, aos valores primordiais do ordenamento jurídico constitucional. Esse condicionamento é o mais seguro para o particular, para o sistema aberto ou móvel do Código pela adoção da doutrina das cláusulas gerais (*Generalclausern*), dos conceitos legais indeterminados (*Unbestimmte Gesetzbegriffe*) e da função indeterminada dos conceitos (*Unbestimmte Rechtsfunkitionbegriffe*). Esse condicionamento

---

[6] Tradução do autor: "A lei rege todas as matérias às quais faz referência, seja pela Letra, seja pelo Espírito de um ou mais de seus dispositivos.

À falta de um dispositivo legal aplicável, o juiz se pronuncia (julga) conforme o direito costumeiro e, à falta de costume, segundo as regras que ele mesmo estabeleceria se legislador fosse.

Há de inspirar-se nas soluções consagradas pela doutrina e pela jurisprudência".

é poder funcionante (princípio da operalidade) dos valores constitucionais, uma vez que "*Umbestimmtheit ist Normattribut nicht Formattribut*",[7] principalmente na parte geral, *sedes materiae* da parte especial, tal e qual a régua de Lesbos, a adaptabilidade dúctil do sistema aos casos concretos é discricionariamente, e não arbitrariamente, decidida pelo juízo da causa.

As cláusulas gerais (*Generalclausern*), longe de serem a completude do sistema, referem-se a conceitos que são passíveis de interpretação e susceptíveis à constitucionalidade do momento, podem ser instrumentos dos valores, dos princípios e das regras constitucionais, em inúmeros institutos, *v. g.* a função social da empresa; da propriedade (art. 1.228); do contrato (art. 421); a boa-fé objetiva (art. 422); o fim social ou econômico do ato ou negócio jurídico (art. 187); a gestão arriscada ou temerária (art. 868); o dever de indenizar no caso do *l'abus de droit* (art. 927, Parágrafo único); os atos possessórios de mera permissão ou tolerância (art. 1.208); a concessão ou não por parte dos pais (pai e mãe) para o casamento no caso da minoridade dos filhos (art. 1.634, Inciso III); bem como a adoção dos conceitos legais indeterminados (*Unbestimmte Gesetzclausern*) e a da função indeterminada dos conceitos (*Unbestimmte Rechtsfunktionbegriffe*) podem servir para refundar axiologicamente outros institutos, *v. g.* o dano exclusivamente moral (art. 186); a boa-fé objetiva e o abuso do direito (art. 187); o perigo iminente (art. 188, Inciso II); o enriquecimento sem (justa) causa (art. 884); a urgência do credor na obrigação de não fazer (art. 251, Parágrafo único); a insusceptibilidade de divisão cômoda de bem entre herdeiros, quando não houver acordo (art. 2.019); necessidade imprevista e urgente do comodante (art. 581); a aquisição de bens e o crédito respectivo necessário para a economia doméstica (art. 1.643), assim como a reparação do dano por ato contra os bons costumes (art. 187).

A projeção hermenêutica da Norma Fundamental se faz na pessoa humana em ação no Direito Civil, travestida na *personna* do empresário, do contratante, do pai/mãe de família, do filho, do tutor ou curador, do possui-

---

[7] Norbert Achterbey Allgemeines Verwaltungsrecht, C. F. Müller, Heidelberg, 1982, § 17-III, n. 33, nota 44, p. 268-269.

dor, do proprietário, do testador etc. Todavia, ela só tem sentido se repersonalizada despatrimonialmente para ressurgir socialmente.

Para ser ontoteleologicamente compatível com a Constituição, haverá o Código de promover sua completude social, a dignidade da pessoa humana e a prevalência dos diretos humanos contra o discurso globalizante neoliberal atual.

Decorre daí que, se o Código não concede uma linha de sentido para a aplicação de suas regras, a Constituição assim o faz, de modo que o Direito Privado deve passar a exprimir e promover os valores e os princípios do ordenamento, em especial os que consagram a dignidade da pessoa humana, em detrimento de uma visão patrimonialista do Direito Civil.

O sistema aberto, formado por princípios, valores e regras, mostra-se de fundamental importância, pois ele, através de um trabalho de interpretação, irá realizar a necessária concretização dos princípios e valores sobre cada regra de Direito, adequando essas regras ao momento econômico e social ocorrente, colaborando desse modo para a constante reconstrução do sistema. Ainda, ao introduzir no Direito os fatos que ainda não estiveram sob o crivo da legislação, tendo em conta os princípios e os valores do ordenamento, haverá a possibilidade de se fazer com que sistema se torne sempre completável, acentuando-se com bastante vigor seu papel na criação do Direito.

O Poder Judiciário, nessa esteira, deve desmistificar a neutralidade estatólatra e o papel reduzido de "garantidor do cumprimento dos contratos" para agir pró-ativamente na concretização dos valores e princípios constitucionais.

Pensamos que o novo código optou por dotar o sistema de certa mobilidade, levando em conta a *energéia* ínsita a cada instituto e a *dynamis* do consenso social. Podem ser então destacados três aspectos:

a) A adoção da concepção alemã das cláusulas gerais e dos conceitos legais e funcionais do direito a serem aplicados conforme a exigência do caso concreto para a fixação do exato sentido e alcance da norma ao fato, ora objeto de exame.

b) A compatibilização do sistema central privatístico do código civil, com os demais microssistemas que lhe gravitam em torno, tendo em conta que o art. 2.045 revogou expressamente o código civil anterior de 1916 e a parte primeira do Código Comercial, erigindo-se o novo código como eixo central, porém não absoluto, do direito privado, evitando-se cautelosamente o esgotamento do sistema por sua incompossibilidade com os demais microssistemas, mormente os relativos à identidade e fecundação humanas. Dessa forma, como observa Cathérine Labrusse Riou, " as possibilidades tecnológicas de manipulação da identidade civil obrigam os juristas a pensar, proximamente, no princípio da indisponibilidade do estado das pessoas, visando menos ao respeito da natureza, entendida como estado de fato biológico, que ao respeito da natureza humana no que a identidade de cada homem é instituída pelo direito, numa ordem de relação com outros, superior ao domínio exclusivo das vontades individuais e merecendo a consideração do próprio corpo social" ("L'enjeu des qualifications: la survie juridique de la personne", in *Droits*, Revue Française de Théorie Juridique, 13, 1991, p. 19-30, cit. p. 27).

c) A projeção hermenêutica dos cânones constitucionais dos direitos fundamentais e da dignidade da pessoa humana hão de ser realizados na *personna* do homem em ação, na pele do empresário, do contratante, do pai/mãe de família, do filho, do tutor ou curador, do possuidor, do proprietário, do testador e demais outros atores em ação subjetiva privada.

O sistema romano justamente proporciona, por sua base humanística perpétua e atemporal, a realização permanente dos ideais do homem em sociedade e presta-se como base sólida e segura para a realização dos valores e princípios universais, hoje sediados nas Constituições dos países socialmente avançados. Para que esses valores se realizem na esfera das relações sujetivas, é o amálgama perfeito para a homem integral a união dos valores universais constitucionais contemporâneos à natureza latina da concepção do Direito. Vejamos, conforme a divisão do Código, como se pode dar essa projeção da latinidade:

Parte Geral

Dos direitos da personalidade, da adoção da teoria (neopandectista) subjetiva mitigada, em que do exercício da autonomia da vontade negocial nascem relações jurídicas, que são normas objetivas concebidas pela (auto)responsabilidade do declarante e confiança (cognoscibilidade) do declarado. Valem dizer que, a par dos extremos da concepção subjetiva (em que a vontade humana é que qualifica o ato – vide Savigny) e da concepção objetiva ou preceptiva (em que o negócio jurídico é produtor de normas que autoregulamentam o negócio – vide Von Bülow), com as óbvias limitações de ordem pública, a adoção do princípio da vontade declarada (haja vista o art. 112 em que se privilegia mais a intenção *consubstanciada* na declaração em vez do sentido literal da linguagem, entre nós já aventada por Eduardo Espínola, quando comentava o art. 85 do antigo código, e agora perfeitamente atualizada), a responsabilidade que nasce do ato jurídico ilícito (art. 185 e 186), a concepção do ato-fato (em que naturalisticamente é ato, porque humano, e fato, porque juridicamente não se lhe reconhece vontade e nem por vezes consciência), o instituto do *l'abus de droit*, o instituto da lesão, do estado de perigo, enfim, a segurança na conceituação dos vários institutos relativos ao negócio jurídico, bem como na prescrição e na decadência, compõem aqui um universo de modernos e abalizados valores jurídicos fundamentais que asseguram o *érgon* do sistema do código na parte especial, mantendo-o coeso e coerente. A certeza e a transparência das relações privadas são um ponto a assinalar dentre os multifários aspectos da efetividade das normas constitucionais e do exercício da cidadania, haja vista que o art. 1º da Constituição estabelece, no mesmo plano, a cidadania (inciso II) e os valores sociais do trabalho e da livre iniciativa (inciso IV) e, aquele que excele a todos, a dignidade da pessoa humana (inciso III) como fundamento do Estado Democrático de Direito.

A propósito a concepção clássica de negócio jurídico, conforme Hugo (*Institutionem des Heutigen Römischen Rechts*, 1789) e Weber (*Systematische Entwicklung der Lehre von den natürlichen verbindlichkeiten*, 1784), representa o negócio jurídico como a atuação da liberdade do indivíduo na esfera do Direito. Windscheid ainda esclarece que "a pessoa comanda e o direito se apropria de seu comando, sob reserva da *causae cognitio*".

Modernamente, o *negócio jurídico é* o instrumento principal que o Direito Privado oferece para que as pessoas (físicas e jurídicas) satisfaçam as exigências desse poder de iniciativa e de auto-regulamentação de seus interesses.

Decorre daí a auto-responsabilidade dos declarantes, bem como a confiança ou cognoscibilidade verificável de que gozam as partes para expressarem sua vontade negocial e celebrarem as avenças que desejarem. Eis o campo da autonomia privada por excelência que, realizado nas condições permitidas, dotam as relações jurídicas (proximamente) e a lei (remotamente) de efetividade social como quer e deseja a Constituição.

Quanto à abertura da categoria negocial, por exemplo, os contratos atípicos asseguram sua funcionalidade, substrato causal da autonomia da vontade contingenciada pelos direitos fundamentais que os balizam e os legitimam.

A Teoria do Negócio Jurídico, em última análise, viabiliza os dispositivos constitucionais do art. 5º, incisos II-IV, liberdade de pensamento e obrigação em virtude de lei, admitindo-se o contrato como *"lei entre as partes"*, aplicando-se-lhe a teoria da interpretação das leis, inclusive no respeito ao direito adquirido, ao ato jurídico perfeito e à coisa julgada (Art. 5º, XXXV, XXXVI, IX, XXII, XXIII, art. 170 e incisos, art. 174 e incisos).

Sem olvidar a categoria da pretensão (*anspruch-pretensa ragionne*) como figura autônoma que decorre do exercício dos direitos subjetivos (*Chironi)*, que surge quando o direito é violado (art. 189), com a conseqüente prescrição da pretensão e não da ação. Ademais disso, a prescrição no Código adota a temporalidade do ato/negócio para fins de impedimento (antes) – art. 197-201 –, de interrupção (durante) – art. 202 –, ou de suspenção (depois), a depender do momento processual em que é invocada, bem como sua inafastabilidade pela vontade das partes.

A representação pela teoria kelseniana do Órgão representa ou presenta (na linguagem de Pontes de Miranda) a pessoa jurídica nas relações privadas (art. 195-196).

O prazo fatal da decadência (agora expresso), a adoção da decadência voluntária ou convencional (art. 221), a indisponibilidade, porque dispositiva, da decadência legal (art. 209) e a competência residual do instituto para regular o que não for prescrição põem cobro a mais de oito décadas de discussão sobre a natureza da impossibilidade jurídico-processual da proteção da pretensão violada.

Ainda na Parte Geral não se descurou do exame da matéria probatória, afastou-se o dogma entre os processualistas de que prova é matéria processual: ela é sim produzida no processo (em juízo ou fora dele), pois consabida é a expressão de *Ihering* de que a forma (processo) do direito é a tutela da liberdade humana produzida em juízo.

A determinação da licitude, e por exclusão da ilicitiude da prova, resolveu a discussão sobre o que era o *fruit of the poisonous tree*, posto que discilinada nos artigos 212 a 232.

Direito das Obrigações

"A liberdade de contratar será exercida em razão e nos limites da função social do contrato" (art. 421 do C.C.), clara a prevalência da dignidade pessoal e social dos contratantes sobre o *pacta sunt servanda* na pré-formação, formação, interpretação e execução do contrato.

A consagração, em nível constitucional do dano moral (art. 5º, inciso V), bem como a proteção da vida privada, da honra e da imagem das pessoas (inciso X), e a constitucionalização da moralidade administrativa, passível de controle por meio de ação popular (art. 5º, inciso LXXIII), são dispositivos que se podem realizar na objetividade do conceito da função social, da boa-fé e do equilíbrio contratual (Título III, art. 187 e seguintes e art. 422 – Dos contratos em geral), conjuntamente com o Código de Defesa do Consumidor (Lei n. 8.078/90, art. 1º c/c art. 4º – III, e art. 6 – V) e à luz do equilíbrio econômico-financeiro dos contratos e licitações da Administração Pública (Lei 8.112/93).

O Código perfilhou a *laesio enormis*, a onerosidade excessiva, o enriquecimento sem justa causa (art. 884 a 886), as hipóteses de responsabilidade civil objetiva, inclusive por remissão legal (art. 927 a 943), o dano exclusivamente moral (art. 186), a regulação dos contratos de adesão e liberdade contratual para os contratos atípicos, a assunção de dívida (art. 299 a 300), a regulação do contrato de agência e distribuição (art. 710 a 721) e corretagem (art. 722 a 729), o contrato de transporte (art. 730 a 756), o contrato de seguro, inclusive o dano (art. 757 a 802), o *beneficium competentiae* em consonância com o princípio fundamental da proteção ao devedor – o *favor debitoris*.

Tanto a Constituição quanto o novo Código somente admitem o contrato que realiza sua função social (art. 421 a 426). *A justiça social do contrato* é o princípio regente, permitindo a perquirição da causalidade contratual, ou seja, das causas e concausas informadoras do pré-contrato (tratativas), do contrato e de seu cumprimento e execução.

O Código corrige situações injustas a que o anterior conduzira, quando imperava na órbita política e econômica o liberalismo, dando-lhe conteúdo mais humano, social e ético.

O Código anterior, calcado no pandectismo, concebia o sistema como totalmente organizado e independente, isento de lacunas, de sorte que todo caso jurídico pudesse ser enquadrado num conceito, com a conseqüente redução da função de o juiz ser *a boca da lei* de Montesquieu. Por outro lado, o novo Código enseja a possibilidade de o juiz ser *não só a boca, mas o coração da lei,* posto que imbuído de seu espírito, mas liberto de seu corpo, na medida em que a própria lei lhe coíbe o arbítrio pela adoção das cláusulas abertas e escalas móveis como parâmetros de julgamento.

Sem abusar das abstrações lógicas, na medida em que, segundo Gény, não se empregam concepções puras, desenvolvidas mediante lógica inteiramente abstrata, mas de categorias formadas pela *energéia* da experiência humana.

O sistema positivo do novo Código não reside no pensamento *a priori,* predeterminado por essência, imutável em seus fundamentos, regido por dogmas inflexíveis, impróprios, mas sim na forma de entidades metafísicas classificadas em categorias seguras-*érgon*, advindas da *práxis* multissecular do Direito-*energéia.*

Na concepção clássica, Pufendorf, o jusnaturalista que primeiro construiu um sistema autêntico de teoria geral do Direito, encontrável nos grandes Códigos da Europa central, deveu a perenidade de seu sistema à própria idéia de sistema, ainda que fechado e restrito àquela época, tanto que a parte geral do Código Civil alemão e a dos que o imitaram não seriam possíveis sem a obra de Pufendorf. A ele se deve a criação sistemática pela qual o contrato passa a ocupar a posição central na teoria geral do Direito; sob sua influência é que a Escola Pandectista dedica-se, com afinco, à construção da teoria do negócio jurídico, elaborando conceitos e generalizando-os com tamanha perfeição lógica que os autores do Código Civil teutônico entenderam ser conveniente sua incorporação na obra legislativa, sistematizando-os na famosa parte geral. Em sua obra também se encontra o embrião da parte especial do Direito das Obrigações, classificados os contratos segundo seus traços conceituais característicos.

Pela idéia de sistematização, os pandectistas viam nos conceitos jurídicos realidades lógicas que se tornavam o suporte e o aporte dos valores jurídicos, a par de certos exageros, bem apontados por Gény, com apoio em Von lhering, de dissociarem-se do objetivo finalístico das normas jurídicas e das soluções que sancionam o fato de que estão essencialmente determinadas pelo fim prático e social das instituições, sua *energéia.*

O sistema de valores a que se condicionava a cultura jurídica pôde substituir-se sem prejuízo ou quebra das matrizes filosóficas do Direito Privado, de seus fundamentos e finalidades, por ser esse mesmo sistema heterônomo e autopoiético (*energéia*), consubstanciado numa forma ou arquitetura segura e perene (*érgon*), ínsita ao ordenamento.

No novo Código, o princípio da intangibilidade do conteúdo dos contratos é abandonado em certas circunstâncias, atribuindo-se ao juiz o poder de revisão para restaurar o equilíbrio rompido em razão da função social e de proteção à parte fraca da relação (o devedor) pelo *favor debitoris*, instituto do Direito Romano de permanente atualidade e premente necessidade face à globalização irrestrita do capitalismo e da agiotagem.

O Direito de Empresa

Optou o Código pelo monismo parcial, sem pretender a completude das relações mercantis; unificou os estáveis institutos do direito comercial, respeitando a dinâmica do mercado aberto, regido por lei especial; trouxe o conceito de empresário (art. 966); a *sinédoque* de empresa por direito societário; a distinção ontológica entre o conceito de associação e o de sociedade; a proteção ao pequeno empresário (art. 970); a sociedade não personificada (art. 986 a 990); a proteção ao sócio minoritário (1.085 a 1.086); a questão da resolução da sociedade em relação a um sócio (art. 1.028 a 1.032) e a terceiros (art. 1.022 a 1.027); a sociedade cooperativa (1.093 a 1.096); a coligada (1.097 a 1.101); a regulação da transformação, incorporação, fusão e cisão das sociedades (art. 1.113 a 1.122); a sociedade dependente de autorização nacional e estrangeira (art. 1.123 a 1.141); o estabelecimento, o nome empresarial e a situação dos prepostos, inclusive do contador (art. 1.142 a 1.178). Estes são institutos modificados à luz da moderna gestão empresarial, superando-se os atos de comércio, inspirados no *Code de Commerce* de 1806.

Digno de nota o acolhimento da versão mais moderna da *disregard doctrine*, não para anular os atos constitutivos (Estatuto), mas sim para suspender sua eficácia, desvelando o véu da pessoa jurídica para imputar responsabilidade à pessoa física por detrás dela (art. 50).

A empresa há de cumprir sua função social, conforme alberga a Constituição no estatuto jurídico da empresa pública e das sociedades de economia mista e suas subsidiárias (art. 173, § 1º, inciso I, de acordo com o estatuído no art. 174) de que, na esfera econômica, o que é determinante para o setor público é indicativo para o setor privado.

Os Direitos Reais

O prenúncio augural da proteção dos interesses coletivos (patrimônio cultural e artístico) e difusos (meio ambiente equilibrado, § 1º do art. 1.228), no exercício do domínio, além da proibição do *l'abus de droit* (§ 2º e 4º do art. 1.228) e da desapropriação por interesse social, por si só provam a antevisão social do direito pela comissão elaboradora em consonância com a função social da propriedade (art. 5º, XXIII; e 170, III da C.F.).

A moderna teoria possessória, de forma a possibilitar a função social da posse, obteve guarida com a regulação da posse direta e indireta e a conseqüente previsão de titularidade do direito de ação, inclusive do possuidor direto contra o indireto (art. 1.197); a presunção legal da detenção ao detentor aparente (art. 1.198); a composse (art. 1.199); a aquisição de posse por terceiro sem mandato *ad referendum* (art. 1.205, II), bem como as inovações do nio, como a distinção entre propriedade e superfície e a regulação desta última (art. 1.225, I-II; e 1.369 a 1.377); a propriedade fiduciária (art. 1.361 e 1.368); a incorporação no texto do direito do promitente comprador ao imóvel (art. 1.225, VII); a fixação na descoberta (antiga invenção) de recompensa (antigas alvíssaras) não inferior a 5% do valor do bem achado (art. 1.233 a 1.237); a concessão do domínio na *inaedificatio*, quando a edificação em solo alheio não for superior a 20 avos deste (art. 1.258, Parágrafo único), excluindo-se aí a mantença da velha enfiteuse, por força constitucional (que nesse ponto foi e ainda o é altamente retrógrada!), mesmo com o mecanismo favorável a sua extinção pelo novo Código.

A superação da concepção quiritária da propriedade pela econômico-social também se mostra patente na redução da prescrição aquisitiva da usucapião extraordinária (15 anos) ou na posse *pro labor*e de 10 anos, se for moradia habitual ou se prestar para a realização de obras ou serviços de caráter produtivo (art. 1.238, Parágrafo único), sem contar a incorporação ao texto da usucapião constitucional (art. 1.239 a 1.240 e 183, § 1º e 3º e art. 191 da C.F.).

O Direito de Família

Ponto mais polêmico do projeto, detectam-se alguns avanços, como a maioridade aos 18 anos; a igualdade entre os direitos e deveres do homem e da mulher; a igualdade da prole; a substituição de pátrio poder por poder familiar; a família como entidade familiar; o reconhecimento da união estável, configurada pela convivência pública, contínua e duradoura; o próprio casamento, que apresentou melhoras em sua função social operativa (art. 1.511); a dissolução da sociedade conjugal (art. 1.571); o sentido clássico de concubinato (art. 1.739); a presunção legal *juris tantum* da paternidade em caso de omissão na prestação do exame (art. 230); o regime de bens e a participação nos aqüestos (art. 1.672); os alimentos (art. 1.694 a 1.710); a proteção da pessoa dos filhos (art. 1.583); a incorporação do bem de família e dos alimentos (art. 1.694 a 1.710).

A garantia constitucional da herança (art. 5º, XXX), inclusive na transmissibilidade do direito autoral (art. 5º, XXVII), está assegurada no novo Código com fortes cores sociais. Na sucessão legítima, destaque para a inovação na proteção ao cônjuge supérstite, casado pelo regime diverso da comunhão universal, em concorrência com os herdeiros necessários (art. 1.845 a 1.857), e na testamentária, em que a liberdade do testador está limitada ao motivo determinante da cláusula limitadora do exercício dos direitos pelo herdeiro, inclusive a liberdade na redação manuscrita ou por qualquer meio de digitação do testamento, desde que assinado perante três testemunhas e subscrito (art. 1.876 e ss.), o testamento aeronáutico (art. 1.886, II) e a função social expressa pela regulação do testamento do surdo e do cego.

A ontoteleologia do novo Código mostra-se compossivelmente adequada à dignidade da pessoa humana e prevalência dos diretos humanos, à proteção dos interesses difusos e coletivos, ao respeito às diferenças, com remissão para lei específica de matérias socialmente sensíveis, *v. g.* a sociedade indígena, a responsabilidade civil objetiva, as sociedades anônimas, a relação de consumo, o divórcio, a criança e o adolescente, a entidade familiar, a reprodução assistida, *in vitro* e clonagem. Todos esses são exemplos dessa compossibilidade.

Uma verdadeira lei legitima-se na legalidade quando expressa, de maneira inequívoca, as mais altas aspirações do homem, tanto como pessoa humana quanto como pessoa social. Os direitos fundamentais já não têm eficácia em "função da lei", mas, ao contrário, as leis ganham eficácia em "função dos direitos fundamentais".

Conclusão

... Mann die Rechtswissenchaft überhaupt nicht im echten
Sinne als Wissenschaft bezeichnen könne,
weil Sie die Wahrheit nicht erst zu ermittel hat,
sondern in dem autoritär aufgegebenen
Rechtstoff erhält, den Sie verstandensmässig
zu ordnen und zu verstehen sucht.
*Koschaker**

O normativismo *puro* é a *pura* negação do Direito! A arquitetura do ordenamento jurídico *puro* engendrada por Kelsen constrói-se sobre o *desconhecido*, pois o que de fato seria a norma fundamental hipotética(?!), a *Ursprungnorm*(?!).[1]

Que dizer de um supremo princípio teorético que reduz à unidade escalonada a pluralidade de normas como algo desprovido de conteúdo e pairando no vácuo da consciência transcendental, mas poderosa o sufiente para transmudar a realidade empírica do sistema jurídico em realidade científica?

Ora bem, a pedra angular da catedral do Direito é a Justiça, alicerçada pelos pilares da Moral, em sentido particular, ou da Ética, em sentido universal. Justiça, Direito e Moral ontologicamente não se confundem, mas se fundem na integralidade da pessoa humana em sua socialidade.

---

* Koschaker. In *Europa und das Römisches Recht*. (Tradução do autor: "Não se pode tomar a ciência do Direito como ciência em sentido genuíno, pois que sua tarefa não é a de transmitir a verdade, mas sim de tentar ordenar e compreender o conteúdo substancial do Direito pela legalidade imposta".)

1 Maury. "Observations sur les idées du Professeur Kelsen", in *Revue Critique de Législation et de Jurisprudence,* Paris, 1925, p. 527ss.

O Direito é uma realidade cultural, é o resultado da atividade humana que sobrevive a seu tempo e a seus criadores; cada ato normativo produz um efeito sobre o sistema jurídico, modificando e constituindo novas experiências para novas realidades históricas. Em Direito não há ciência desvinculada da história.

A ciência jurídica, a pretexto de ser *pura*, não deve condenar-se a si mesma a ser desumana, voltando-se contra o metajurídico, nem tampouco, a pretexto de ser rigorosamente normativa em seu comportamento, não deve ser fria, impassível, uma máquina operadora do Direito, uma guilhotina, que no dizer de Husserl " ... decapita a filosofia".[2]

Lembremo-nos de que Kelsen não foi um cultor da filosofia do Direito, mas da Ciência Jurídica. Seu idealismo deôntico despotencializa-se e perde em vigor filosófico o que ganha em vigor lógico-epistemológico. Assim como o geômetra é conhecedor das formas e figuras que se podem desenhar pelas equações trigonométricas, mas não se pode querer responsabilizá-lo pelo uso ou pelo conteúdo dessas mesmas formas, e assim como as definições do círculo ou do quadrado são função da geometria e não da lógica, também as definições dos conceitos jurídicos são função de uma Teoria Geral do Direito e não da lógica jurídica. Construir um círculo, um triângulo, um retângulo é mérito do geômetra, mas o que vai dentro deles já escapa do *mos geometricus* para o *mos philosophicus.*

Em que pese a harmonia do sistema das formas jurídicas, a pirâmide de Kelsen, por ser *jurídica*, vai depender de seu pressuposto axiológico; o discurso apofântico de que a norma jurídica é ciência em sentido *puro* (estrito) é ambíguo, porque *a forma condiciona o conteúdo.*

O Direito Positivo se prestaria, nesse sentido, a toda e qualquer categoria ideológica ou filosófica que se lhe quisesse preencher o conteúdo normativo, quer moral, quer imoral, quer amoral, quer humano, quer desumano, e a história disso é testemunha.

---

[2] Husserl, E. *La crise de la science européenne et la phénoménologie transcendentale (1934-1937),* Gallimard, 1976. Notar que seu filho, Gerhard Husserl, jurista fenomenológico, chamou de verdadeiro absurdo o positivismo jurídico de seu tempo.

A Escola dos discípulos de Kelsen, capitaneados por Ota Weinberger e seguidos por Lars Lindahl, Arend Soeteman, G. Henrik von Wright, Cossio, Alchourrón e Giuliani, dentre outros, a nosso ver equivocam-se, ousamos divergir, ao situar no plano da norma fundamental (*Ursprungnorm*) um caráter institucionalista que o mestre de Viena atribuía à *Grundnorm.* Ademais a covalidade não legitima a transcendência (axiológica) do sistema. Funda-se na corrente sociológica que pretende preencher (e justificar) o conteúdo da norma, e isso não é Direito, é Ciência jurídica em sentido estrito (CJE), já que o plano normativo vai assentar-se sobre o sociológico, ainda imanente. Daí ser um Positivismo jurídico institucionalista, vinculado ao Estado e a suas instituições sociais: família, propriedade, contrato, direitos humanos, e esse positivismo pode justificar juridicamente os problemas conexos a essas instituições: o aborto, a eutanásia, o consumo legalizado de drogas etc., ao argumento de que fazem parte da "realidade social", e o Direito teria aí uma natureza meramente funcional (no sentido que lhe dá MacCormick e a Escola inglesa).

O positivismo institucional incorre então no mesmo erro de Kelsen ao identificar o objeto do conhecimento científico com o produto do método. Vale dizer, o pensamento científico não reproduz a realidade tal como ela é, mas a determina *a priori*, independentemente da natureza moral, social, histórica, psicológica e política do homem, e afasta até mesmo o empiricismo pragmático da cognoscibilidade do objeto do Direito; daí dizerem alguns, com certa ironia, que o neokantismo formalista baniu o transcendente e o substituiu pelo transcendental.

O formalismo, em sua raiz, identifica a forma do *númeno* (Kant) ou *mônada* (Leibniz) do objeto da norma pela própria norma, ou seja, o valor intrínseco da Justiça em detrimento do valor extrínseco da forma de escalonamento, a ponto de perder seu referencial axiológico pelo respeito absoluto da forma em contrapartida à relatividade do conteúdo. Relatividade essa que é sempre pulverizada pelo relativismo dos pressupostos axiológicos da norma jurídica, confome tempo e espaço, costumes e regras preordenados ao *Zeitgeist* do Estado de Direito. A Teoria Pura não exclui o Estado de Direito, mas considera a democracia por sua pluralidade axiológica relativista, *meno male...*

A Teoria Pura do Direito foi a primeira tentativa de fundamentação do Direito como ciência (lógica), ciência de normas, e não de cultura, cuja *pureza* buscou excluir o contingente da natureza humana pela certeza do permanente normativo.

Na verdade, ainda está por ser (d)escrita uma completa historiografia do formalismo jurídico em sua palingenesia. Certamente desde a publicação da Compilação de Justiniano (533 a.D.) – *Corpus Juris Civilis* – o maior repositório do Direito de todos os tempos, a corrente formalista vem formando-se no início de maneira lenta e gradual, buscando interpetar e pôr palavras à boca dos jurisconsultos eternizados pelo *Corpus*. Ainda paulatinamente no medievo e na Escola de Bolonha, depois pelo "Tribunal dos Mortos", e então alavancado o processo pelo Iluminismo, e mais de perto pelo pandectismo alemão, detonou-se a ignição da mentalidade formalista moderna, cuja autonomia metodológica da Escola de Marburg (Cohen e Lask) desaguou na elaboração da Teoria Pura.

A Teoria Pura não se preocupa com o conteúdo, mas só com a estrutura lógica das normas jurídicas; verifica o sentido, a possibilidade e os limites de todo e qualquer enunciado jurídico (não de certo enunciado jurídico), bem como a espécie e o modo de seu estabelecimento. Há disparidade entre o ser e o dever-ser, pois daquilo que é não pode concluir-se aquilo que deve-ser, assim como daquilo que deve-ser não se pode concluir aquilo que é.

Natureza e espírito, fato e norma, proposição jurídica e lei natural, se a ciência jurídica é, nesse sentido ontológico-axiológico, dualista, o dever-ser *(Sollen)*, há de abranger também as gradações do "permitir" (*Dürfen*) e do "poder" (*Können*), não importando a valoração dessas gradações de cumprimento da norma, se Lei (em sentido formal), ou ato jurídico (permitir), ou negócio jurídico (poder). A TPD, pelo contrário, como é a "ciência específica do Direito", ocupa-se das normas jurídicas não enquanto fatos da consciência ou da sociedade, mas apenas enquanto válidas, segundo o escalonamento do sistema.

Não há norma jurídica justa ou injusta, há norma jurídica válida ou não, se produzida conforme a *Grundnorm*. Para a TPD, uma norma jurídica não vale porque tem determinado conteúdo, mas sim porque foi produzida de determinada maneira, de uma maneira legitimada, em último termo, por uma norma fundamental que se pressupõe. A partir daí que se pode conceber como Direito qualquer conteúdo que se deseje ser Direito. Não existe comportamento humano que, em si mesmo, graças àquilo em que consiste, possa ser excluído como conteúdo de uma norma jurídica. Por isso que a Teoria Pura ou a ciência jurídica (em sentido formal ou *puro*) é *técnico-funcional,* ou seja, o valor só funciona se de acordo com a técnica lógica; maior importância à justiça do conteúdo era o que o próprio Kelsen chamava de "sincretismo metodológico" (*sic*).

A Teoria Pura promiscuiu o sentido e o valor das categorias jurídicas; as palavras foram usurpadas para se adequarem às idéias de Kelsen; a certeza jurídica (forma) fez-se pelo falseamento do valor (conteúdo) das normas; a certeza jurídica é a incerteza da justiça. Kelsen proveu a TPD de um arsenal semântico que guarneceria sua *pureza* ou *integridade* teorética, arsenal pesado a ser assestado contra a ciência jurídica tradicional e sua reinterpretação crítica. São *manoeuvres* do significado de significantes de categorias jurídicas usuais e suas sanções que, mesmo vista como ilícitas, não mais o eram por sua reprovabilidade moral ou ética, mas por ser a coação uma norma secundária determinada pela norma estatuidora primária até a *Grundnorm*. O desvio semântico do Estado como ente dissociado de sua realidade histórica e sociocultural, apenas visto como centro de imputação das normas, transformou o Direito subjetivo num poder decorrente do Direito objetivo que o sustenta, muito aquém do Direito decorrente do homem como valor absoluto participado que presenta.

A depuração terminológica da TPD reduziu a pessoa humana a uma unidade personificada das normas jurídicas, que impõem deveres ou conferem poderes a si própria, uma abstração do Direito para além de sua realidade física ou natural, um conceito auxiliar na exposição de situações de fato juridicamente relevantes, da mesma forma que a pessoa formal ou jurídica não passaria de um produto da ciência que descreve o Direito e não do Direito. A univocidade normológica, na verdade, identifica a pessoa, tanto física quanto jurídica, como Órgãos que produzem e executam normas, como se fossem pequenos "Estados" dentro do Estado.

Destarte, todas as categorias jurídicas tradicionais seriam modos de exprimir a unidade do ordenamento normativo. A produção e a execução do Direito são também sua interpretação; a norma geral é vazada na norma individual, que se reinterpreta a todo instante, daí que uma Lei em sentido formal, um ato jurídico, um ato da Administração Pública, uma sentença judicial, um contrato etc., enfim, todos têm a mesma validade toponímica na topografia do sistema.

Kelsen entende por interpretação a fixação, em termos de conhecimento, do sentido do objeto interpretado; o resultado da interpretação jurídica só pode consistir na fixação do quadro de *justitia legalis* que o Direito interpretando oferece e, por conseguinte, no conhecimento das múltiplas possibilidades que existem dentro desse quadro, no qual tudo, toda e qualquer interpretação da norma é positiva. A realidade jurídica não é o que é, mas o que é cientificamente cognoscível.

Mas se a TPD demonstra-se insuficiente para guiar o homem em suas mais altas aspirações, que fazer, pois, quando o conteúdo da norma lhe é contrário à natureza? Se a validade é o modo de existência específico das normas, que dizer de uma norma jurídica válida e eficaz, mas *contra humana naturam*?

Von Ihering é incisivo:

> Resistir à injustiça é um *dever* dos indivíduos para consigo mesmo, porque é um preceito da existência moral; é um dever para com a sociedade, porque essa resistência não pode ser coroada com o triunfo, senão quando é geral.[3]

Nas épocas remotas, de dominação cruel, de tirania egocêntrica, em que triunfavam os mais fortes, os homens – sem valia – tiveram de se amansar com a prepotência. É bem possível, escreve Picard, que a tolerância para com as leis iníquas de nosso tempo seja atavismo desse regime desaparecido, no qual o ser humano não valia por sua dignidade revelada pelo Verbo encarnado, mas sim por ser membro do clã ou tribo, entidade totêmica impessoal.[4]

---

[3] Ihering, Rudolf Von. "La Lucha por el Derecho", trad. de Adolfo González Posada, em *Tres Estudios Jurídicos*, Aregreen, Buenos Aires, p. 180.

[4] Picard, Edmond. *Le droit pur*, 1910, p. 129.

Imprescindível arrancar, sem interrupção e desfalecimento, a regra normativa justa à Legislação e à Jurisprudência. O combate pelo Direito deve ser preocupação constante da humanidade, pois que a dignidade de sua existência dele depende.

Todo homem é um ser avaliador, tendo dentro de si condições de distinguir o Bem e o Mal. Pôr-se em defesa do Direito contra a injustiça é prerrogativa de todos e obrigação do jurista.[5]

Um mau Direito não é um Direito, é um atentado cometido pelos Órgãos legíferos que não souberam ou não quiseram levar a bom termo suas atribuições.

Para que a *norma juris* seja realmente Direito, há de expressar o justo e o reto.

> Direito que contrarie um ideal de Justiça reinante na comunidade a que se dirige não será aceito por esta: por conseguinte, não alcançará efetiva vigência, e se a sociedade o repugna, não logrará tampouco um grau suficiente de aplicação judicial. Pois a repulsa em obedecer a essa ordem pode ser tanta que alcance nos órgãos encarregados de exercê-la, que se absterão de dar-lhe efeito.[6]

A concepção de que o Direito tem caráter normativo expressa, no entendimento de Lacambra, precipuamente uma normativa substancial carregada de intrínseca justificação, pois "o que é intrinsecamente reto e justo deve ser e, por isso, é norma jurídica". Mas – indaga – as regras jurídicas traduzem sempre, efetivamente, o reto e o justo?[5]

Não, evidentemente!

E, se não expressam o justo e o reto, serão preceitos autênticos?

Fazer Direito é *fazer* justiça.

Inculcar uma lei pela força, sem que ela se ajuste à realidade social ou se destine ao bem comum, não é infligir uma norma de conduta, mas a opressão.

Ao positivar que "o Direito é Força", a Escola Autocrática abdicou de ser uma escola de Direito para ser uma escola de Arbítrio, pois, os que participam

---

[5] PICARD, Edmond. *Le droit pur*, 1910, p. 133.

[6] LACAMBRA, Luis Legaz. *Filosofia del Derecho*, Bosch, Casa Editorial, Barcelona, 1950, p. 190.

[7] Id., ibid., p. 190.

dessa concepção admitem que, em toda a parte onde a violência se impusesse, haveria Direito. O homicídio e o roubo passariam a ser justos – como salienta Cícero – desde o momento em que fossem declarados como lícitos por qualquer legislador, tirano ou multidão.[8] "Toda a tributação extorsiva, todo o pedágio estabelecido com a proteção dos canhões sobre qualquer passagem natural das nações, estabelecida pela configuração da terra e das águas, como o Sund ou o Bósforo, o Simplon ou o Danúbio; todo o espólio de guerra; toda a presa pelo corço marítimo, toda a conquista a tiro"[9] seriam legítimos e sagrados no Direito, a vingar tão absurda tese.

Calígula, porque dispunha da força, guindou seu cavalo, Incitatus, à altura de Cônsul. E seu ato foi "lei". Consoante seu "Direito", aliás, fê-lo inspirado noutro Monarca, Alexandre Magno, que se valeu do mesmo "Direito" para nomear seu corcel Bucéfalo membro honorário da Corte. E mais, o árabe africano levava o negro à escravidão, e até entre eles se praticava o hediondo instituto: um chinês podia afogar o filho; os espartanos faziam o alvo nos ilotas, além de condenarem à morte os recém-nascidos que não estivessem em condições de serem guerreiros; e Hitler, em nome da *Volksgeist*, trouxe aos povos a morte e a destruição.

Bismarck – exclamando brutalmente: *Macht ist Recht*! – é exemplo frisante de prepotência da *Realpolitik* que não se pode investir em Direito e com ele não se pode confundir. Isso, como assevera Rui, é apenas "galgar, galgar de cimo em cimo, os espigões da soberbia. É lá que se firma a segurança e se libra o poder sem limites. Todos os rebeldes ao freio moral fazem inconscientemente, nas horas de vertigem, esse raciocínio da loucura".[10] E aí temos, no entendimento de Picard, não mais o Direito tutelar, mas opressivo, não mais salvaguarda, mas perseguidor.[11] Com que razão Mercier afirmava:

---

[8] Cicero. *De Legibus*, 1, 15. *Apud* Del Vecchio, Giorgio. *Lições de Filosofia do Direito*, trad. de Antônio José Brandão, Armenio Amado, Editor, Coimbra, 1959, vol. II, p. 47.

[9] Picard, Edmond. *Le droit pur*, 1910, p. 177.

[10] Barbosa, Rui. *A Imprensa,* 30 de março de 1899.

[11] Picard, Edmond. *Op. cit.*, p. 186.

> A arte de subjugar uma nação está na arte de apavorá-la. Robespierre terrificou a Convenção nacional. Que de legisladores não poderão alegar, ante a posteridade, outra escusa senão esta: estávamos aterrados![12]

A força deve estar a serviço do Direito *ipsae rem*, a ele imanente por sua natureza, não da vertigem da loucura e do terror! O Direito vale porque é Direito, não porque seja força. A força do Direito vem do próprio Direito e não da força, como o direito da força vem somente da força e não do Direito.

O homem é o sujeito dominante do Direito. Os três outros elementos: o objeto, a relação e a coação, surgem como meios de que a técnica jurídica se vale e de que o Estado dispõe para lhe fazer Justiça.

Do ponto de vista da legitimidade, é o homem que se deverá encarar como dominante e titular de todo o Direito, preferencialmente ao objeto, à relação e à coação. Ilegítimo é transformar os acessórios em causa principal, em fazer dos meios o fim.

O Direito Positivo, uma vez erigido em dogma, tem contra si o fato de sagrar as maiores arbitrariedades.

Ao fetiche jurídico da *aporia* entre Direito e Justiça, inúmeras vítimas têm sido imoladas.

Estamos com Del Vecchio quando vê no ideal de justiça um dos mais altos valores espirituais. Sem esse ideal, a vida seria um campo de batalha, onde apenas o mais forte lograria sobrepor sua vontade, dispondo de tudo e de todos, sem peias e sem medidas.

O direito da força ou "do mais forte", na lição do mestre, é afirmação que não se pode acolher: "Se o Direito for igual à força, não haverá possibilidade de fazer qualquer distinção entre Direito e Torto, ou seja, de qualquer diferenciação entre justo e injusto. Ao afirmar Cállicles, como se lê em Platão: 'é justo que o mais forte domine o mais fraco', ou quando outro sofista, Trasímaco, assegura: 'o justo é aquilo que convém ao mais forte' (Gorgias, 483, *A República*, 338), encontramo-nos diante de significados absolutamente negativos, posto que valem por uma afirmação de que o Direito, por si mesmo, não

---

[12] Mercier, *apud* Barbosa, Rui. *A Imprensa,* 30 de março de 1899.

abriga nenhum fundamento". E acrescenta: "Se o Direito existe, ele terá de ser (logicamente) superior à Força. A simples possibilidade física de um fato não pode, só de per si, significar conformidade a um critério jurídico".[13]

A expressão *Direito é força*, diz-nos Sílvio Romero, é tautológica, por um lado, e errônea, por outro. Se o conceito de força visa expressar a energia cósmica em geral, que movimenta a matéria em todo o universo, que se desdobra em sua evolução e, fora da qual, nada se concebe, a definição é tautologia vaga. No sentido humano, a expressão é errada, porque Direito é exatamente a eliminação da força no significado físico, materialístico, brutal. O Direito "é toda aquela evolução social que tem consistido no arredamento da força bruta, que é substituída pela força da razão e da justiça".[14]

A lei, melhor dizendo o Direito, que protege o homem contra a tirania, não pode ser, ela mesma, tirânica, acentua Ripert.[15]

Se a lei não for mais do que a expressão do mais forte, será sempre objeto de refutação por parte daqueles a quem pretende normar. Podem as leis conter a força coatora que contiverem; contra elas explodirá, inobstante, uma revolta ainda mais vigorosa, calcada no inalienável e imprescritível sentimento de justiça.

Radbruch, embora declarando que "a consciência individual deve considerar e considera, em muitos casos, as infrações do Direito Positivo como coisa mais grave que o sacrifício de suas próprias convicções jurídicas", reconhece que "por vezes há leis às quais a consciência não poderá deixar de recusar obediência. Na época da lei contar os socialistas-democratas, por exemplo, é sabido que o congresso de Wyden resolveu alterar o programa de Gotha, no sentido de o partido lutar, daí para o futuro, contra o governo, não só com todos os meios legais, mas ainda com todos os meios possíveis".[16]

---

[13] Del Vecchio, Giorgio. *Lições de Filosofia do Direito*, trad. de Antônio José Brandão, Armenio Amado, Editor, Coimbra, 1959, vol. II, p. 70, 71 e 72.

[14] Romero, Sílvio. *Ensaio de Filosofia de Direito*, 2ª ed., Rio de Janeiro, 1908, p. 261 e 262.

[15] Ripert, Georges. *Le Déclin du Droit,* Librairie Génerale de Droit et de Jurisprudence, 1949, Paris, p. 67.

[16] Radbruch, Gustav. *Filosofia do direito*, p. 214.

Recasens admite que a tolerância para com as injustiças do Direito Positivo tem um limite, porque o contrário seria negarem-se os valores supremos em que o Direito se deve inspirar, abrindo livre trânsito às tiranias, às mais draconianas. É necessário que se suportem pequenas injustiças, porque estas são inevitáveis em qualquer ordenação jurídica; mas é exato que se deve repelir regime que não reconheça a dignidade da pessoa humana, que negue as liberdades essenciais e que faça os homens escravos a serviço de um amo, público ou privado.[17]

Verdadeiro declínio do Direito – afiança Ripert – é o que resulta dos textos legais, quando não são mais ditados pela Justiça, tornando-se impotentes para manterem a ordem:

> Malgré le mot célèbre du philosophe on ne saurait préférer une injustice à un désordre, car l'injustice est aussi un dèsordre, dèsordre intellectuel et moral, souvent pire que l'autre. Quand le pouvoir politique se manifeste par des lois qui ne sont plus l'expression du droit, la societé est en péril.[18]

Lacambra também acentua ter o Direito condição normativa, que deverá ser realizada inclusive com sacrifício de uma convicção pessoal, mas

---

[17] Siches, Luis Recasens. *Tratado General de Filosofia del Derecho*, Segunda Edicion, Editorial Perrua S.A., México, 1961, p. 621.

[18] Ripert, Georges. *A Regra Moral nas Obrigações Civis*, Livraria Acadêmica, São Paulo, 1937, Prefácio, p. VI.

Queiroz Lima declara: "A lei só é *legítima* quando for *justa*, isto é, o direito dogmático só é digno de respeito e acatamento quando for a tradução exata dos preceitos decorrentes das necessidades de conservação e defesa da vida social... Se assim não for, não terá o prestígio de se impor pacificamente à observância de todos: permanecerá inaplicada, praticamente inexistente, ou sua imposição há de representar um ato de força, uma expressão de prepotência do governo contra a qual se estabelecerá disfarçada ou descoberta uma situação irreprimível de resistência e de revolta. Por outro lado, a lei iníqua há de ser efêmera e transitória: ou acaba revogada pelo *desuso*, ou vai sendo aos poucos modificada e iludida por uma fórmula nova, que constitui sua sombra sob a aparência de interpretação de sua letra, ou atenuação, até que a *prescrição clandestina* seja, afinal, reconhecida e adotada por uma reforma expressa de legislação, de acordo com o reclamo das necessidades práticas" (*Op. cit.*, p. 284).

a normativa não pode prevalecer de maneira incondicionada. A resistência às leis, cujo cumprimento fere a Moral ou repugna à consciência, é uma atitude legítima, pois é evidente que normas semelhantes são a negação do justo e, portanto, não são Direito, não obrigando sequer *ad poenam*. O Direito só existe correlativamente a uma obrigação adequada. O brocardo *jus et obligatio correlacta sunt* implica na proporcionalidade e adequação entre um e outro.

Assim, o direito à vida será correlativo de uma obrigação jurídico-positiva "o de un deber de justicia de los demás, falto de consagración legal". Da mesma forma, o direito de defesa deve existir – e existe sempre – como Direito Positivo, pois, pelo menos, não pode existir nenhuma proibição jurídica – lógica e ética – de exercitá-lo. Há um Direito absolutamente fundamental para o homem, base e condição de todos os demais. E esse Direito – adianta Lacambra – é o de ser reconhecido sempre como pessoa humana.[19]

Não poucos autores propugnam pelo Direito de resistência às leis iníquas. O tribunato da plebe em Roma, os escolásticos da Idade Média, os filósofos e teólogos espanhóis dos séculos XVI e XVII, os normacômacos, a maior parte dos autores da Escola Clássica do Direito Natural nos séculos XVII e XVIII sustentaram o direito de resistência contra a tirania ou mesmo contra o usurpador.

Santo Tomás de Aquino, como salientamos, na esteira do pensamento agostiniano, não considera lei o que não for justo, pregando não obrigá-la no foro da consciência, salvo para evitar escândalo ou perturbação da ordem, mas taxativamente admite o direito de rebelião às normas que atentem contra as leis divinas.

Indiscutível: o Direito de resistência aos preceitos injustos somente pode ser negado por aquele a quem aproveita a injustiça.

Benjamin Constant, o mestre francês, afirmou:

---

[19] Lacambra, Luis Legaz. *Filosofia del Derecho*, Bosch, Casa Editorial, Barcelona, 1950, p. 241, 244, 301 e 302.

> A obediência à lei é um dever, mas, como todos os deveres, não é absoluto, é relativo; repousa na suposição de que a lei parte de uma fonte legítima e se mantém dentro de justos limites.[20]

Em defesa dos Direitos do Homem contra as injustiças e as opressões, os povos lutam incessantemente. A própria soberania nacional ruiria no fracasso, se não se firmasse na soberania do homem.

Num relance ao curso da História, notamos a preocupação constante de se resguardar a dignidade da pessoa humana e de se garantirem seus inalienáveis Direitos. Daí, entre outras, a Grande Carta de Henrique III, de 1225; a Declaração de Guilherme III, de 1689; a Declaração de Direitos de Virgínia, de 1776; a Constituição Federal dos Estados Unidos da América, de 1787; a Declaração dos Direitos do Homem e do Cidadão (Revolução Francesa), de 1789; a Declaração da Organização das Nações Unidas (ONU), de 1948.[21]

Todos esses documentos de elevadas significações para o destino da humanidade, toda essa preocupação nacional e internacional de afirmação de Justiça e de consagração dos mais altos valores que informam o Direito, não foram, no entanto, suficientes para afastar da face da terra as leis iníquas e ofensivas à dignidade do ser humano.

Não esperamos a perfeição do Direito, pois este é elaborado pelos homens e os homens não são perfeitos, mas o que é imprescindível, como proclama Ihering, é que se lute por ele, porque esse combate é um dever. E propugnar por ele é ir em busca de seu aprimoramento.

---

[20] Constant, Benjamin. *Cours de politique constitucionel*, 1872, Paris, p. 350.

Machado Paupério disserta: "As sanções jurídicas destinadas a coibir o abuso do Poder não são suficientes para conter as injustiças das leis ou dos governantes, daí se reconhecer, em *certas condições*, a recusa da obediência, a oposição às leis injustas" (*O Direito Político de Resistência*, Forense, 1962, p. 13).

[21] Sobre a Declaração Universal de Direito do Homem, leia-se Siches, Luís Recasens. *Op. cit.*, p. 376, 520, 555, 558, 567, 570, 572, 574, 575, 583, 595, 599, 603, 606, 607, 608 e 610.

Comecemos por negar o dogmatismo das leis e proclamemos a prerrogativa que o jurista, de modo generalizado, e o juiz, muito particularmente, têm de abjurar as leis inquinadas de cristalina e incômoda injustiça.

A Jurisprudência nos tem mostrado com segurança que, à medida que o sistema se torna aberto, preenchendo-se com o *common sense* da magistratura, pode-se retroalimentá-lo com os elementos indispensáveis de eqüidade e compreensão humanística para a renovação do Direito.

A pugna dos jurisprudentes não tem sido despontilhada de escolhos.

A ordem política estatal, a doutrina oficializada, a força coatora dos governos colidem, por vezes, frontalmente com o sentimento de justiça dos juízes, o que não os tem impedido – muito embora com algumas defecções – de prosseguir no trabalho de dar uma visão mais aperfeiçoada, larga e exata do Direito, mesmo contrariando em certos casos e na medida do possível os preceitos legais positivos.

Ainda temos presente à memória o que foi a doutrina nazista, o *Volksgeist*, ou o espírito nacional à base do racismo, em nome do qual tantas atrocidades foram cometidas com seu apoio, Hitler ergueu seu penacho e traçou uma ordem jurídica que era a expressão única de sua vontade.

> La loi, d'après la definition même des nazis est une ordre du Führer revêtu d'une forme... tout le droit écrit est une expression directe ou tacite du vouloir du Führer.[22]

Houve, no entanto, na Alemanha nazista, magistrados que se opuseram à nova ordem. Alguns mais corajosos foram sacrificados; outros que reagiram passivamente receberam do *Deutsches Recht* a acusação de serem tímidos e conservadores e de não compreenderem, como se lhes impunha, a *Weltanschauung* nacional-socialista.

Houve assim, apesar de tudo, também à época, juízes em Berlim, magistrados, que tentaram humanizar o inumano.

Dentre os meios de que dispõe a magistratura para quebrantar o rigorismo das leis, desponta a eqüidade.

---

[22] Cot, Marcel. *La Conception Hitlérienne du Droit*, Librairie de Jurisprudence Ancienne et Moderne, Paris, 1938, p. 236.

> O Direito, a Justiça, a Eqüidade! Eis três palavras que, através dos séculos, têm subsistido na linguagem dos homens e parecem resistir a tudo...[23]

In omnibus quidem, maxime tamen in jure, aequitas spectanda est (D. 50.17.90). Sem a eqüidade, o Direito não é Direito, coube aos romanos o mérito de trazer para o Direito a eqüidade de uma noção matemática tirada das obras de Aristóteles, inspirada na proporção ou igualdade de relações.

De fato, à jurisprudência romana coube o mérito de dar conteúdo e valor jurídico ao conceito da *aequitas*.

Entretanto, desde suas origens, firmou-se a eqüidade como fonte de Direito autônomo. Na Grécia e em Roma, iluminou as esperanças e os anseios de Justiça. Na Inglaterra, firmou seu império. Na Suíça, estabeleceu-se como fonte do Direito, em princípio, igual aos textos legais. Quase todos os países a adotam, posto que o culto da lei não realizou muito de nossos reclamos.

O brocardo *summum jus, summa injuria* é uma realidade. Sem o apelo ao equânime, o ministério da lei, em inúmeras ocasiões, tornar-se-ia impossível de ser levado a bom termo.

Se o Direito procura – e assim o desejamos – alcançar a Justiça através de seus preceitos gerais, a eqüidade o completa nos casos particulares. Consoante a comparação clássica, a eqüidade é como a régua de Lesbos, flexível e acomodável à forma dos objetos que media

> la diferencia – diz Lacambra – del lecho de Procusto que torturaba o mutilaba a las victimas, para que éstas lo cubriesen en toda sua longitude.

A teoria do abuso de direito, que humaniza os textos legais, concorre a seu turno para aquebrantar o *jus strictum* das legislações. Não é de perquirir,

---

[23] PAGE, Henri de. *A propos de Gouvernemment des Juges*, Librairie du Recueil Sirey, Paris, 1931, p. 17 e 18.

apenas, da intenção do legislador, de *ratio legis*, da *voluntas legis*, mas do *animus* de quem é titular do Direito, que não pode desviá-lo dos fins sociais a que se destina e exercitá-lo com o objetivo de satisfazer exclusivamente seus interesses egoísticos.[24]

Mas, se a eqüidade e a teoria do abuso de direito podem lapidar, em parte, a dureza e o rigorismo das leis e dar-lhes calor humano, são, entretanto, improfícuas diante das normas inapelavelmente injustas e incontornavelmente iníquas. Em relação a essas, não há equanimidade que as suavize. Impõe-se rejeitá-las, negar-lhe emprego.

A lei, como temos afirmado e reafirmado, não pode ser um fim em si mesmo, mas um meio de alcançar a Justiça.

Sendo o Direito um composto de ordem social e de Justiça, não pode a lei ser a esta indiferente, sem quebrar a harmonia do conjunto e sem comprometer a própria ordem social. Se a ordem social é a *ars stabilis et securi,* a Justiça é a *ars boni et aequi*, realização prática (*ars*) do bem comum (*boni*) e de sua distribuição eqüitativa (*aequi*).

Hauriou declara que os juízes são, como os legisladores e de certo modo, *trouveurs de verité sociale, de créateurs d'ordre social e de justice.*[25]

Aliás, cumpre-nos ressaltar que o magistrado cônscio de suas obrigações, de suas altas responsabilidades, não pode no exercício de suas funções se omitir a valorizar e estimar os preceitos jurídicos, multissecularmente elaborados pela experiência histórica do homem em sociedade.

Ao se pretender, invocando o logicismo objetivamente das regras normativas, consagrar uma iniqüidade, uma decisão contrária à ordem pública – exclama Henri de Page – devem os juízes dizer: Não! E têm fundamentos para dizê-lo![26]

---

[24] Aliás, quebrando o formalismo dos textos legais, o próprio Direito Positivo brasileiro prescreve no art. 5º da introdução ao Código Civil: "Na aplicação da lei, o juiz atenderá aos fins sociais a que ela se dirige e às exigências do bem comum".

[25] Haurion, Maurice. *Précis de Droit Constitucional*, 2ª édition, 1929, Paris, p. 62.

[26] Page, Henri de. *A propos de Gouvernemment des Juges*, Librairie du Recueil Sirey, Paris, 1931, p. 182.

Não se trata aqui, em absoluto, da implantação da temível *"ditadura dos magistrados"*, longe de nosso escopo, pois que seria pior do que qualquer ditadura política, porque inapelável.

Tautológico dizer que a judicatura jamais deve almejar o despotismo.

> C'est bien mal connaître les juges que leur attribuer de telles ambitions. C'est, aussi, bien mal connaître la manière dont la séparation des pouvoirs est comprise par eux.[27]

Não pretendemos – pelo fato de ser a lei insuficiente para reger toda a complexidade do Direito e, ainda, porque certa autonomia do juiz, dentro do sistema, é a mais forte garantia do respeito à liberdade – proclamar o governo dos magistrados, mas tão-somente lhes deferir a outorga de combater a iniqüidade.

Não estamos dizendo genericamente *que le juge est "au-dessus" de la loi, mais "au-dessous" des principes*".[28] Mas asseveramos que o juiz tem o dever de relegar, a oblívio, o texto legal iníquo que não ordena para o bem comum, por ser a própria negação do Direito, e de lutar para que sempre, e cada vez mais, se alicerce o primado da Justiça sobre a lei injusta, da *legitimidade* sobre a *legalidade* ofensiva aos inalienáveis princípios da Ética.

E isso é sublime, como declara Henri de Page, porque nos permite não desesperar do ideal.

O ideal de justiça será sempre a finalidade e a razão de ser do Direito. René Capitant considera que o imperativo jurídico põe-se tendo em vista a realização de uma ordem social (esta ordem social ideal chama-se o justo). O imperativo moral põe-se tendo em vista a realização de uma ordem individual no plano do sujeito (esta ordem individual chama-se o bem), assim como o Papa do Vaticano II, João XXIII, em suas comu-

---

[27] Page, Henri de. *A propos de Gouvernemment des Juges*, Librairie du Recueil Sirey, Paris, 1931, p. 189.

[28] Haurion, Maurice. *Précis de Droit Constitucional*, 2ª édition, 1929, Paris, p. 236.

nicações apostólicas, considerava que o Direito visa o ideal de mandar segundo a razão e a virtude de obrigar, segundo a ordem moral, onde está sempre presente o dever que cada um tem de dar voluntariamente seu contributo para o bem de todos.

O Direito não é a Moral, mas é uma ordem moral. Eric Weil assinala que o direito existe para que os homens possam agir segundo a moral, mas não para se ocupar da consciência moral dos indivíduos. Saliente-se que a vontade moral no indivíduo é a ação do indivíduo racional sobre ele próprio enquanto condicionado. E isso porque o indivíduo moral é aquele que procura estar de acordo consigo mesmo, ainda que esteja em desacordo com todos os outros, até porque a moral é a ação do indivíduo sobre si mesmo. A CJE se mostra incompleta para o que pretende, na medida em que entende totalizar o Direito, pretendendo-se insopitável para lhe suprir as lacunas da Lei e de seus Princípios.

Cientificamente, a CJE é fundamental para um ordenamento ou sistema funcional e estável, porém a CJE é notória e evidentemente insuficiente para contemplar toda a complexidade do Direito e das relações que ele rege entre os homens, em razão da complexidade do próprio homem na busca pelo justo. Por isso que este livro busca, nas limitações de seu autor, lançar uma nova luz sobre a TPD, para que a hipóstase da Teoria Pura possa ser a heurística de uma nova era normativa em que um novo sistema consagre a Justiça e o Direito como sinônimos perfeitos e equivalentes. Neste sentido, retornar ao *jus* é avançar...

Por fim, deixamos as palavras finais ao mestre vienense:

> Talvez, possa afigurar-se a alguém que o objeto desta investigação está afastado, demasiadamente afastado, daquele outro objeto, a que consagrei tantos anos de minha vida: a análise da estrutura formal do Direito Positivo, enquanto considerado como sistema de normas. Então, obedecendo ao princípio austero da pureza do método, senti-me compelido, por um lado, a separar rigorosamente a lei da justiça, enquanto sistema diverso, a saber: de normas morais; e, por outro lado, a análise estrutural do Direito da investigação so-

ciológica das idéias que determinam efetivamente, ou pelo menos do ponto de vista moral deviam determinar, a formação das normas a que damos o nome de Direito. Semelhente rigor metodológico, expôs minha obra à crítica, tão superficial quanto popular, do formalismo e do logicismo. Justiça e Direito, afirmam meus críticos, são inseparáveis, pois ambos são ou deverão ser idênticos; e desde que a norma deverá ser o conteúdo da idéia, ou a vontade de uma criatura viva, segue-se que o "dever-ser" (*sollen*) e o "ser" (*sein*) da existência dela na psiquê dos homens constituem, por assim dizer, aspectos distintos da mesma coisa. Mas duvido que essa linguagem figurada seja admissível cientificamente. Nela se revela a tendência a suprimir a radical diferença entre "ser" e "dever-ser" – tendência conducente à confusão entre concepções incompatíveis. Se a aceitamos, contudo, verificaremos que ela, como doutrina dos "dois aspectos" (*Zweiseitentheorie*), mais confirma do que refuta a tendência, por nós seguida, de separar a ciência normativa do Direito – ou seja, a análise imanente de um sistema de normas, de uma sociologia da justiça – ou seja, da investigação da função social de certas idéias que na mente dos homens existem e que atuam como causas de sua conduta efetiva".[29]

[29] *Society and Nature.* The University of Chicago Press, Chicago, 1943. *Sociedade e Natura,* prefácio do próprio Kelsen, escrito para a primeira edição da tradução em língua espanhola feita pelo Prof. Jaime Perriaux e dado à estampa pela Editorial Depalma, Buenos Aires, 1945. Este precioso livro de Kelsen foi escrito durante a fase norte-americana e ao interregno da *Teoria do Direito e do Estado.*

Bibliografia

Apenas a diretamente consultada:

AHRENS, H. *Encyclopédie juridique.* Trad. franc. de A. Chauffard, 1880.

ARISTÓTELES. *Moral a Nicomaco.* Colección Austral, Espasa-Calpe, Buenos Aires-México, 1942.

AUSTIN, J. *Lectures of jurisprudence.* 3ª ed. rev., 1869.

BARBOZA, Heloisa Helena, BODIN DE MORAES, Maria Celina, TEPEDINO, Gustavo et al. "Comentários aos arts. 421 e 927 do Código Civil", in *Código Civil Interpretado conforme a Constituição da República.* Vol. II, Rio de Janeiro: Ed. Renovar, 2006.

BEAUSSIRE, E. *Les principes du droit.* 1888.

BELAUNDE, D. G. "El control de la constitucionalidad de las leyes. Estudio comparado de las constituciones austriaca y norteamericana", in *Revista Xurídica da Universidade de Santiago de Compostela*, 1995.

BÉLIME, W. *Philosophie du droit ou Cours d'introduction à la science du droit.* 3ª ed., 1869.

BERFORD, A. *Introdução à ciência do direito.* 1935.

BETTIOL, G. *Dal positivismo giuridico alle nuove concezioni del diritto, in Jus.* 1954.

BEVILÁCQUA, C. *Estudos Jurídicos (História, Philosophia e Crítica).* Rio de Janeiro: Livraria Francisco Alves, 1916.

BRUGI, B. *Introduzione enciclopedica alle scienze giuridiche e sociali nel sistema della giurisprudenza.* 5ª ed., 1928.

CANARIS, Claus-Wilhelm. *Pensamento Sistemático e Conceito de Sistema na Ciência do Direito*. Lisboa: Fundação Galouste Gulbenkian, 1996.

CARRINO, A. "Il concetto di stato nella *sociologia comprendente*", in *Sociologia del diritto*, 14ª edição, 1987.

CARRINO, A. *L'anima e il diritto. Figure arcaiche della giustizia e concezione scientifica del mondo.* Roma: Lavoro, 1989.

COROMINAS, J. *Diccionario Crítico Etimológico de la Lengua Castellana II.* Madrid, 1954.

CORREAS, O. *El otro Kelsen.* México: Universidad Nacional Autónoma de México, 1989.

COSSIO, C. *La Teoría Pura del Derecho. Introducción a la problemática científica del derecho*. Buenos Aires: Losada, 1941.

DABIN, J. *Teoria General del Derecho.* Editorial Revista de Derecho Privado, Madrid, trad. de Francisco Javier Osset, 1975.

DEL GIUDICE, P. *Enciclopedia giuridica.* 3ª ed. de Pietro Vaccari, 1927.

DEL VECCHIO. *A Justiça.* Edição Saraiva, 1960.

D'ORS, A. *Derecho Romano.* Barcelona, 1959.

EISENMANN, C. "La garantie juridictionnelle de la Constitution (La Justice constitutionnelle)", in *Revue du droit public et de la science politique en France et l'étranger*, 1928.

FACHIN, Luiz Edson e PIANOVISKI, Carlos Eduardo. "Direitos Fundamentais, dignidade da pessoa humana e o novo Código Civil", in Ingo Wolgang Sarlet (org.), *Constituição, direitos fundamentais e direito privado.* Porto Alegre: Livraria do Advogado, 2ª ed., 2006.

FERRARA, F. *Trattato di Diritto Civile Italiano.* 1ª ed., vol. I, 1921.

FIÓREZ-VALDÉZ, Joaquim Arce y. *El Derecho Civil Constitucional.* Madrid: Editorial Civitas S.A., 1986.

GÉNY, F. *Science et technique em droit privé positif.* Volume I e II, 1979.

GERACI, C. "La giustizia costituzionale", in *Introdução* de Antonio la Pergola. Milano: Giuffré, 1981.

GONÇALVES, C. *Tratado de Direito Civil.* Max Limonad, 20 volumes, 1955.

GURVITCH, G. *L'idée du Droit Social.* Librairie de Recuell Sirey, Paris, 1932.

HESPANHA, António Manuel. *Panorama histórico da cultura jurídica européia.* Lisboa: Publicações Europa-América, 1997.

IHERING, Rudolf Von. *Gesammelt Werke*. Obras Completas, Editorial Bibliográfica Argentina, 1947.

IRTI, Natalino. *La Edad de La Descodificación*. Tradução espanhola de Luis Rojo Jauría. Barcelona: José Maria Bosch, 1992.

JAEGER, W. *La Teología de los Primeros Filósofos Griegos*. Trad. esp., Buenos Aires, 1952.

KELSEN, H. *Die Staatslehre des Dante Alighieri*. (Primeira e original obra de Kelsen) *Wiener staatswissenschaftliche Studien*, 6 vol. (Band), III, Tomo (Heft), Wien e Lípsia: Franz Deuticke, IV, 1905.

__________. *La teoria dello Stato in Dante*. Tradução de Wilfrido Sangiorgi em conjunto com Gunhild Meyer Vom Bruck. Edição de Vittorio Frosini, Bologna, 1974.

__________. *Wählerlisten und Reklamationsrecht. Unter Berücksichtigung der jüngsten Regierungsvorlage betreffend die Wahlreform. Juristische Blätter*. 35º ano, 1906, Kelsen escreve as p. 289-290, 301-304, 316-318, 327-329.

__________. *Kommentar zur österreichischen Reichsratswahlordnung*. (A Lei eleitoral austríaca de 26 de janeiro de 1907, RGBl. Nr. 17). Wien, 1907.

__________. *Naturalisation und Heimatsberechtigung nach österreichischem Rechte. Das österreichische Verwaltungsarchiv*. 3º ano, 1907, Kelsen escreve as p. 195-204.

__________. *Buchbesprechung von: Bornhak, C.: Allgemeine Staatslehre*. 2ª Edição, Berlin, 1909.

__________. *Buchbesprechung von* (A introdução é de Kelsen): *Bredt, J. V.: Die Zonenenteignung und ihre Zulässigkeit in Preußen. Zugleich ein Beitrag zur Lehre vom öffentlichen Interesse*. Lípsia. 1909. Archiv für Sozialwissenschaft und Sozialpolitik, 31º volume, 1910, p. 650-651.

__________. *Naturaleza y Sociedad*. Editorial Depalma, Buenos Aires, 1945.

__________. *The Law of the United Nations*. New York: Frederck Praeger, 1951.

__________. *Principles of International Law*. Reihart Comp. New York, 1952.

__________. *A Democracia*. São Paulo: Martins Fontes, 2000.

__________. *Direito Internacional e Estado Soberano*. São Paulo: Martins Fontes, 2002.

_________. *Jurisdição Constitucional*. São Paulo: Martins Fontes, 2003.

_________. *O Estado como Integração*. São Paulo: Martins Fontes, 2003.

_________. *Teoría Comunista del Derecho*. Buenos Aires: Emece, 1962.

_________. *Teoria Geral das Normas*. Porto Alegre: Fabris, 1996.

__________. *O problema da Justiça*. Martins Fontes, 1998.

__________. *A Ilusão da Justiça*. São Paulo: Martins Fontes, 2000.

__________. *O que é justiça?* São Paulo: Martins Fontes, 2001.

__________. *Hauptprobleme der Staatsrechtslehre entwickelt aus der Lehre vom Rechtssatz*. 2ª tiragem da segunda edição (prefácio com depoimentos de Rainer Lippold). Aalen: Scientia, 1984 (é cópia da edição de 1911).

__________. *Problemas capitales de la teoría jurídica del Estado desarrollados con base en la doctrina de la proposición jurídica*. México: Editorial Porrúa, 1987.

__________. *Main Problems in the Theory of Public Law. Normativity and Norms*. Oxford: Clarendon Press, 1998.

__________. *Allgemeine Theorie der Normen. Im Auftrag des Hans Kelsen*. Mainz, Wien, 1990.

__________. *Scienza giuridica e sociologia del diritto*. Edizioni Scientifiche Italiane, Napoli, 1992.

__________. *Das Problem der Souveränität und die Theorie des Völkerrechts. Beitrag zu einer reinen Rechtslehre*. 2ª tiragem da segunda edição tubingense de 1928. Aalen: Scientia, 1981.

__________. *Il problema della sovranitá e la teoria del diritto internazionale. Contributo per una dottrina pura del diritto*. Milano: Giuffré, 1989.

__________. *Reine Rechtslehre. Mit einem Anhang: Das Problem der Gerechtigkeit*. Wien: Franz Deuticke, 1983.

__________. *Teoria Pura do Direito*. 4ª edição. Trad. João Baptista Machado. Coimbra: Armênio Amado, 1976.

__________. *Teoría pura del derecho*. México: Universidad Nacional Autónoma de México, 1979.

__________. *A justiça e o direito natural*. Trad. João Baptista Machado. Coimbra: Armênio Amado, 1963.

KIRCHMANN, J. G. "El Caráter A-Científico de la Llamada Ciencia del Derecho", in *La ciencia del Derecho, De palma,* Buenos Aires, 1968.

KORKOUNOV, N. M. *Cours de théorie générale du droit*. Paris, 1903.

KOJA, F. *Hans Kelsen oder Die Reinheit der Rechtslehre*. Wien – Köln – Graz: Böhlau, 1988.

LACAMBRA, L. L. *Filosofia del Derecho*. Barcelona: Bosch , 1960.

LACAMBRA, L. L. *La Teoría Pura del Derecho (Método y Conceptos Fundamentales). El Método y los Conceptos Fundamentales de la Teoría Pura del Derecho*. (Introdução de Kelsen para a tradução de suas obras para o mundo hispânico.). Madrid: Revista de Derecho Privado, 1933.

LATERZA, G. *Gaetano Pecora: Il pensiero politico di Hans Kelsen.* Bari, 1995.

LECLERQ, J. *Do Direito Natural à Sociologia.* Duas Cidades, 1989.

LEGAZ Y LACAMBRA, L. *Esencia y valor de la democracia*. Tradução da segunda edição alemã. Barcelona – Buenos Aires: Labor, 1934.

LIMA, A. A. *Introdução ao Direito Moderno*. 2ª ed., Rio de Janeiro: Agir, 1981.

LUCE, P. *El concepto de Estado y la psicología social. Con especial referencia a la teoría de las masas de Freud Übersetzt*. Conjetural. Revista psicoanalitica (Buenos Aires) n. 13, 1987.

MAC IVER, R. M. *O Estado*. Livraria Martins Editora, 1945.

MATOS, Andityas Soares de Moura Costa. *Filosofia do Direito e Justiça na Obra de Hans Kelsen*. Belo Horizonte: Ed. Del Rey, 2005.

MAXIMILIANO, C. *Hermenêutica e Aplicação do Direito*. Freitas Bastos, 1980.

MEILLET, R. *Dictionnaire Étymologique de la Langue Latine.* Paris, 1959.

MESSE, A. *Filosofia Antigua y Medieval*. Espasa-Calpe, Buenos Aires, 1941.

MÉTALL, R. *Hans Kelsen und seine Wiener Schule der Rechtstheorie. Hans Kelsen zum Gedenken. Mit Beiträgen von Walter Antoniolli, Christian Broda, Hertha Firnberg, Hans Kelsen, Hans R. Klecatsky, Norbert Leser, Rudolf A. Métall, Herbert Schambeck, Ernst Topitsch, Alfred Verdroß, Robert Walter.* Publicação (interessantíssima!) do Instituto Hans Kelsen de Viena. Introdução de Bruno Kreisky. Europaverlag, Wien,1974.

___________. *Hans Kelsen y su Escuela Vienesa de la Teoría del Derecho.* Valparaíso: Revista de Ciencias Sociales, 1974.

MORAES FILHO, E. *O Problema de uma Sociologia Jurídica*. Rio de Janeiro: Freitas Bastos, 1950.

OLIVEIRA VIANA. *Instituições Políticas Brasileiras*. Rio de Janeiro: José Olímpio, 1949.

PEI, Mario. *The Story of Language*. 2ª ed., London, 1968.

PEÑA, E. L. *Historia de la Filosofia del Derecho*. Barcelona: La Hormiga, 1955.

PICARD, Edmond. *O Direito Puro*. Editorial Ibero-Americano.

PRINGSHEIM, F. *Symbolae Friburgenses in Hon.* Leipzig: O. Lenel, 1931.

QUEIROZ LIMA, E. *Princípios de sociologia jurídica*. 3ª ed., 1933.

RADBRUCH, Gustav. *Filosofia do Direito*. Coimbra: Armênio Amado, 1940.

REALE, Miguel. *Filosofia do Direito*. São Paulo: Edição Saraiva, 1998.

RIPERT, Georges. *A Regra Moral nas Obrigações Civis*. Livraria Acadêmica, 1937.

SARLET, Ingo Wolfgang. *A Eficácia dos Direitos Fundamentais*. 3ª ed., Porto Alegre: Livraria do Advogado, 2003.

SGARBI, Adrian. *Hans Kelsen – Ensaios Introdutórios* (2001-2005). Rio de Janeiro: Ed. Lumen Juris, 2007.

SICHES, Luis Récasens. *Tratado General de Filosofia del Derecho*. México: Porrua, 1961.

SIEBECK, P. *Staatsform und Weltanschauung*. Tübingen: J. Mohr, 1933.

TEPEDINO, Gustavo. *Temas de Direito Civil*. Tomo II: Rio de Janeiro, Renovar, 2006.

TRENDELENBURG, August. *Dritto naturale sulla base dell'etica*. Milano, 1873.

VASCONCELOS, J. L. *Estudos de Philologia Mirandesa*. Lisboa, 1901.

WARAT, Luis Alberto (epígono da Escola kelseniana de Buenos Aires, seu maior representante no Brasil), foram consultadas várias obras, por todas vide a *Introdução Geral ao Direito*, vol. I, II e III, Porto Alegre: Fabris, 1995.

WEBER, Max. *Sociologie du Droit*. Paris: PUF, 1986.

Revistas, Ensaios E Periódicos

AFTALIÓN, Enrique R. *La Idea del Derecho Natural y otros ensayos*. Buenos Aires: Losada, 1946, 305 p.

AYALA, Ricardo Azpurua. "La Autodeterminación del Derecho", in *Revista de la Facultad de Derecho*, Caracas, n. 27, 1963, p. 9-17, bem como outro artigo com o mesmo título da *Revista de Ciencias Sociales*, Valparaíso, 1974, p. 409-417 (separata).

BEAUD, Olivier. "Norme et proposition en théorie du droit" (capítulos 41-45), in *Revue française de théorie juridique*, 13, 1991, p. 139-152.

BENITES, Percy Castilho. "Positivismo Jurídico y Doctrina del Derecho Natural", in *Anuario de Filosofia Juridica y Social*, n. 14, Valparaíso: Sociedad Chilena de Filosofía Jurídica y Social, 1996.

BENITES, Percy Castilho. "Positivismo Jurídico y Doctrina del Derecho Natural", in *Ius et Veritas*. Revista editada pelos estudantes da Faculdade de Direito da Pontifícia Universidade Católica do Peru, 1994, n. 8.

BULYGIN, Eugenio. "La doctrina del derecho natural y el positivismo jurídico", in *Revista Juridíca de Buenos Aires*, 1961, p. 8-45.

COPPENS, Philippe. "Qu'est-ce que la théorie pure du droit?", in *Droit et Société*, 1992, p. 551-568.

GARCÍA, Ariel Peralta. "Derecho, ciencia del derecho y lógica", in *Revista Jurídica del Poder Judicial del Estado de Morelos*, México, 4ª edição, 1991, p. 25-33.

GOLDING, M. P. "The Pure Theory of Law. The Nature of Law", in *Readings in Legal Philosophy*. New York: Random House, Inc. 1966, p. 108-134.

GUASTINI, Ricardo von. *La teoria politica del bolscevismo e altri saggi di teoria del diritto e dello Stato*. Milano: Il Saggiatore, 1981, 212 p.

HEATH, Peter. *Essays in Legal and Moral Philosophy*. Otto Weinberger. Dordrecht / Boston: D. Reidel, 1973, 300 p.

LACAMBRA, Luis Legaz. "Teoria pura del Derecho y teoria egológica. Respuesta a Carlos Cossio: Teoria egológica y teoria pura del derecho. Balance provisional de la visita de Kelsen a la Argentina", in *Revista de Estudios Politicos*, Madrid, n. 71, setembro-outubro de 1953, p. 3-39.

KOJA, Friedrich. *Hans Kelsen oder Die Reinheit der Rechtslehre*. Wien – Köln – Graz: Böhlau, 1988, 247 p.

MÁYNEZ, Eduardo Garcia. *El contrato y el tratado. Analizados desde el punto de vista de la Teoría Pura del Derecho*. México: Editora nacional, 1974, XIII, 166 p. (separata).

MEDINA, Mario Cerda. "El Fundamento de la Validez del Derecho", in *Revista de Ciencias Sociales*, Valparaíso, 1974, p. 395-407.

NAGAO, Ryuichi. *Yahve to Zeus no Seigi* (A justiça nas religiões antigas). Tokyo: Bokutaku-shya, 1974.

NARDUCCI, Agustín Squella. "Norma y Valor", in *Revista de Ciencias Sociales*, Valparaíso, 1974, p. 425-431.

ORDÓNEZ y VALLE, Jorge Castro. *Derecho y Lógica*. México: Universidad Nacional Autónoma de México, 1978, 38 p. (separata).

ORTIZ, Inés W. de; BACQUE, Jorge A.; AZARETTO, Maria Isabel e BULYGIN, Eugenio. "Contribuciones a la Teoría Pura del Derecho", in *Filosofia y derecho*, 7ª edição, Buenos Aires: Centro Editor de America Latina, 1969.

TUR, Richard e TWINING, William. *Essays on Kelsen*. Oxford: Clarendon Press, 1986.

Impressão e acabamento
GRÁFICA E EDITORA SANTUÁRIO
Em Sistema CTcP
Rua Pe. Claro Monteiro, 342
Fone 012 3104-2000 / Fax 012 3104-2036
12570-000 Aparecida-SP